KB205911

두 가지 도전적 언어가 있다. 하나는 옛것이고 현명하며, 다른 하나는 현대적이고 경탄할 만하다. 이 두 가지 언어가 인간의 기원에 관하여 매우 다르게 설명한다. 오늘날과 같은 과학 시대에 성경이라는 책과 자연이라는 책은 동시에 타당할 수 있을까? 이에 대하여 우리는 공감할 수 있고 통찰력을 주는 해석자를 필요로 한다. 다행히도 가이버슨과 콜린스가 당혹스러워하는 사람들을 위해 훌륭한 안내자가 되어 존중할 만하고 중요하며 정확한 정보를 제공해준다.

_오웬 깅그리치 | 하버드-스미소니언 천문연구소, 『하나님의 우주』(God's Universe) 저자

간결하다. 명확하다. 확신을 준다. 『과학과 하나님의 존재』는 이와 관련된 논쟁을 펼치는 양편이 스스로 동일한 페이지에 도달하게 되는 간단한 수단을 제공한다. 나는 하나님이 성경과 자연 모두를 통해 말씀하신다고 믿는 개인 및 단체에 이 책을 추천한다.

_다니엘 해럴 | 미네소타주 콜로니얼 교회

진화론은 모든 교파의 기독교인에게 중요한 질문을 던진다. 나는 복음주의권의 관심사를 다루기 위해 찾아본 책들 가운데서 이 책이 최고라고 생각한다. 이 책은 다양한 수준의 학생들이 충분히 읽고 이해할 수 있을 정도로 평이하게 쓰였으면서도 과학과 신학의 양쪽 전문가들이 모두 관심을 가질 수 있을 만큼 충분히 높은 수준의 설명을 제공한다. 이 책은 지적인 동시에 매력적이다.

_낸시 머피 | 풀러 신학교

너무나 오랫동안 예수를 따르는 사람들은 과학과 기독교, 이성과 믿음, 자신의 지적 진실성과 종교적 신앙 사이에서 하나만 선택하라는 말을 들어왔다. 『과학과 하나님의 존재』는 그런 선택을 거부하는 사려 깊은 기독교인들을 위한 재미있으면서도 포괄적인 자료다. 콜린스와 가이버슨은 자비, 이해 가능성, 진실과 같은 어려운 주제들에 도전장을 던진 후에, 기원에 관한 대화를 하나님께 영광이 되고 교회의 수준을 높이는 방식으로 앞으로 밀고 나간다. 주님을 마음과 혼과 영과 힘을 다하여 사랑하고자 하는 사람들에게 이 책은 필수 교재다.

_레이첼 헬드 에반스 | 『멍키 타운의 진화』(Evolving in Monkey Town) 저자

콜린스와 가이버슨은 기독교 신앙과 과학 지식 사이에서 계속되고 있는 논쟁에 대하여 학문적 조예가 깊으면서도 매력적인 목소리를 더해준다. 저자들은 고대 신앙과 현대 지성 사이의 참된 대화를 진척시키는 주인공들이다. 이 책에서 논의되는 중심 질문들을 다루는 그들의 경험을 직접 따라잡기는 무척 어렵다. 하지만 『과학과 하나님의 존재』는 그들의 지혜를 이해하기 쉽게 풀어준다. 그래서 나는 이 책을 커다란 열정과 함께 추천한다.

_피터 엔즈 | 성서학회 명예 회원, 바이오로고스 재단

목사로서 나는 사람들을 하나님의 충만성으로 인도해줄 자료들을 계속해서 찾아다녔다. 나는 나의 신자들이 하나님의 예술적 기교를 향해 이끌리고, 그분의 장엄하심에 감동을 받으며, 그분의 주권성이 던지는 지적인 도전에 직면하기를 바라고 있다. 이 책은 내가 추천한 많은 책 가운데 최고의 위치에 있다. 창조론의 평가라는 점에서도, 또한 우리로 하여금 창조자를 경외하게 만드는 헌신의 측면에서도 최고라고 할 만하다.

_조엘 헌터 | 플로리다주 노스랜드 교회

이 책은 현대 과학과 기독교 신앙의 관계에 대해 열린 마음으로 진지하게 씨름하려는 사람들을 위한 고전이 될 운명을 지닌 것으로 보인다. 마음에 두려움을 갖는 사람들에게 이 책은 이해하기 어려운 것이겠지만, 이와 같은 비판적 주제를 캐내어 더욱 깊이 연구하려는 사람들에게 이 책은 땅에서 파낸 보물과 같을 것이다.

_팀 존슨 | ABC 뉴스 의학 부문 상임 기고자, 『질문 속에서 하나님 찾기』(Finding God in the Questions) 저자

바이오로고스(BioLogos) 재단을 위한 축하 인사

기독교인과 비기독교인 모두는 양극화된 "문화적 전쟁터"에서 "다윈 대 성경"을 치열한 전선으로 삼아야 할 위험에 처해 있다. 하지만 이는 과학과 신앙이라는 양쪽 진영을 대표하는 개념으로 적절하지 않다. 바이오로고스 재단은 이 문제의 해결을 위한 대안으로서 좋은 모델을 제시한다. 하나님이 지으신 세상(world)과 그분의 말씀(word)은 풍요로운 생명의 하모니를 이루며 함께 나아갈 수 있다.

_**N. T. 라이트** | 『예수의 도전』(The Challenge of Jesus) 저자

전 세계에서 이 프로젝트를 제대로 수행할 수 있는 팀은 바이오로고스 밖에 없을 것이다. 그들은 용기 있는 사람들일 뿐만 아니라, 토론의 양쪽 진영으로부터 확고부동한 존경을 받고 있다. 그 토론은 오래전부터 양편 사이에 다리를 놓아줄 사람을 고대해왔다.

_**필립 얀시** | 작가, 크리스채너티투데이 편집자

신앙과 과학이 지혜롭고 건설적으로 화해하는 것은 세상이 지금 절실히 필요로 하는 일 중 하나이며, 이는 지구촌 시대를 맞아 무수한 도덕적 문제가 제기됨에 따라 더욱 중요한 일이 될 것이다. 이 문제에 기여할 수 있는 전문 지식과 지혜와 명망을 가진 사람은 드물다. 그래서 나는 바이오로고스 재단이 등장한 것을 진심으로 환영한다.

_**오스 기니스** | 동서문제연구소(EastWest Institute)

기독교인과 비기독교인을 포함한 많은 사람이 오늘날 과학과 신앙은 양립할 수 없다고 믿는다. 그러나 이는 사실이 아니다. 오늘날 그런 개인들의 마음과 정신을 사로잡기 위해서는 과학과 신앙 사이의 사려 깊은 대화가 필수라고 여겨진다. 바이오로고스 재단은 이 목표를 향해 중요한 첫걸음을 내디딘다.

_**팀 켈러** | 『살아있는 신』(The Reason for God)의 저자

The Language of Science and Faith

Straight Answers to Genuine Questions

Originally published by InterVarsity Press as *The Language of Science and Faith* by Karl
W. Giberson and Francis S. Collins. © 2011 by Karl W. Giberson and Francis S. Collins.
Translated and printed by permission of InterVarsity Press, P.O. Box 1400, Downers Grove,
IL 60515, USA. www.ivpress.com.

License arranged through rMaeng2, Seoul, Republic of Korea.

This Korean Edition Copyright © 2019 by Holy Wave Plus, Seoul, Republic of Korea.

이 한국어판의 저작권은 알맹2 에이전시를 통하여 미국 IVP와 독점 계약한 새물결플러스에 있습
니다. 신 저작권법에 의하여 한국 내에서 보호받는 저작물이므로 무단 전재와 무단 복제를 금합
니다.

THE LANGUAGE OF SCIENCE AND FAITH

과학과 하나님의 존재

난처한 질문과 솔직한 대답

칼 W. 가이버슨,
프랜시스 S. 콜린스 지음
김정우 옮김

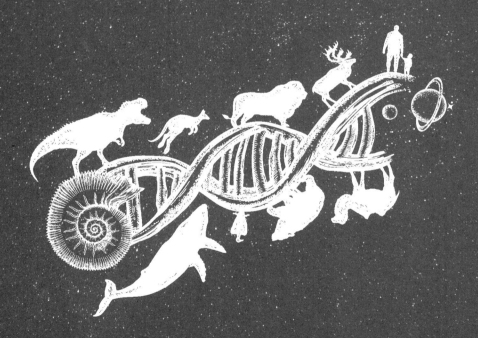

THE LANGUAGE OF SCIENCE AND FAITH

과학과 종교의 관계에 관한 책은 이미 세상에 차고 넘친다. 그런데 왜 또한 권의 책이 필요할까?

우선 짧게 대답하면 양편의 대화가 중요하기 때문이다. 어떤 주제들―육아, 지구라는 행성을 돌보는 것, 더 좋은 사회 만들기, 의미의 추구등―은 계속해서 숙고할 가치가 있다. 이런 주제에 관한 대화는 세대마다, 10년마다, 아니 매해 새로운 이슈와 전망을 자연스레 불러일으킨다. 그 결과 아무리 훌륭한 책이라고 해도 그 대화 중 어느 하나조차 완결하기 어렵다.

과학과 종교가 마주치는 곳에서 사실(facts)의 세계가 가치(value)의 세계와 만난다. 그곳은 중요한 교차점이다. 거기서 우리는 의미 깊은 질문을 던지게 된다. 우리는 어떻게 해서 여기 있게 되었는가? 우리의 존재는 목적을 갖고 있는가? 하나님은 존재하시는가? 하나님은 이 세상에 대하여 어떻게 계시되셨는가? 인류는 자연계의 나머지 부분과 어떤 관계를 맺고 있는가? 바로 그 교차점에서 우리는 우리의 종교적 헌신을 되새겨보게 되고 무엇을 궁극적 진리로 수용해야 할지 결정하게 된다.

『과학과 하나님의 존재』는 바로 그 교차점을 두루 살핀다. 이 책의 저자들은 복음주의 기독교인들로서 기독교의 역사적 진리들을 신뢰하고 그 진리들의 소통에 있어 성경이 중심적 역할을 한다고 믿는다. 그러나 그들은 또 과학자로서 자연에 관해 변화하는 이해가 그 진리들, 특히 자연계와 관련된 진리들에 관해 끊임없는 재고를 요청한다는 사실을 잘 알고 있다. 갈릴레이(Galileo Galilei, 1564-1642)의 때와 같은 어떤 시대에는 자연에 관해 변화하는 이해가 믿음에 대한 위협으로 보일 수 있었다. 그러나 다른 시대에는―최근에 자연계의 법칙들이 생명의 출현을 향해 "미세조정"(fine-tuning)되어 있음을 발견했듯이―그렇게 계속 변화하는 이해는 놀라운 방법으로 신앙을 확증해주기도 한다.

과학과 종교의 교차점은 논란의 소지가 많은 곳이다. 그곳에는 푹 꺼진 구덩이들, 독 있는 담쟁이덩굴, 지뢰 등이 여기저기에 흩어져 있다. 지구의 나이, 도덕의 원천, 창세기 창조 기사의 성격, 인류의 기원 등을 포함하는 많은 주제에 대해 기독교인들은 많은 노력을 기울이며 다양한 주장을 내어놓았는데 그중 몇 가지는 서로 모순되기도 한다. 이 책의 저자들은 그런 논쟁들을 잘 알고 있고, 화해와 조화의 해법을 제공하려고 노력한다. 그들의 노력은 너무 오랫동안 불타고 있는 논쟁의 불씨에 최소한 기름을 들이붓는 일은 피하려는 시도다. 다른 한편으로 저자들은 과학자로서 자연계 안에 우리가 필연적으로―그것이 아무리 우리를 혼란하게 하는 것처럼 보이더라도―마주쳐야 하는 어떤 진리들이 있다고 확신한다. 그러나 그들은 기독교인으로서 어떤 신학적 진리, 예를 들어 하나님이 창조자라는 사실 등이 자연에 관한 이해와 반드시 통합되어야 한다고 확신한다. 그 이해가 기독교적인 것이 되려고 한다면 말이다.

합당한 의견 차이가 있는 주제들에 관해서는 자연과 성경에 대해 이미 알려진 것과 일치하는 광범위한 견해들이 독자들에게 소개되었다. 그런 논쟁에 관해 이 책이 제시하는 접근 방법은 하나님이 두 개의 독립적이고 상호보완적이며 신뢰할 만한 계시, 즉 성경과 자연계를 주셨다는 믿음으로부터 도출된다. 『과학과 하나님의 존재』는 양편의 통찰이 모두 존중받고 진지하게 고려될 수 있도록 조화를 추구하며, 한쪽이 다른 쪽보다 우세하다고 으레 가정하지 않는다.

이 책의 큰 틀은 질문들로 구성되어 있다. 각 장에는 밀접한 관계가 있는 주제들이 모여 있고, 그것들은 어떤 질문에 대한 대답으로 제시된 것이다. 이런 방식이 독자들을 도와서 그들이 원하는 바를 헤매지 않고 쉽게 찾게 해주기를 바란다.

책에 관한 영감을 받은 시점으로부터 실제로 책을 출판하기까지는 많은 시간이 걸리는데 이 책도 예외는 아니다. 이 책의 경우에는 두 사람의 저자 가운데 하나인 프랜시스 콜린스(Francis S. Collins)가 2009년 봄에 원고를 완성하고 출판사와의 계약에 서명했다. 서명한 지 얼마 되지 않아 그는 세계 최대의 의료 연구기관인 미국 국립보건원(National Institute of Health, NIH)의 총책임자로 임명되었다. 연방정부의 요직에 임명되면 누구나 그렇듯이 그는 그 후로는 이 책의 프로젝트에 더 이상 참여할 수 없었다.

이 책이 이끌어가는 대화에 계속해서 참여하고 싶은 독자는 우리 웹사이트〈www.biologos.org〉를 방문해주기 바란다.

감사의 글

모든 책은 역사를 가지고 있다. 이 책의 역사는 콜린스가 『신의 언어: 유전자 지도에서 발견한 신의 존재』(김영사 역간)라는 책을 쓰겠다고 결심했을 때 시작되었다. 그 책은 베스트셀러가 되었다.

『신의 언어』는 콜린스가 과학과 기독교 신앙 사이에서 어떻게 조화를 찾았는지를 이야기해주었다. 그는 세계적 수준의 과학자다. 그는 "인간 게놈 프로젝트"(Human Genome Project)의 총책임자로서 그 프로젝트를 성공적으로 이끌었고, 그 후 미국 국립보건원의 총책임자가 되어 지금도 일하고 있다. 또한 그는 매력적이며 풍부한 영감이 담긴 간증을 펼치는 신실한 신앙인이기도 하다. 그의 이야기는 신앙과 과학의 질문과 씨름하며 그 둘 사이에서 안식처를 찾던 독자들을 감동시켰다. 그곳은 콜린스가 자신의 탐구 여행에서 발견했던 바로 그 안식처였다.

지혜와 통찰을 구하는 편지와 이메일이 콜린스에게 쇄도했다. 독자들은 더 깊이 파고들기를 원했다. 많은 사람이 『신의 언어』에서 다뤄지지 않은 질문들에 대해 궁금증을 느꼈다. 얼마 지나지 않아 콜린스는 쌓여가는 "자주 묻는 질문"(FAQ)에 파묻힐 지경이 되었다. 그 많은 질문에 혼자서 일일이 답변한다는 것은 불가능했다. 하지만 그런 열정적인 질문들, 곧 실제 삶과 몸부림치며 맞섰던 이들에게 떠오른 질문들을 무시한다는 것은 생각할 수 없는 일이었다.

사람들이 말하듯이 필요는 발명의 어머니다. 그래서 콜린스는 그런 관심사를 적절히 다룰 방법을 생각하기 시작했다. 그 결과로 2008년에 탄생한 것이 "바이오로고스 재단"(The BioLogos Foundation)이었다. 2009년 봄에는 〈www.biologos.org〉라는 온라인 사이트도 만들어졌다. 이 웹사이트의 "자주 묻는 질문" 항목에는 이 프로젝트에 영감을 주었던 많은 질문과 답변들의 초기 버전이 기록되어 있다. 이제 상당한 규모의 프로젝트로 성장한 바이오로고스 재단은 『신의 언어』라는 책의 사려 깊은 독자들이 자신들이 실제로 고민했던 질문들을 콜린스와 공유하지 않았더라면 탄생할 수 없었을 것이다.

처음 "자주 묻는 질문"의 답변 내용을 원고로 쓴 사람은 모니카 슬링커드(Monica Slinkard), 데이비드 스커더(David Scudder), 그리고 사이먼 스티븐스(Simon Stevens)였다. 스티븐스는 바이오로고스 재단에 남아 전임 관리자로서 오랫동안 일했으며, 2010년 가을에 "물리 철학" 분야에서 박사학위 논문을 쓰기 위해 옥스퍼드 대학교로 건너갔다. 콜린스는 트리니티포럼아카데미에서 이들을 만났다. 슬링커드, 스커더, 스티븐스 이 세 사람은 그 포럼의 연구원이었고 콜린스는 스커더의 멘토였다. 콜린스는 더그 할러데이(Doug Holladay)가 트리니티포럼과 젊은 학자들을 자신에게 소개해준 것에 대해 지금도 감사하고 있다.

재키 웨어링(Jacki Waring), 프레더리카 라론드(Frederica LaLonde), 그리고 헤더 왁스(Heather Wax)는 원래 "자주 묻는 질문"의 부분적인 편집을 도와주었다. 다음의 자문위원들이 "자주 묻는 질문"의 퇴고에 학문적인 조언을 해주었다. 데니스 알렉산더(Denis Alexander), 제프 슐로스(Jeff Schloss), 오웬 깅그리치(Owen Gingerich), 대럴 포크(Darrel Falk), 앨리스터 맥그라스(Alister McGrath), 어네스트 루카스(Ernest Lucas), 로널드 넘버스(Ronald Numbers), 테드 데이비스(Ted Davis) 등이다.

그러나 『과학과 하나님의 존재』는 바이오로고스 웹사이트에 있는 "자주 묻는 질문" 항목의 단순한 모음집이 아니다. 바로 그런 가공되지 않은 자료를 책으로 만들어야 하는 과제가 나에게 주어졌는데, 나는 백과사전과 같은 글들을 독자들이 읽을 만한 문장으로 바꾸려고 노력을 기울였다. 물론 이에 대해서는 독자들이 스스로 평점을 주어야 할 것이다.

IVP 출판사의 편집자인 앤디 르 포(Andy Le Peau)는 이 책이 출간되기까지의 전체 과정에 걸쳐서 유익한 조언을 해주었고, 최종 버전을 훨씬 더 나은 책으로 만들어주었다.

또한 나는 바이오로고스 재단의 대표인 대럴 포크에게 감사한다. 그는 이 책의 저술을 격려하고 지원해주었으며, 다년간 깊고 의미 있는 우정을 나누어주었다. 오웬 깅그리치는 원고 전체를 세심하게 읽으며 유익한 제안을 아낌없이 해주었다.

마지막으로 내가 이 책을 쓰는 동안 작고하신 나의 어머니 어술라 가이버슨(Ursula Giberson)에게 갚을 수조차 없는 큰 빚을 졌음을 고백한다. 내가 어려서부터 글을 사랑하게 된 것은 다 어머니 덕분이다.

칼 가이버슨(Karl W. Giberson)

매사추세츠주, 힝험

2010년 6월

태초에 하나님이 천지를 창조하시니라(창 1:1).

기독교인들은 하나님이 세상을 창조하셨다고 믿는다. 이는 우리의 신앙에서 중심적이고 중요한 믿음으로서 그리스도의 신성에 대한 믿음 및 그분의 삶, 가르침, 죽음, 부활에 대한 믿음 다음으로 중요하다.

하나님을 창조자로 믿는 믿음은 놀라운 긍정이다. 우리 주위의 세상을 둘러보고, 그것이 우리가 경배하는 하나님, 곧 예수 안에서 계시되신 하나님에 의해 창조되었음을 안다는 것은 여러 가지 면에서 정말로 특별하다. 우리는 꽃들의 우아한 아름다움, 새들, 날쌔게 움직이는 얼룩다람쥐의 노래를 경이롭게 여긴다. 석양, 산, 폭포, 그리고 알프스의 호수들은 시인들도 표현하기 어려운 웅장함을 나타내 보인다. 이제 막 걷기 시작해서 낯선 신세계를 호기심 어린 기쁨으로 탐험하는 어린아이의 웃음소리 역시 신기하고 놀랍다. 우리가 그런 꼬마들의 삶을 잘 돌봐줘야 한다는 깊은 직감에 관해 숙고할 때는 특별히 더 그렇다.

이런 순간에 우리가 느끼는 감정은 "주 하나님 지으신 모든 세계"와 같은 찬송가에 잘 나타난다.

주 하나님 지으신 모든 세계
내 마음속에 그리어볼 때
하늘의 별, 울려 퍼지는 뇌성

주님의 권능 우주에 찼네.

숲속이나 험한 산골짝에서
지저귀는 저 새소리들과
고요하게 흐르는 시냇물은
주님의 솜씨 노래하도다.[1]

이미 2,000년 전에 시편 저자는 비슷한 심정을 다음과 같이 표현했다.

주의 손가락으로 만드신 주의 하늘과
주께서 베풀어두신 달과 별들을 내가 보오니
사람이 무엇이기에 주께서 그를 생각하시며
인자가 무엇이기에 주께서 그를 돌보시나이까?(시 8:3-4)

지난 2세기 동안 비범한 아름다움이 담긴 또 하나의 층(層)이 출현했다. 하나님의 창조를 연구하는 과학자들이 우리가 사는 세계의 우아하고 내밀한 토대를 열어젖힌 것이다. 우리는 이제 왜 하늘은 푸르고 저녁노을은 붉은지 이해할 수 있게 되었다. 우리는 엽록소가 어떻게 태양으로부터 에너지를 모아 식물들에게 살아갈 힘을 공급하는지도 이해한다. 우리는 태양 같은 별들이 어떻게 거의 무한한 핵융합 에너지를 이용해서 빛나는지도 안다. 우리가 살아가는 지구는 지극히 매력적이면서도 깨지기 쉬

---

1   Carl Gustav Boberg, "How Great Thou Art"(1885)〈www.greatchristian hymns.com/
    how-great-thou-art.html〉.

운 구(球)이며, 생명을 주는 태양광선 속에 떠 있는 먼지나 티끌 같은 존재임도 드러났다. 지구는 축을 중심으로 안정적이고 규칙적으로 자전하면서 우리에게 밤과 낮을 선사하고, 태양 주위로 공전하면서 사계절을 만들어낸다.

지구의 모양과 운동을 엄밀한 수식으로 표현해낸 것은 수리물리학(Mathematical physics)의 첫 번째 쾌거였다. 수리물리학은 심원하고 경이로운 세상의 착륙 장치에 비유되는 합리적 구조를 탐구하는 학문이다. 수리물리학을 통해 우리는 육체적 오감의 직접적인 레이더망 너머로 나아간다. 그래서 이제 우리는 세상이 눈으로 볼 수 없는 원자들로 구성되어 있고 그 원자들은 전자, 양자, 중성자로 조립되어 있음을 이해한다. 양자와 중성자들은 또다시 글루온으로 묶인 쿼크들로 구성된다. 그런데 이 모든 입자는 우아한 수학적 선율에 맞춰 춤을 추고 안정적으로 각자의 존재에 충실하기 때문에, 그들이 구성하는 이 세상도 역시 안정적이며 생명 유지에 친화적이다.

우리 가운데 수학의 가치를 알아보는 이는 석양에 비견할 만한 아름다움이 자연의 깊숙한 곳에 숨겨져 있음을 발견한다. 창조 질서는 저무는 해로부터 전자 궤도에 이르기까지, 새들의 노랫소리부터 아이의 웃음소리에 이르기까지 여러 겹을 지닌 아름다움으로 빛난다. 우리는 하나님이 창조하신, 숨이 막힐 정도로 경이로운 이 세상을 표현하기 위해 온갖 비유를 끌어대느라 애쓰게 된다. 어떤 점에서 우리는 아마도 창조세계가 여러 겹의 양파와 같다고 단순하게 생각할 수 있을 것이다. 창조세계의 각 겹은 각기 다양한 방식으로 아름다우며, 한 겹씩 벗겨낼 때마다 우리는 지극히 다양한 종류의 장엄함이나 아름다움과 마주치게 된다.

창조세계의 가치를 풍성하게 음미하려면 우리는 어떻게 이 세계의 표면에서 만나는 경이로운 것들이 자연의 숨겨진 패턴이 만들어내는 아름다움과 관련이 있는지, 어떻게 물리 법칙들이 석양의 아름다움을 밝혀내는지, 어떻게 인간 본성에 대한 이해가 우리를 어린아이의 웃음에 끌리게 하는지, 그리고 어떻게 유전공학이 생명의 신비한 문을 열어젖히는지 등의 사실에 대해 깊이 숙고해야 한다.

아쉽게도 많은 기독교인이 하나님의 창조세계에 관한 이해를 풍성하게 해주는 과학의 방식을 충분히 음미하지 못한다. 불운하게도 그들은 과학적인 세계상이 하나님이 만물을 창조하셨다는 자신들의 믿음과 양립할 수 없다고 오해한다. 그래서 그들은 그렇게 음미할 수 있는 체험의 기회를 빼앗기고 만다. 이런저런 이유로 그들은 과학을 두려워하고 심지어 거부하기까지 한다.

과학이 신앙에
도전하는 것은 아닐까?

많은 기독교인이 과학을 두려워하는 이유 중 하나는 목소리 큰 몇 명의 무신론자가 과학적 설명이 하나님을 창조주로 믿는 믿음을 대체했다고 주장하기 때문이다. 그들이 보기에는 별과 행성들, 생명체의 다양성, 우주의 기원을 설득력 있게 설명하는 과학 이론들이 제시되고 있고, 그런 설명들은 하나님이 그 모든 것을 창조하셨다는 생각에 도전한다. 그러나 이 책에서 우리가 보여줄 것처럼 그것은 사실이 아니다.

반면에 어떤 기독교인들은 그와 반대로 주장한다. 기독교 신앙이 이미 잘 확립된 여러 가지 과학적 주장들을 배척한다는 것이다. 그들은 무신론자들과 똑같은 열정을 가지고 기원에 관한 과학적 설명은 하나님이 창조자라는 신앙과 경쟁하며, 우리는 둘 중 하나를 선택해야만 한다고 주장한다. 하지만 이것도 맞는 말이 아니다.

이런 긴장은 기독교인을 곤경 속으로 몰아넣는다. 정말로 하나만 선택해야 한다고 믿는다면 그들은 과학이 하나님의 창조에 대해 밝혀낸 많은 것을 거부할 수밖에 없기 때문이다. 한 가지 예를 들자면 과학은 별들이 어떻게 생성되는지에 대하여 매혹적인 설명을 내놓았다. 만일 우리가 그 설명이 하나님이 별들을 만드셨다는 믿음과 상반된다고 믿으면 과학의 그런 통찰을 하나님의 창조 과정에 포함시킬 수 없게 되는 것이다.

하지만 우리에게 좋은 소식은 양자택일을 할 필요가 없다는 것이다. 과학적 설명이 창조에 대한 우리의 믿음과 대립한다는 무신론자들의 주장은 명백히 잘못되었다. 한편 그런 무신론자들에게 동의하는 기독교인들이—하나님이 창조자라는 그들의 주장은 맞는다고 해도—하나님의 창조를 믿는다는 것은 존재의 기원에 관한 과학적 설명의 거부를 의미한다고 말한다면, 그것은 무신론자들의 주장을 너무 많이 받아들인 결과다.

이어지는 내용에서 우리는 방금 말한 그 좋은 소식을 따를 것이다. 물론 우리는 그 주장이 상당히 도전적이고 중요한 질문을 야기하게 되리라는 사실을 알고 있다. 그러나 우리는 기독교인들이 세상에 대한 과학적 이해와 자신들의 신앙 사이의 어색한 긴장으로부터 반드시 해방되어야 한다고 믿는다.

우리는 이러한 관점을 바이오로고스(BioLogos)라고 부를 것이다. 이 용어는 우리 중 한 사람인 콜린스가 처음 만든 것으로서 그의 베스트셀러인 『신의 언어』에서 사용되었다. 이 용어는 바이오스(*bios*)와 로고스(*logos*)라는 두 핵심 개념을 합친 것이다. **바이오스**는 생명, 그리고 생명 유지에 필수적인 세상의 모든 놀라운 요소들—실은 모든 것이다—을 가리키며, **로고스**는 이 세상이 하나님이 창조하신 것이고 하나님의 이성(로고스) 위에 기초하고 있다고 믿는 기독교 신앙을 가리킨다. 로고스라는 단어는 신약성경의 가장 중요한 본문 중 하나에 등장한다. 그것은 요한복음의 서문인 1장 1절이다. "태초에 말씀[로고스]이 계시니라. 이 말씀이 하나님과 함께 계셨으니, 이 말씀은 곧 하나님이시니라."

　　바이오로고스라는 개념은 급진적으로 새로운 것은 아니다. 하지만 이 새로운 단어는 오랫동안 기독교인들을 괴롭혀왔던 주제를 다룰 기회를 제공한다. 그렇게 된다면 과학과 신앙 사이에서 오랫동안 이어진 부정적인 대화를 끊임없이 다시 떠올릴 필요가 없을 것이다. 가장 중요한 것은 이 개념이 우리에게 진화에 대해 말할 기회를 준다는 사실이다.

바이오로고스는 무엇이며,
그것은 기원에 관한 다른 사상들과
어떤 관계에 있을까?

　　　　　　　바이오로고스는 유신론(theism)을 수용한다. 유신론은 창조세계를 돌보시고 그 세계와 상호작용하시는 하나님을 믿는 믿음이다. 유신론은 이신론(理神論, deism)과 다르다. 이신론이 믿는 신은 자기가 지은 세계에 관심이 없고 간섭도 하지 않는 창조자다. 그 신은 때로는 그냥 자연 법칙들을 모아놓은 총합에 지나지 않으며 보통은 비인격체로 여겨진다. 또한 바이오로고스는 세계를 이해하기 위한 신뢰할 만한 방법으로 과학을 수용한다. 우리는 과학이 대단히 진실한 분야로서 과학자들은 일반적으로 자기 일을 수행할 때 정직하고 객관적이며, 그들이 내리는 결론은 믿을 만하다고 본다. 과학을 수용함으로써 우리는 진화론이라고 불리는 생물학 이론을 지구상에 다양한 생명체들이 발전하게 된 사실에 관한 신뢰할 만한 설명으로 받아들인다. 우리가 진화론을 포함하는 과학에 대한 수용을 유신론과 결합할 때 우리는 **유신론적 진화론**

(theistic evolution)이라는 개념을 받아들이게 된다.

유신론적 진화론은 하나님이 생명을 창조하실 때 자연 질서 안에서 자연 법칙들과 조화를 이루는 자연의 과정들을 사용하셨다는 믿음이다. 그렇다면 우리의 관점을 그냥 간단하게 **진화**라고 부르면 왜 안 될까? 적어도 이 지점에서 우리는 진화라는 용어를 토론을 위해 사용하지 않으려고 한다. 왜냐하면 무신론을 포함한 부정적인 사상들이 그 용어와 연관되어 있고, 많은 독자가 이 단어를 떠올릴 때마다 계속해서 불편한 감정을 느낄 것이기 때문이다. **진화**라는 단어는 이처럼 부담스러운 감정의 짐을 지니고 있는데 지금 우리는 그 짐을 배 밖으로 던지려고 한다.

바이오로고스라는 단어는 아직 희망 사항이기는 하지만, 그런 부정적인 짐은 가지고 있지 않다. 우리는 시간이 흐름에 따라 긍정적인 연상들이 그 안에 쌓여가기를 바란다.

다음 페이지부터 우리는 기독교인들이 가지고 있는 다른 주요한 관점들에 대해 논의하려고 한다. 그 주제 중에는 켄 햄(Ken Ham)과 "창세기의 해답"(Answers in Genesis)이라는 단체가 옹호하는 "젊은지구창조론"(Young Earth Creationism, YEC)도 포함된다. 젊은지구창조론은 창세기의 창조 이야기를 문자 그대로 해석하며, 하나님이 1만 년이 안 되는 과거의 어느 시점에 세계를 24시간이 하루인 6일 동안 창조하셨다는 결론을 내린다. "오랜지구창조론"(Old Earth Creationism, OEC)도 창세기의 창조 기사를 문자 그대로 해석하는 것은 마찬가지지만, 그 창조의 시간 단위가 훨씬 길 수도 있다는 점은 허용한다. 예를 들어 창세기의 "하루"가 매우 긴 기간 혹은 지질학적 시대라고 보는 것이다. 휴 로스(Hugh Ross)가 대표로 있는 "믿음의 이유"(Reasons to Believe) 협회가 바로 이 견해의 선봉에 있다. 마지막 주제로서 지적 설계(Intelligent Design, ID) 운동이 있다. 이 운동은 성경을 직접 인용하지는 않지만 자연계의 복잡성을 강조함으로써 "지적 주체"(Intelligent Agent)의 인위적 개입의 증거―그들이 볼 때 그렇다―를 제시한다. 이 견해는 스티븐 마이어(Stephen Meyer), 윌리엄 뎀스키(William Dembski), 마이클 비히(Michael Behe) 등을 비롯한 "디스커버리 협회"(Discovery Institute)의 선임 연구원들이 옹호한다.

토론을 진행하면서 우리는 이런 견해들 가운데 우리가 동의하거나 동의하지 않는 관점들을 함께 강조할 것이다. 바이오로고스의 주요 특징은 진화론을 포함해서 기원에 관하여 일반적으로 인정되고 바르게 이해된 과학적 이론들에 동의한다는 것이다.

진화가
하나님의 창조 방법이라면
왜 그렇게 평판이 좋지 않을까?

1859년에 『종의 기원』을 출간하면서 찰스 다윈(Charles R. Darwin)은 과학자들이 생물학을 이해하는 방식에 크나큰 변화를 가져왔다. 다윈이 종들의 점진적 변화를 설명할 수 있는 기제(mechanism)를 제시했기 때문이다. 그 당시에 종의 점진적 변화는 이미 화석 자료에 기초해서 널리 받아들여진 현상이었지만, 막상 그런 점진적 변화를 위한 기제는 알려지지 않았고 다른 가설들이 통용되고 있었다. 다윈의 책의 정식 제목은 『자연선택에 의한 종의 기원에 관하여』(On the Origin of Species by Means of Natural Selection)였다. 이 책은 종의 분화에 관한 간단한 기제를 가설로 내세웠고, 더불어 그 새로운 이론에 대한 증거를 제시했다. 그 기제가 바로 자연선택이었다.

비록 근대의 다윈주의는 다른 종류의 진화론적 선택도 중요하다고 인정하지만 주로 자연선택에 의한 진화를 주장하는 견해가 흔히 "다윈주의"로 불린다. 다윈의 이름에 진화론을 갖다 붙이는 것은 단 한 사람의 과학자를 맹목적으로 뒤따르는 일종의 컬트 같은 것을 암시하는 듯이 보이지만 실제로는 전혀 그렇지 않다. 오늘날 생물학자 대다수는 다윈 자신에 대해서는 별 관심이 없고 『종의 기원』을 읽는 사람도 거의 없다. 사실 과학자 대부분은 "다윈주의"라는 꼬리표조차 더 이상 사용하지 않는다. 오늘날의 진화론은 수많은 과학자가 지난 150년에 걸쳐 기여해온 결과물로서 현대 생물학의 핵심이 되었다.

다윈이 자연선택이란 기제를 제안했을 때 그는 한 종(種)이 자연적으로 선택한 특질들이 어떻게 다음 세대로 구체적으로 유전되는지 이해하지 못했다. 그러나 벨기에의 수도승인 그레고르 멘델(Gregor J. Mendel)의 유전학 연구가 바로 그 질문의 대답이 이미 준비되고 있었음을 알렸다. 콩을 여러 세대에 걸쳐 재배함으로써 멘델은 한 세대의 특질이 어떻게 다음 세대로 유전되는지를 발견했다.[2] 비록 다윈은 멘델의 연구 결과를 알지 못했고 멘델과 다윈은 모두 유전학이 자연선택과 통합되는 것을 생전에 보지 못했지만, 이 두 이론의 통합은―이제는 유전자의 화학적 특성의 발견과 분자생물학의 발전을 포함해서―"신다윈주의" 혹은 "현대적 진화론의 통합"(the modern evolutionary synthesis)이라고 불린다. 보통 바로 이렇게 통합된 이론이 여전히 "다윈주의" 혹은 더 적절하게는―우리도 종종 그렇게 부르겠지만―"진화론"이라고 불린다. 하지만 우리는 다윈 이래로 진화의 이해에 있어 무수한 진전이 이루어졌다는 사실을 염두에 두어야 한다. 물론 그 진전들은 다윈의 이론이 옳았다는 여러 증거를 제시했다. 다윈 이후로 진화론이 종의 기원에 관한 가장 좋은 설명이 아님을 보여주는 과학

---

2 "Discrete Genes Are Inherited: Gregor Mendel," *Understanding Evolution*, University of California Museum of Paleontology⟨http://evolution.berkeley.edu/evolibrary/article/_0_0/history_1320⟩.

적 발견은 단 한 차례도 없었다.

다양한 반(反)진화론자들이 널리 퍼뜨린 오해와 그들의 확신에 찬 주장과는 달리, 진화론은 종교에 관해서는 아무런 직접적 진술을 하지 않는 과학 이론이다. 많은 사람이 언급하듯이 진화론이 종교와 관련해서 간접적인 암시를 줄 수 있을지는 모르지만, 그런 암시가 의미를 갖기 위해서는 특정한 신학적 혹은 성경적 관점이 필요하다. 아무튼 진화론 그 자체는 하나님에 관하여 그 어떤 특별한 진술도 하지 않는다. 이러한 중립성 때문에 진화론은 다양한 사람들의 지지를 받고 있으며, 거기에는 불가지론자인 마이클 루스(Michael Ruse)부터 복음주의 목사인 다니엘 해럴(Daniel Harrell, 보스턴의 유명한 Park Street Church의 이전 목회자)까지 포함된다. 루스나 해럴 목사는 진화론이 기독교와 양립할 수 없다는 아무런 이유도 찾지 못했다. 반대로 두 사람 모두는 그 둘이 양립할 수 있다는 점을 밝히는 책을 저술했다.[3]

자기 확신에 찬 한두 명의 관찰자들은 진화론이 은연중에 무신론을 암시한다고 주장하는데, 독자들이 짐작할 수 있듯이 그런 주장은 기독교인들이 진화론을 수용하기 어렵게 만드는 대중적인 홍보 자료가 된다. 비록 기독교인들이 대개는 자신의 믿음을—진화가 하나님의 창조 방법이라는 것을 가리키기 위해—**유신론적** 진화론이라고 정의하지만 **진화**라는 용어는 여전히 논란의 대상이 되고 있다. 이 용어의 부정적인 암시는 부분적으로 다윈의 이론이 고도로 복잡한 체계들(complex systems, 복잡계)의 설계(design)에 대하여 초자연적인 설명을 하지 않았기 때문으로 보인다. 다윈 이전에 윌리엄 페일리(William Paley) 같은 신학자는 눈(eye)과 같이 뛰어나

---

3   Michael Ruse, *Can a Darwinian Be a Christian: The Relationship Between Science and Religion*(Cambridge: Cambridge University Press, 2001); Daniel Harrell, *Nature's Witness: How Evolution Can Inspire Faith*(Nashville: Abingdon, 2008).

26 | 과학과 하나님의 존재

게 설계된 신체 기관의 예를 제시함으로써 설계자 하나님의 존재를 논증했다.

그러나 자연 설계에 대한 다윈의 태도가 하나님을 믿는 신앙을 공격했던 것은 아니었다. 오히려 그것은 그동안 과학적 도구를 사용해서 하나님의 존재를 **증명**하려는 시도에 사용되었던 일련의 주장들, 곧 지금 뒤돌아보면 지나치게 열정적이었을 뿐인 주장들에 대한 한 가지 대안적 설명이었다. 그 당시에 과학은 모든 지식의 원천으로서 왕관을 쓰고 있었다. 뉴턴(Issac Newton, 1642-1727)의 연구는 왜 다윈의 이론이 하나님을 향한 신앙에 적대적인 것이 아닌지에 대한 유익한 비유가 될 수 있다.

우리가 고등학교 시절에 배웠듯이 뉴턴은 중력의 법칙을 발견함으로써 태양계의 행성들이 왜 태양계를 벗어나지 않고 태양 주위의 궤도를 공전하는지 설명했다. 그러나 뉴턴의 시대에는 왜 모든 행성이 같은 방향으로, 그것도 태양 주위를 같은 평면 위에서 그토록 규칙적으로 회전하는지 이유를 알아낼 수 없었다. 그 시대의 과학이 그것을 설명할 수 없었기 때문에 뉴턴은 하나님이 그토록 우아한 기계적 체계(mechanical system)의 근원이라고 주장했다. 이것은 이른바 "틈새(설명되지 않는 부분)의 하나님"(god of the gaps)이라는 개념을 보여준다. 뉴턴은 자연계에서 당시의 과학이 설명할 수 없는 뛰어난 체계를 발견한 후에 그 설명을 위해 하나님을 추론한 것이었다.

뉴턴 이후 100년이 지난 뒤에 라플라스(Pierre Simon de Laplace, 1749-1827)와 같은 과학자들이 진보시킨 과학은 태양계 구조의 모든 신비의 베일을 벗겨버렸다. 중력에 관한 더욱 정교한 이해가 뉴턴이 하나님으로 언급했던 틈새를 설명할 수 있다고 주장되었다. 그러나 라플라스의 연구 결과도 하나님의 존재를 반박한 것은 아니었다. 그것은 단지 뉴턴이 하나님의 존재를 증명하기 위해—부적절하게—사용했던 (당시에 널리 알려졌던) 주장을 해체했을 뿐이다. 뉴턴이 하나님의 존재를 증명하기 위해 그런 "틈새의 하나님" 논증을 만들어내지 않았다면 나중에 발전된 과학이 그 틈새를 설명해버렸을 때 사람들이 굳이 실망할 필요도 없었을 것이다.

하나님을 끌어와서 설명할 수밖에 없었던 뛰어난 자연현상들에 대하여 라플라스가 물리학을 통한 자연스러운 설명을 제시했던 것과 마찬가지로 다윈은 생물학을 제시했다. 그러므로 두 경우 모두는 하나님의 존재를 **반박**하는 논증이 아니다.

최근 들어 창조론이나 지적 설계 이론, 새로운 무신론을 주창하는 자들은 어떤 형태로든 진화론을 수용하는 것은 곧 무신론을 수용하는 것이라고 주장했다. 그들은 진화론이 유신론적 세계관과 양립할 수 없다고 주장한다. 하지만 이는 비논리적일 뿐 아니라 철학적으로 터무니없는 생각이다. 이는 마치 어떤 소녀가 자기에게 자전거를 사준 사람이 아빠가 아니라 엄마이기 때문에 아빠는 존재하지 않는다고 추론하는 것과 같다.

바이오로고스는 진화론과 무신론을 그렇게 잘못된 방식으로 관련시키는 것에 도전한다. 그런 사람들이 발표한 많은 글을 보면 관점은 단순하고 신학적 사고는 얄팍하다. 바이오로고스는 단지 과학 이론에 그치는 것이 아니라 총체적·전일적 설명의 체계라고 말할 수 있다. 바이오로고스는 진화론이 올바른 과학으로서, 너무나도 흥미롭게 이 지구를 채우고 있는 온갖 종류의 생명체들을 하나님이 창조하신 방법을 가장 효과적으로 설명하는 이론이라는 신념을 증진시키려고 한다.

그렇다면 사회적 다윈주의(Social Darwinism)는 어떤가? 진화론은 강자가 약자를 파괴하는 것을 정당화하지 않을까?

전혀 다른 맥락에서 진화론에 반대하는 주장이 있다. 진화론은 말하자면 "힘이 정의다"라는 거짓 복음을 설교하기 때문에 거부되어야 한다는 것이다. 심지어 어떤 이는 홀로코스트에 대해서도 진화론의 책임을 묻는다![4] "적자생존"과 같은 진화론 사상을 사회 문제에 적용하는 것을 사회적 다윈주의라고 부른다. 그러나 사회적 다윈주의는 다윈주의(진화론)와는 **전혀 다른** 개념이다. 그것은 다윈주의의 한 부분도 아니고, 그것의 연장선에 있지도 않다.

사회적 다윈주의가 진화론의 개념들을 사회적 맥락에서 개인들의 그룹에 적용하는 방식은 부적절하다. 사회적 다윈주의는 다윈의 이론을 가져다가 사회를 위한 도덕적 칙령으로 만들어버렸다. 적자생존이 오랜 기간에 걸친 종들의 진화에 관한 설명일 뿐만 아니라 사회적 발전을 위한 기제, 곧 **도덕적으로도 적합한** 기제인 것처럼 설명하는 것이다. 이런 이해가 극단으로 치달을 때 힘 있는 자들이 생존에 덜 적합하다고 여겨지는 사회적 약자들을 차별하는 결과가 초래된다. 히틀러(Adolf Hitler)의 유대인 박해가 가장 극단적인 사례이겠지만 우리의 가까운 역사 속에도 좀 더 알기 쉬운 예가 있다.

사회적 다윈주의는 우생학과 밀접한 관계가 있다. 우생학은 특정한 비전에 따라 인류의 품종을 개량하려는 목적으로 임신-출산을 통제하는

---

4   Richard Weikert, *From Darwin to Hitler*(New York: Palgrave Macmillan, 2004). 다음 자료도 참고하라. William Dembski, "What's Wrong with Uttering 'Darwin' and 'Hitler' in the Same Breath?," *Uncommon Descent*, April 18, 2008〈www.uncommondescent. com/evolution/some-of-my-favorite-quotes-by -darwinists〉.

과학이다. 이 용어는 다윈의 사촌인 프랜시스 갈턴(Francis Galton)이 만들었고, 그 어원은 "좋은 씨앗"이라는 의미의 그리스어에서 유래한다. 갈턴은 『유전형질에 의한 천재』(*Hereditary Genius*)라는 책을 저술해서 사람들에게 큰 영향을 끼쳤다. 그는 이 책에서 우생학을 옹호하며 더 나은 인류에 대해 자신이 가진 비전의 개요를 제시했다. 다른 책에서 갈턴은 자신의 프로그램이 단순히 "자연선택을 더 자비로우면서도 효과는 비슷한 다른 과정들로" 대체하는 것이라고 묘사했다.[5] 그러나 불행히도 역사는 우생학만큼 자비와 거리가 먼 것은 없다는 사실을 증명했다.

20세기 초에 미국은 자국민의 "생존 적응도"를 개선하는 일에 급급해서 우생학에 관한 법령을 제정했다.[6] 1917년 무렵에 15개가 넘는 주(州)에서 어떤 형태로든 사회에 적합하지 않다고 인지되는 사회 구성원들에게 강제 불임 시술을 행할 수 있다는 법이 통과되었다.[7] 50개 주 가운데 절반 이상이 정신장애가 있는 사람들의 결혼을 제한했다. 정의가 특별히 잘못 행사되었던, 유명한 비극적 대법원 판례인 "벅 대 벨"(Buck vs. Bell) 재판에서 대법원은 캐리 벅(Carrie Buck)에게 지적 장애를 근거로 강제 불임 시술을 선고했다. 나중에 밝혀진 증거에 의하면 그녀는 그렇지 않았는데도 말이다.[8]

사회적 다윈주의자들의 정서는 대법관이었던 웬델 홈즈 주니어(Oliver Wendell Holmes, Jr.)의 무시무시한 말 속에 잘 나타난다.

---

5   Francis Galton, *Memories of My Life* (New York: E. P. Dutton, 1909), 323.

6   Harry Hamilton Laughlin, *Eugenical Sterilization in the United States* (Chicago: Psychopathic Laboratory of the Municipal Court of Chicago, 1922).

7   같은 곳.

8   Steven Jay Gould, "Chapter 20: Carrie Buck's Daughter," in *The Flamingo's Smile* (New York: W. W. Norton, 1985), 206-318.

훗날 퇴화된 자손들이 범죄를 저질러 처형되거나 지적 장애로 굶어 죽게 되기를 기다리는 대신에, 지금 사회가 명백히 부적합한 자들을 제한하여 자손을 이어가지 못하게 하는 것이 그런 일의 발생을 예방할 수 있으며, 그것이 세계 전체를 위해 선한 길이다.[9]

이런 진술이 보여주듯이 사회적 다윈주의자들은 거의 모든 인간적 속성을 유전의 탓으로 돌린다. 그러나 인간의 속성은 유전, 환경, 자유의지 행사의 복합적인 결과다. 그들은 만일 인류가 자연선택에 의해 진화해 왔다면(이것은 과거에 대한 사실 주장이다), 인위적인 선택을 통해 사회 적응도가 떨어지는 사회 구성원들을 차별하는 것이 적합하다고 주장한다(이것은 현재에 대한 가치판단이다).

바이오로고스는 다른 많은 사람들과 함께 사회적 다윈주의가 암시하는 그런 도덕률을 거부한다. 사실 사회적 다윈주의는 철학도라면 누구나 알고 있는 기초적인 도덕적 오류에 뿌리를 두고 있다. 그 오류는 바로 "그렇다"로부터 "그래야 한다"로 나아가는 논리적 비약이다. 사물의 단순한 **상태**를 관찰하고 나서, 그것으로부터 사물이 어떻게 존재해야 하는지의 **당위**를 추론해서는 안 된다. 이런 추론이 얼마나 어리석은지는 단순한 예를 생각할 때 금방 알 수 있다. 아이들이 막대한 양의 사탕을 좋아한다는 관찰 결과로부터 우리는 그런 습성이 "옳다"고 추론할 수 있을까? 모든 것이 중력에 의해 땅에 떨어진다는 관찰로부터 그 누구도 사물을 위로 들어 올리는 장치를 만들어서는 안 된다고 주장할 수 있을까? 금발들이 더 즐거워한다고 해서, 갈색 머리들이 너무 즐거워하는 경우에 그들을 잡아

---

9   "Eugenics," *Encyclopedia Britannica Online*, 2010〈www.britannica.com/ EBchecked/ topic/195069/eugenics〉.

가두어야 할까? 동물들이 약육강식에 의해 진화한다고 해서—사실 이는 진화론의 대략적 특징이기는 하다—강자가 약자를 멸망시키는 것이 **옳다**고 말해야 할까?

공격적인 사회정책을 정당화하기 위한 근거를 사회적 다윈주의에서 찾는 것은 자신의 이기적인 계획을 합리화하려는 인간들의 유감스러운 성향일 뿐이다. 히틀러처럼 편견에 사로잡힌 사람들은 다윈을 거론하기 전에 이미 유대인들을 박해했다. 히틀러는 과학적 세계관을 거의 갖고 있지도 않았다.

빅토리아 여왕 시대에 영국은 여러 가지 사회적인 문제들에 시달리고 있었다. 다윈은 가끔 자신의 이론이 그런 사회적 문제들과 어떤 관련이 있는지 언급했다. 그런데 그런 언급들이 실제의 맥락과는 무관하게 인용되면서, 마치 그가 사회적 문제에 자신의 이론을 적용하는 것을 지지하는 듯이 보이게 되었다. 다음 인용문이 그런 사례다.

> 미개인들 사이에서 몸이나 마음이 약한 자들은 곧 제거된다. 살아남은 자들은 대체로 매우 건강한 상태를 보여준다. 반면에 우리와 같이 문명화된 사람들은 그런 제거 과정을 최선을 다해 점검한다. 우리는 지적 장애인이나 장애인, 병자들을 위해 수용소를 짓고, 가난한 자들을 보호하는 법을 제정하며, 의료업 종사자들은 모든 사람의 생명을 구하기 위해 끝까지 최선을 다한다.…그 결과 문명사회에서는 약자들도 자신의 자손을 번식시키게 된다. 가축이 새끼를 낳는 것을 지켜본 사람이라면 그 누구도 그런 출산 과정이 인류에게 큰 손해를 끼친다는 사실을 의심하지 않을 것이다.…가장 열등한 가축의 번식을 허락할 만큼 무지한 사람은 아마 없을 것이다.[10]

---

10 Charles Darwin, *The Descent of Man, and Selection in Relation to Sex* (London: J. Murray,

그러나 학자들이 다윈을 폭넓게 연구한 결과, 앞의 인용문과는 달리 그는 자신의 사상을 사회적으로 확장시키는 것을 지지하지 않았다. 많은 저자가 앞의 인용문이 다윈의 책 『인류의 혈통』(Descent of Man)의 문맥으로부터 기만적으로 분리된 채 사용되면서 잘못된 연상을 불러일으킨다고 지적했다.[11] 또 다른 인용문은 다윈이 자선과 박애정신을 진화론으로 설명하는 입장을 취하면서 사회적 다윈주의는 배척했음을 보여준다.

앞의 문장을 인용했던 반진화론자들의 책에는 나오지 않지만 다윈의 본문은 다음과 같이 계속된다.

> 우리가 약자들에게 도움을 베풀어야 한다고 느끼는 것은 주로 본능적 연민으로부터 우연히 우러나온 것이며, 그 연민도 본래는 사회적 본능의 일부로서 습득된 것이고, 그것이 이후에는 이전에 지시되었던 양상보다 더욱 부드럽고 넓게 확산된 것이다. 우리는 연민을 막을 수 없다. 만약 냉정한 이성으로 그렇게 하려 한다면, 인간 본성 중 가장 고결한 부분을 망가뜨리게 될 것이다. 외과 의사가 수술하는 동안 냉정해질 수 있는 이유는 자신의 행동이 환자의 유익을 위한 것임을 알고 있기 때문이다. 반면에 우리가 힘없는 자들을 고의로 소홀히 대한다면, 그것이 유익한지 아닌지는 우연적이고 불확실하되 그 해악은 크고 확실하고 즉각적일 것이다.[12]

1871), 1:168. 이 자료는 다음과 같이 온라인에서도 확인할 수 있다. John van Wyhe, ed., "The Complete plete Work of Charles Darwin Online"(2002-2010)⟨http://darwin-online.org.uk⟩. 비슷한 오해를 불러일으키는 인용문이 *Expelled: No Intelligence Allowed lowed*(Rampant Films, 2008)에도 인용되었다.

11 Jeffrey P. Schloss, "The Expelled Controversy: Overcoming or Raising Walls of Division?," *American Scientic Affiliation*(2008)⟨www.asa3.org/ASA/resources/Schloss200805.pdf⟩.

12 Darwin, *Descent of Man*, 168-69.

다윈이 사회적 다윈주의를 수용하지 않았음에도 불구하고, 반진화론자들은 다윈의 과학을 받아들이는 것이 곧 사회적 다윈주의의 철학도 함께 받아들이는 것이라고 주장한다. 이에 해당하는 가장 유명한 예는 앞서 언급했듯이 다윈의 사상이 히틀러에게 영향을 주었다는 주장이다. 그러나 복음주의 기독교인이며 생물학자인 제프리 슐로스(Jeffrey P. Schloss)는 히틀러 이후로 어떤 다윈주의자도 히틀러와 같은 생각을 하지 않았다는 단순 명료한 사실에 근거해서 진화론이 사람들을 불가피하게 히틀러의 철학으로 인도하지 않는다는 점을 확인시켜준다.[13] 더 나아가 인류의 역사는 인종차별과 심지어 인종 말살이라는 길고 슬픈 연대기─대부분 다윈 이전의 시대에 발생한 연대기다─를 담고 있다. 히틀러가 다윈주의를 잘못 적용했다는 사실은 그가 기독교를 오용한 모습에서도 확인된다. 히틀러는 기독교가 자신에게 반유대주의의 영감을 주었다고 주장했다.[14]

두 사람의 탁월한 다윈 연구가가 2009년에 다윈의 전기를 출간했다. 거기서 그들은 자신이 발전시킨 이론이 당시의 노예제도를 정당화하는 가설을 무너뜨리게 된 것에 대하여 다윈이 상당히 신이 났다고 주장한다. 그가 무너뜨린 것은 "열등한" 인종들이 소위 생물학적으로 우월하다는 백인 유럽인들과는 다른 조상을 가지고 있다는 가설이었다.[15] 20세기를 통해 계속 발전한 다윈의 이론이 어떻게 인종차별의 근거를 철저히 무너뜨려서 예전에 인종 간에 확연하게 드러난다고 했던 경계가 생물학적으로 더 이상 아무런 의미도 없다고 우리가 자신 있게 말할 수 있게 되었는

---

13 Schloss, "The Expelled Controversy."

14 같은 곳.

15 Adrian Desmond and James Moore, *Darwin's Sacred Cause* (New York: Houghton Mifflin Harcourt, 2009); Adrian Desmond and James Moore, "First Chapters," *New York Times*, January 30, 2009〈www.nytimes.com/2009/02/01/books/chapters/chapter-darwins-sacred-cause.html〉.

지에 관해 많은 과학자들은—마땅히 그래야 하는 것이지만—자랑스러워한다. 인류가 "열등한" 그룹과 "우월한" 그룹으로 나뉠 수 있다는 관점은 지구가 우주의 중심이라는 생각만큼이나 이제는 과학에 의해 철저히 반박되는 관점임이 분명해졌다.

결론

기원에 관한 관점은 낙관적이고 긍정적이다. 진화가 연상시키는 부정적인 짐들은 신앙에 해를 주지 않고서도 멀리 던져버릴 수 있다. 진화는 무신론을 위한 논증이 될 수 없으며 약자에 대한 홀대를 정당화하는 데 사용될 수도 없다. 진화는 어린이들을 겁주는 사악하고 어두운 가면을 쓰고 있지도 않다. 간단히 말해서 진화는 실험을 통한 여러 증거의 지지를 받는 하나의 과학 이론이다. 이어지는 장들의 내용이 그 사실을 분명하게 보여줄 것이다. 신학적으로 볼 때 진화는 하나님의 창조가 내보이는 놀라운 특성에 대한 비범한 통찰이다. 우리는 변화가 일상인 세계에 살고 있다. 빙하기, 화산 폭발, 지구와 소행성의 충돌, 홍수, 그리고 어떤 종(species)의 출현과 다른 종의 멸종을 생각해보자. 자연계가 이처럼 변화하는 환경에 적응할 수 있도록 내장된 기제를 가지고 있다는 것은 얼마나 경이롭고 근사한 일인가!

1장

진화를 꼭 믿어야 할까?

땅이 혼돈하고 공허하며
흑암이 깊음 위에 있고
하나님의 영은 수면 위에 운행하시니라(창 1:2).

바이오로고스는 과학자들과 과학적 연구 과정을 존중하며 과학 자체를 진지하게 수용하기 때문에 생물 진화도 그렇게 받아들인다. 우리는 과학을 하나님으로부터 온 선물로 보는데 이 선물을 받으려면 세 가지가 준비되어야 한다. ① 관찰될 수 있는 패턴을 지닌 질서 있고 안정되고 예측 가능한 창조세계, ② 깊은 수준의 추상적 사고가 가능한 마음, ③ 주변 세계를 이해하고자 하는 불타는 호기심. 이 세 가지 가운데 하나만 부족해도 우리는 과학이란 선물을 받을 수 없다.

과학자들이 어떤 명제가 진리라고 말하며 만장일치에 가까운 동의를 표할 때 그 결론이 마음에 들지 않는다고 해도 우리는 그것을 최대한 진지하게 고려해야 한다. 물론 과학자들이 믿는 모든 것을 맹목적으로 받아들일 필요는 없다. 그러나 과학자들 사이에 그런 동의가 이루어지는 경우에 우리는 그 동의를 거부하기 전에 분명한 이유를 반드시 제시할 수 있어야 한다. 진화가 바로 그런 경우다.

진화론이라는 용어는 너무 많은 의미로 사용되고 있는데 그중 대부분은 부적절하다. 우리는 여기서 말하려는 핵심을 확실히 하기 위해 진화론의 의미를 우선 간단하게 정의하고 나중에 좀 더 상세히 다듬고자 한다. 진화론은 공식적인 이론으로서 다음과 같이 간단하면서도 서로 연관되는 몇 개의 명제로 구성된다.

① 현존하는 모든 종은 공통 조상으로부터 유래했다. 오늘날 살아 있는 모든 인간이 앞서 존재했던 더 적은 그룹의 인간들을 조상으로 하는 것처럼 모든 포유류는 그 이전의 포유류로부터 유래하며, 척추동물들은 그 이전의 척추동물 그룹으로부터, 동물들은 그 이전의 소수의 동물 그룹으로부터 왔다. 궁극적으로 지구상에 존재했던 모든 생명은 대략 40억 년 전에 살았던 하나의 단세포 생명체로부터 유래한 것이다.

② 종의 변화는 세월의 흐름 속에서 유전자의 돌연변이가 가져오는 결과로서 점진적으로 일어난다. 돌연변이는 우리의 DNA 안에서 늘 일어나고 있는 소규모의 화학적 변화다. 돌연변이 중 대부분은 변이에 영향을 주지 못하고, 오히려 생존에 해로운 것도 많다. 그러나 일부는 유익하게 작용하며 개체(숙주)의 생식적 연속성을 증진시킨다.

③ 종의 변화는 그런 유익한 돌연변이가 그 종에 속한 어떤 개체들로 하여금 다른 개체들보다 더 많은 후손을 얻게 해줄 때 발생한다. 그 돌연변이를 일으킨 개체가 더 많은 후손을 낳기 때문에 새로운 종류가 원래 개체군 전반으로 확산되어 지배력을 갖게 된다.

간결하게 요약하면 이것이 바로 진화론이다. 이 이론이 생명의 기원을 다루고 있지 **않음**에 주목하자. 비록 기원이 흥미로운 과학적 질문이기는 해도 화학물질이 결합되어 생명을 형성할 수 있는지의 문제는 진화론과 관련이 없다. 또한 진화론은 진화를 이끄는 과정이 어떤 목적을 가지고 있는지에 대해서도 말하지 않는다. 그것은 신학의 과제이지 과학의 과제가 아니다.

진화론을 거부하는 과학자들의 숫자는 매우 적다. 규모가 큰 대부분의 과학자 모임에서 그런 과학자는 단 한 사람도 찾기가 힘들다. 그리고 기독교인인 생물학자들도 대부분 진화론을 수용한다.

하지만 진화론을 비판하는 사람들은 그런 주장에 도전한다. 독자들은 아마도 "많은 과학자가 진화론을 버리고 있다"라든지, 혹은 "많은 과학자가 진화를 공개적으로 부인했다"는 식의 진술을 어디에선가 들었을지도 모른다.

예를 들어 "주말의 세계관 모임"(Worldview Weekend)이라는 단체는 진화론이 치명타를 맞고 있고 곧 소멸될 것이라고 자신 있게 말했다. "강한 생명력으로 쉽사리 죽지 않는 고양이가 마침내 힘을 다 소진한 것처럼, 진화는 조금씩 새로운 발견이 거듭될 때마다 총체적 사망에 다가서고 있다"는 것이다.[1] 그러나 이런 주장은 매우 놀랍다. 왜냐하면 우리는 최근 10년 동안 누적된 과학적 발견들 가운데서 아무리 크게 과장한다고 해도 "치명적"이라고 표현할 만한 것은 단 1개의 사례도 알지 못하기 때문이다.

그들의 계속되는 주장에 따르면 "이제 뛰어난 과학자 중에서 다윈의 진화를 믿는 사람은 거의 없고" 궁극적으로 "고집불통의 말기 증세를 보이는 자들만 진화를 받아들일 것이다."[2] 우리는 이런 과장된 주장이 도대체 어디에 근거를 둔 것인지 궁금하다. 우리는 진화론이 이미 입었다는 "치명타"에 관해서는 들어보지 못했고 진화를 거부하는 뛰어난 과학자들

---

1   Brannon House, "Christian Worldview for Students," Worldview Weekend 2006, Collierville, Tenn., 65.

2   같은 책, 66.

에 관해서도 전혀 아는 바가 없다. 물론 상대성 이론, 빅뱅 우주론, 양자역학, HIV 바이러스가 에이즈의 원인이라는 사실, 혹은 다른 주류 과학 이론을 거부하는 과학자들이 있듯이, 진화를 거부하는 과학자도 한두 명은 있다. 심지어 지구가 움직이지 않는다면서 태양 중심의 태양계 모델을 거부하는 소위 "과학자"도 한두 명 정도는 있다. 그러나 그들은 뛰어난 과학자는 아니다.

불행히도 그런 주장들은 반진화 문헌들 안에 자주 등장하고, 얼핏 신뢰할 만하다고 보이는 다양한 사람들에 의해 너무 자주 재생산된다. 그래서 일반 사람들은 그릇된 길로 이끌리기 쉽다. 하지만 그런 주장들은 한마디로 틀렸다고 말할 수 있다. 이는 단지 "견해의 차이"에 그치는 것이 아니다. 그런 주장들은 과학을 잘 모르는 일반인들, 곧 전문적인 과학 커뮤니티와 동떨어져 있는 비과학자들을 겨냥한다. 그래야 뿌리를 내리고 흥성할 수 있기 때문이다. 예를 들어 과학자들은 끊임없이 진화론의 세부 사항을 수정하고 있다. 그러나 결코 진화론 자체를 버리지는 **않는다**. 만약 진화론을 포기한다면 그것은 큰 뉴스거리가 되어 과학자 커뮤니티 및 새로운 과학적 발견을 보고하는 잡지들을 통해 요란하게 보도되었을 것이다. 바이오로고스 재단에 속한 과학자들은 최근 몇 년 동안 진화론을 저버린 생물학자에 대해 들어본 적이 없다. 그런 사람은 단 한 사람도 없었다.

공식적으로 진화를 부정하거나 진화론에 대하여 우려를 표명하는 과학자들을 실제로 적어놓은 "다윈 반대자들"(Dissent from Darwin) 명단이 있다. 그 유명한 명단에는 다음과 같은 선언을 지지하며 서명한 "과학자들" 500여 명의 이름이 적혀 있다. "생명의 복잡성이 임의적 돌연변이와 자연선택으로 설명될 수 있다는 주장에 대해 우리는 회의적이다. 다윈의 이론을 지지하는 증거들을 조심스럽게 검토하는 작업이 장려되어야 한다."[3]

얼핏 보기에도 이 선언은 반진화적 대중 여론을 형성하기 위한 인상적이고 효과적인 홍보물 같다. 이런 반대 주장이 비교적 널리 퍼진 것을 보면 진화 사상에 뭔가 틀린 것이 있는 것은 아닐까? 그러나 속단하지 말고 좀 더 상세히 살펴보자.

우선 앞의 명단 자체에 문제가 있다. 거기에 열거된 많은 과학자가 생물학을 제대로 공부한 사람들이 아니며 그 분야의 주요 이론인 진화론에 대해 올바르게 평가할 수 있는 위치에 있지 않다. 지금 이 책의 두 저자만 해도 오직 한 사람(콜린스)만 권위를 가지고 진화에 대해 말할 수 있는 생물학 전공자이고, 다른 저자(가이버슨)는 1975년에 고등학교에서 마지막 생물학 수업을 들은 물리학 전공자다. 과학자라도 자신이 공부하지 않은 다른 분야의 발전에 관해 언급한다면 그 말에는 권위가 없다. "다윈 반대자들" 명단은 철학자, 물리학자, 공학자, 수학자, 그리고 다른 비생물학 분야의 학자들까지 모두 포함하고 있다. 그들 중 많은 사람이 고등학교 졸업 이후에 단 1시간의 생물학 수업도 들어본 적이 없는 사람들이다. 그들이 자신의 관점에 대해 진실하다는 것은 확실하겠지만, 우리가 진화론에 대한 그들의 우려를 심각하게 받아들일 필요가 있을까?

또한 그 명단에 있는 상당수가 다양한 교육기관에서 은퇴한 명예교수들이다. 명예교수직은 교육기관들이 보통 70-75세에 은퇴하는 교수들에게 수여하는 것이다. 75세의 명예교수는 필시 교육과정의 대부분을 반세기 전에 마쳤을 것인데, 그것은 진화에 관한 많은 증거들이 발견되어 생물학이 최근 20년 동안 비약적으로 발전하기 이전의 일이다. 그 명단에 그렇게 많은 명예교수가 있다는 사실은 또 하나의 적신호다. 이는 "다윈 반

---

3   Homepage, A Scientific Dissent from Darwinism〈www.dissentfromdarwin.org〉.

대자들"이 과학 커뮤니티에서 현재 활동 중인 멤버가 아니라는 사실을 경고하기 때문이다.

500명이 넘는 사람들의 명단은 대단해 보인다. 만약 그들이 한자리에 모인다면 그 모임은 겉으로는 상당히 인상적으로 보일 것이다. 그러나 실제 과학 커뮤니티는 그와 비교할 수 없이 거대하기 때문에, 그 그룹은 거대한 전체 커뮤니티의 작은 일부분만을 대표할 뿐이다. 그 명단에 실린 그룹이 실제로 얼마나 작고 왜소한지 보여주기 위해 미국 "국립과학교육연구소"(National Center for Science Education)라는 기관에서 "진화론을 지지하는" 과학자들 가운데 스티브란 이름을 가진 사람들의 패러디 명단을 만들어보았다. 과학자들 전체에서 스티브란 이름을 가진 사람은 100명 중 1명에 불과함에도 불구하고 그 명단에는 1,000명이 넘는 과학자들의 이름이 적혔으며, 그들 대부분은 현재 활동 중인 생물학자들이었다. 반면에 "다윈 반대자들" 명단에 적힌 대부분은 현직 생물학자들이 아니었다.[4]

강조하고 싶은 또 한 가지는, 문제가 되는 그 선언문이 실제로는 진화에 대한 부정이 될 수 없다는 것이다. 열렬한 진화론자들조차도 모두가 "임의의 돌연변이와 자연선택"만이 진화를 설명하는 유일한 요소라고 생각하지 않는다. 진화가 지닌 이 두 측면이 진화의 모든 것을 충분히 설명할 수 있을지에 대한 회의를 표명한다고 해서, 그것이 진화론을 부인하는 것과 같지는 않다. 사실 그런 진술은 오늘의 생물학계에서는 진화에 대한 진중한 반대 의견으로 취급되지도 않는다.

마지막으로 과학적 진리는 어떤 명단에 적힌 이름의 숫자로 결정되지 않으며, 토론에서 어느 쪽이 이기는가 혹은 누가 더 많은 사람들을 확

---

4   "Project Steve," National Center for Science Education, October 17, 2008〈http://ncse.com/taking-action/project-steve〉.

신시키는가로 결정되지도 않는다. 진리는 **증거**에 기초한다. 널리 받아들여지는 과학적 방법론과 사상들이 있다면 그것은 강력한 증거의 지지를 받으며 나머지 과학계의 견해와도 일치해야 한다는 기준을 충족시킨 것이다. 과학적 사상의 타당성은 모든 경우에 있어 그것들을 가장 철저하게 이해할 수 있는 주도적인 전문가들이 가장 잘 다룰 수 있다.

어떤 과학자의 권위에 대해 문제가 제기되면 우리는 언제라도 그 과학자가 지금 문제가 되는 그 주제의 권위자인지 먼저 살펴보아야 한다. 이에 더해 우리는 어떤 과학자가 막상 그 분야에 대해서는 일반인 정도의 지식 밖에 갖고 있지 않으면서 단지 과학 커뮤니티의 권위를 빌려 자기 입장을 주장하고 있는지 잘 헤아려야 한다. 결국 중요한 것은 전문성이다.

이와 같은 이유들, 또 그 밖의 다른 많은 이유에 근거해서 우리는 진화론에 대한 반대 의견이 매우 과장된 것이라고 평가한다. 일부 복음주의 문헌들은 진화에 관한 잘못된 견해들과 업데이트되지 않은 지난 시대의 정보로 가득 채워져 있다. 그런 문헌들은 정직한 진리 추구자가 아무리 깊이 연구한다고 해도 그를 진리로 이끌지 못한다. 따라서 우리는 경고한다. 기독교인들은 과학계가 점차 진화론을 버리고 있다는 잘못된 진단으로 위안을 삼아서는 안 된다. 왜냐하면 실제 상황은 정반대이기 때문이다.

그렇다면 진화란 무엇일까?

앞서 소개했던 좁은 기술적 의미가 아니라 가장 일반적인 의미에서 말한다면 진화는 단순히 "시간의 흐름에 따른 변화"라고 말할 수 있다. 예를 들어 우리는 아이팟(iPod)이 지난 몇 년 동안 **진화했다**고 말할 수 있다. 그것은 점점 작아졌을 뿐 아니라 더 많은 노래를 저장할 수 있게 되었으며 음악을 저장하기 위해 더 이상 하드디스크드

라이브를 사용하지도 않는다. 이는 "진화하다"라는 단어의 한 가지 용례를 보여준다. 그러나 과학자들이 이 용어를 사용할 때—조금 더 조심했어야 함에도 불구하고—가끔은 부정확하게 지구상 생명체의 전체 역사, 심지어 빅뱅으로부터 현재에 이르는 우주의 역사 전체를 가리키기도 한다.

여기서 우리가 다루는 주제인 생물학적 진화는 생물의 종이 과거로부터 오늘날 존재하는 다양한 목록의 종들로 발전해온 경로를 가리킨다.[5] 믿을 수 없을 만큼 느린 그 과정은 수백만 년 내지는 수십억 년에 걸쳐 진행되었는데, 이런 긴 시간은 우리가 가진 시간 개념의 틀을 초월한다. 그렇기에 많은 사람이 진화를 이해하는 데 어려움을 겪는다. 과학자들조차도 수백만 년이라는 시간에 대해서는 직관적 느낌을 갖지 못한다.

진화가 "시간의 흐름에 따른 변화"라는 의미를 갖는다는 사실은 화석 기록에서 분명하게 나타난다. 거기서 우리는 고대 지층에서 현대 지층으로 옮겨가며 겹겹이 쌓인 많은 층 속에서 점진적으로 변화해가는 일군의 동식물들을 볼 수 있다. 예를 들어 인간의 화석이 전혀 없는 층은 상당히 많다. 그러다가 근대에 가까운 지층에서 인간류(humanoid) 화석들이 출현한다. 인간류 화석들이 출현할 지점이면 거기에서는 더 이상 공룡의 화석들이 발견되지 않는다. 그래서 우리는 공룡들이 인류가 없던 시절에 번성했고 수백만 년 후 인류가 출현했을 때 공룡은 이미 멸종했다고 추론한다. 이것은 매우 합리적인 추론이다. 그 밖에 조금 덜 극적인 변화들도 있다. 비늘이 있는 조상으로부터 깃털이 있는 동물로 발전하는 경우, 혹은 육지에서 살던 동물들이 물의 서식지에 적응하여 점차 사지(limbs)가 사라

5　일반적으로 종의 정의는 동종교배가 가능하고 생식력이 있는 자손을 낳을 수 있는 개체들의 집단이다. 그러나 이 정의를 지구상에 처음 출현했던 초기 단계의 미생물에 적용하기는 어렵다. 왜냐하면 별개의 초기 생물체들(organisms) 사이에서는 대규모의 수평적 유전자 이동(horizontal gene transfer)이 있었던 것으로 보이기 때문이다.

져가는 경우 등이다. 이 모든 것이 화석 기록에 명확하게 나타나 있다.

유전자의 역할은 무엇일까?

동물과 식물의 신체적 특징은 대체로 유전자(genes)에 기초하며 유전자는 일생 동안 그것들의 성장을 인도한다. 유전자는 유전형질(heredity)의 기초 단위이고 DNA로 구성된다. DNA는 이중 나선의 분자 구조로 되어 있는데, 복제 과정에서 지퍼가 열리듯 양쪽으로 갈라지면서 두 개의 동일체로 스스로를 복제한다. DNA를 구성하는 분자들은 매우 긴 사슬 모양으로 배열되어 있다. 그 분자들은 약간의 유동성을 갖고 있어서, 다소간 임의로 변화하거나 주변으로 이동할 수 있다. 바로 이 이동이 그 사슬에 예측할 수 없는 방식의 변화를 일으킨다. 그런 변화는 물론 유전자를 변화시키며, 이 변화는 그 유기체의 성장을 인도하기 위해 유전자가 제공하는 명령 정보도 바꾸어버린다.

DNA에서 발생한 수정을 돌연변이라고 부른다. 돌연변이들은 그 유기체의 생물학적 속성을 바꾸어놓는다. 이것은 때로 중요한 방식으로 일어나지만 대부분의 경우는 별 상관이 없는 변이들이다. 마치 우리가 책장의 책을 한 권 뽑았다가 아무렇게나 다른 곳에 다시 꽂아도 별 다른 변화가 없는 것과 마찬가지다. 독자들의 유전체에도 최근에 돌연변이가 일어났겠지만 알아챌 수는 없을 것이다. 실제로 우리 각자에게서 처음 일어나는 돌연변이는 대략 100회 정도 발생한다. 그런 돌연변이는 각각 작은 실험을 의미한다.

어떤 돌연변이는 유익하다. 그런 돌연변이는 그 개체가 더 매력적으로 보이도록 만들어서 짝을 짓고 번식하는 것을 쉽게 해준다. 혹은 잘 깨지지 않는 알을 낳도록 하든지 천적의 눈에 덜 띄도록 위장시켜주기도

한다. 이런 변화는 후손을 번식시키는 데 **유리하고**, 이렇게 새롭고 개선된 특징을 가진 개체들은 그렇지 않은 구태의연한 동료들보다 더 많은 후손을 갖게 될 것이다. 이런 방식을 통해 새로운 유전자들은 불균형을 이루는 비율로 다음 세대로 유전된다.

다른 한편으로 돌연변이는 해로울 때도 있다. 예를 들어 어떤 새에게 돌연변이가 일어나 부서지기 쉬운 알을 낳게 된다면, 그 알들은 너무 일찍 깨져서 새끼들이 한 마리도 생존하지 못하게 될 것이다. 이런 종류의 돌연변이는 성공적인 번식을 방해해서 그 돌연변이를 이어받는 후손은 생존하지 못할 것이고, 결국 그 돌연변이는 개체군에서 소멸되는 것이 보통이다.

만약 어떤 종의 개체군이 이런 식의 돌연변이를 상당수 겪게 되면 마침내 그 종은 새로운 종으로 바뀔 것이다. 이런 과정을 **종의 분화**라고 부른다. 보통 종의 분화는 한 개체군이 그와 관련된 다른 개체군들과 지리적으로 멀리 떨어져 있을 것을 요청한다. 그렇지 않으면 돌연변이로 획득된 좋은 유전자가 다른 개체군들과의 교배로 인해 희석될 것이기 때문이다. 예를 들어 인종에서 돌연변이는 쉽게 전체 개체군에 퍼질 수 있다. 그러나 만일 캐나다에 사는 사람 모두가 달로 이주한다면 수백만 년 후에 달에 사는 개체군 안에서 발생하는 돌연변이들은 궁극적으로 지구에 있는 조상 종으로부터는 도저히 나올 수 없는 새로운 종에 도달하게 될 것이다. 물론 새로운 종이 반드시 본래 종보다 더 발전된 종이라고 할 수는 없다. 어떤 기준에서는 오히려 퇴화했을 수도 있다. 그러나 본래의 종과 다르다는 사실만큼은 확실할 것이다.

종의 변화는 매우 느리다. 그래서 그 과정들을 어떤 실천적 목적에서 관찰할 수는 없다. 1,000년을 지켜보더라도 인간과 같은 번식 주기(세대)를 갖는 종은 우리가 눈치챌 수 있는 어떤 방식으로 변화하지 않을 것이다. 종들이 굉장히 오랜 시간에 걸쳐 극적으로 변했다는 지식은 우리의 관찰로는 획득할 수 없다. 그런데도 우리는 오늘날의 모든 종이 지금은 더 이상 존재하지 않는 조상들의 형태로부터 유래했다는 커다란 확신을 가진다. 사실에 근거해서 더 나아간다면 우리는 서로 연관된 모든 종이 — 예를 들어 개들이 — 하나의 조상으로부터 유래했다고 주장할 수 있다.

공통 후손이란
무엇일까?

생물학적 진화의 중심 원리는 모든 생물이 "조상 종"(ancestral species)으로 알려진, 대체로 더 단순한 과거 생명체로부터 유래했다는 사실이다. 마치 당신과 사촌들이 할아버지라는 같은 조상을 갖듯이 수많은 종도 하나의 공통 조상을 공유한다. 고대의 암석에서 발견되는 증거는 그런 생명체들이 약 38억 5,000만 년 전에 지구상에 처음 출현했음을 시사한다. 그런 생명체들은 화석으로 기록될 만한 딱딱한 부분을 가지고 있지 않은 작은 단세포였기 때문에, 자신들이 존재했다는 사실에 대해서는 단지 간접적인 실마리만 남겨놓았다. 그래서 생명의 기원은 신비의 베일로 덮이게 되었다.

생명의 기원은 지금도 완전하게 설명되지 않고 있으며 그 중요성에 대해서는 나중에 논의하겠다. 여기서는 단지 대다수 진화론자들이 생명의 기원 문제가 생물학적 진화의 영역 밖에 위치하는 것으로 생각하고 있다는 점만 언급하려 한다. 진화론이란 생명이 시간의 흐름 속에서 어떻게 변화했는지에 관한 이론이지, 어떻게 생명이 처음으로 출현했는지에 관한 이론은 아니다.

첫 생명체들은 — 어떻게 생겨났든지 간에 — 생명에 관한 정보를 가지고 있었고 자기복제를 통한 증식이 가능했다. 유익한 돌연변이들이 오랜 세월에 걸쳐 축적시킨 진보된 재생산 능력이 오늘날 우리가 볼 수 있는 다양한 생명체들의 존재를 가능하게 했다. 반면에 환경에 적응하는 데 불이익을 주는 돌연변이들은 자연선택에 의해 도태되었다.

이것이 바이오로고스의 세계관을 간결하게 요약한 진화론이며 하나님이 창조하신 세계에 관한 장엄한 이야기다.

『종의 기원』에서 다윈은 어떤 종이든지 후손은 그 부모와 아주 조금만 다르다는 보편적 견해를 확정했다. 그 당시에 다윈 자신은 몰랐겠지만 그런 신체적인 차이는 그 개체의 DNA에서 일어난 변화의 결과다. 한 세대 안에서 일어나는 변화(즉 후손이 부모와 다르게 보이도록 만드는 변화)는 대개 단순히 과거에 일어났던 유전자 변이들의 새로운 조합이며 전적으로 새로운 변이는 아니다. 유전자에 관한 지식이 없었는데도 이런 작동 원리를 정확하게 알아냈을 정도로 다윈의 통찰력은 뛰어났다.

앞서 말한 것처럼 DNA 안에 생기는 돌연변이들은 시간이 흐르면서 새로운 특징을 만들어낼 수 있다. 예를 들어 비늘이 깃털로, 혹은 빛에 민감한 색소 조직이 눈으로 변화하는 것이다. DNA의 이런 돌연변이들은 겉으로 보기에는 무작위로 일어나는 것 같지만 특정한 특징들을 아주 미세하게 선호하고 있다. 그 과정은 무작위적인 것이 아니고 목적이 없는 것이라고 말해서도 안 된다. 거의 모든 생명체들이—때로는 극적으로—변화하는 환경 속에서 살기 때문에 바뀌는 환경에 계속 적응하도록 도와주는 변이를 각각의 생명체가 "사냥"할 수 있는 기제가 필요하다. 예를 들어 날씨가 점점 추워지는 경우에는 모피의 두께를 특화하는 복제 과정이 효과적일 것이다. 그렇게 되기 위해서는 두께라는 변수에 무작위성이 주어져서 가죽을 더 두껍게 만드는 가능성을 탐색할 수 있어야 한다. 여러 세대가 지나면서 이 과정이 아주 적합한 돌연변이로서 가죽의 두께를 조절하는 결과로 나타난다면 그 돌연변이의 형질을 물려받는 후손은 큰 이점을 갖게 될 것이다.

그런 이점은 번식을 증진시킬 것이며 더 두꺼운 가죽을 만들 줄 아는 유전적 명령 체계를 가진 개체들이 그 종을 지배하게 될 것이다. 다시 강조하지만 환경에 더 잘 적응하는 개체가 더 높은 번식률을 갖게 되는 것은 결코 무작위적이지 않다. 이것은 더 나은 적응을 향한 궤적, 곧 질서 있고 예측이 가능한 궤적을 그린다.

대부분의 사람은 진화의 이런 측면을 개념화하지 못한다. 왜냐하면 변화의 속도가 너무 느리고 변화가 일어나는 시간은 우리가 상상할 수 없을 정도로 길기 때문이다. 잔디 잎사귀 하나를 한 시간 동안 관찰해도 그것이 자라고 있다는 증거를 찾을 수 없듯이, 사람이 일평생 동안 어떤 종을 관찰한다고 해도 그것이 진화하고 있다는 증거를 찾을 수 없다. 그러나 잔디는 자라고 종은 진화하며 자연은 계속해서 우리를 놀라게 한다.

자연선택이란 무엇일까?

다윈은 생존과 번식을 위한 종들의 투쟁을 강조했다. 자연계 속에서 식물과 동물들은 생명 유지에 필요한 자원―물과 당분 그리고 햇빛에 이르기까지―을 놓고 경쟁한다. 그들은 또 다른 생물의 영양소가 되는 것을 피하기 위해 투쟁한다. 그들은 함께 후손을 낳을 짝을 찾기 위해 투쟁한다. 한 생명체가 세상 안에 도입하는 변화들은 이런 투쟁을 도울 수도 있고 방해할 수도 있다. 여기서 자연선택이 차별화된 재생산을 통해 그들을 돕거나 소멸하게 한다. 이것은 자연계가 종들이 약해지거나 비정상적이 되지 않도록 그들을 보호하는 한 가지 방법이다.

그러나 돌연변이의 중요성에 관한 평가는 겉으로 보는 것처럼 단순하지 않다. 어떤 상황에서 유익한 변화가 다른 상황에서는 긍정적이지 않을 수도 있기 때문이다. 북극곰의 모피 두께를 결정하는 유전적 명령이 변이로 수정되어 모피가 더 두꺼워질 수 있다. 특별히 추운 기후에서 이것은 이점이 되겠지만 따뜻한 기후에서는 오히려 불리하게 작용할 것이다. 그리고 헤모글로빈의 유전자에서 겸상 적혈구 빈혈을 일으키는 돌연변이와 같은 몇 가지 경우는 긍정적 효과와 부정적 효과를 동시에 일으킨다.

겸상 적혈구 빈혈은 적혈구들이 비정상적인 낫 모양으로 변하는 혈액 질환이다. 이 질환은 적혈구의 유연성을 감소시켜 합병증을 일으키며 기대 수명을 50세 미만으로 감소시킨다. 미국에서 대략 흑인 어린이 500명 중 약 1명이 이 병을 가지고 태어나는 것에 반해, 백인 어린이들은 이 병에 거의 걸리지 않는다. 그런데 사하라 사막 남쪽 거주민들은 1/3이 이 유전자를 가지고 있다. 어떻게 이런 현상이 발생했으며 인종 간에 이런 차이가 생긴 이유는 무엇일까?

겸상 적혈구 빈혈을 일으키는 돌연변이는 다른 한편으로 말라리아에 감염되는 것을 막아준다. 이는 말라리아가 창궐하는 지역(예를 들어 아프리카)에서는 엄청나게 중요하다. 역사적으로 이 돌연변이는 종족 번식의 측면에서 매우 큰 가치가 있었고, 결과적으로 아프리카의 인구 전체에 광범위하게 퍼졌다. 반면에 말라리아가 희귀한 사하라 북쪽의 기후에서 이 돌연변이는 약점이 된다.

어떤 유전적 특성이 정말로 유익하려면 번식에 유리한 이점을 제공해야 하며 그 결과 그 특성을 지닌 개체가 더 많은 후손을 남길 수 있어야 한다. 이것이 진화의 기본 규칙이다. 그런 혜택을 주는 특성은 그 개체군 속에서 급속하게 퍼진다. 그런 혜택을 지닌 개체들이 더 많은 자손을 생산하기 때문이다. 이것은 종종 "생존경쟁" 혹은 "적자생존"이라고 불린다. 그러나 우리가 북극곰이나 겸상 적혈구의 사례에서 보듯이 실제로는 투쟁과 연관되어 있지 않은 경우도 있다. 어쨌든 번식을 촉진하는 것은 자연계가 특정한 특성을 "선택"하는 방법이다. 다윈은 이것을 "자연선택"이라고 불렀고, 우리는 그 용어를 여전히 사용하고 있다.

최근에 과학자들은 자연선택이 단지 한 **개체**가 홀로 벌이는 생존경쟁에 근거한 것이 아니라는 의견을 내놓았다. 사실 생명체가 혼자 고립된 삶을 사는 경우는 드물다. 물고기는 떼를 짓고 새들은 무리를 만들며, 벌들은 벌집에서, 인류는 부족 단위로, 그리고 교수들은 상아탑에 모여 살아간다. 이런 생명체 그룹은 구성원들이 전체의 이익을 도모하는 활동을 할 때 유익을 얻는다. 때때로 그런 활동이 하나의 개체에는 해를 끼칠 수도 있다. 예를 들어 새 한 마리가 고양이를 보고 쩍쩍거리며 경고함으로써 동료 무리에게 도망갈 시간을 벌어줄 때 자신은 오히려 고양이의 표적이 될 수 있다. 이런 새 여러 마리를 구성원으로 둔 무리는 자신만 돌보는 개체들로 이루어진 무리보다 생존율이 높을 것이다. 이런 현상을 "그룹 선택"이라고 부르는데 그 이유는 그런 선택이 어떤 종의 공동체 전체의 생존에 필요한 것을 고려하기 때문이다.

인간 공동체든 동식물 공동체든 관계없이 하나의 공동체가 직면하는 도전은 공동체의 구성원들에게 전체의 유익을 위해 협조하라는 압력을 넣는다. 자연은 단지 이기적 행동만을 선택하는 것이 아니며 그 행동이 반드시 보상받는 것도 아니다. 예를 들어 높은 번식률은 종의 구성원들이 비교적 멀리 떨어져 사는 경우에는 보통 이점으로 작용한다. 그러나 무리를 이루어 사는 종에게 높은 번식률은 먹이가 감소하거나 천적이 들끓는 문제를 야기할 수도 있다. 이런 경우에는 오히려 적당한 번식률이 공동체의 번영을 가져올 것이다.

언제 유전학이
진화론의 일부가 되었을까?

유전자에 기초한 육체적·사회적·심리적 속성들이 다음 세대로 유전되는 것은 자연선택의 가장 중요한 부분이다. 유익한 특성들이 한 세대에서 다음 세대로 전달되지 않으면 시간의 흐름에 따라 일어나야 할 중요한 변화도 일어날 수 없다.

다윈이 『종의 기원』을 출간했을 무렵에 "유전"은 신비한 영역이었다. 다윈은 "융합"(blending)이라고 불리는 매우 잘못된 관점을 가지고 있었는데, 그것은 양쪽 부모의 특성들이 섞이거나 평균화되어 후손에게 전해진다는 것이었다. 비평가들은 "융합"이 곧바로 모든 속성을 그 종의 평균값으로 다시 되돌려서 유익한 특성의 갑작스러운 등장을 무산시킬 것이라고 바르게 지적했다.

수십 년이 지난 후 멘델이 재건한 유전자 연구는 아주 인상 깊은 수학적 구체성으로 유전이 어떻게 작용하는지를 설명했다. 그러나 멘델의 연구가 진화론과 통합된 것은 20세기 중반에 이르러서였다. 이 통합 이전에 진화론에 가해졌던 모든 비판, 예를 들어 미국 테네시주의 데이튼시에서 존 스코프스(John Scopes)를 고소했던 유명한 변호사 윌리엄 브라이언(William Jennings Bryan, 1860-1925)이 펼쳤던 비판은 이 통합이 지닌 항거할 수 없는 설득력에 완전히 압도되고 말았다. 유전학과 자연선택은 서로 통합되면서 더 온전하고 만족스러운 이론, 곧 "신다윈주의"(Neo-Darwinism)라고 불리는 진화론을 제시하기에 이르렀다.[6] 매우 많은 비판가들이 그렇게 부르기는 하지만 사실 진화론을 "다윈주의"라고 부르는 것은 잘못되

---

6 "Discrete Genes Are Inherited: Gregor Mendel," *Understanding Evolution*, University of California Museum of Paleontology〈http://evolution.berke ley.edu/evolibrary/article/_0/history_13〉.

었다. 왜냐하면 『종의 기원』이 출간된 이후에 너무 많은 일이 일어났기 때문이다.

지난 반세기 동안 진화론은 생물학과 관련된 다양한 분야들을 질서 정연한 전체로서 통합했다. 과거에는 화석학, 비교 해부학, 유전학, 생태학, 세포 생물학처럼 각기 특화된 분야에서 서로 연결되지 못하는 과학적 탐구가 이뤄졌던 반면에, 이제는 이런 모든 분야가 진화 생물학이라는 포괄적인 설명 아래서 하나로 통합되었다. 동방 정교회 소속의 저명한 생물학자인 테오도시우스 도브잔스키(Theodosius Dobzhansky)가 이런 통합의 중요성을 짧지만 인상적인 말로 표현했는데 여러 곳에서 인용되고는 한다. 즉 "진화의 빛 아래서가 아니면 생물학 안의 그 어떤 것도 의미를 갖지 못한다."[7]

진화가 일어났다는
최고의 증거는 무엇일까?

1859년에 다윈이 『종의 기원』을 발표했을 때 그것이 인류의 기원 문제와 성경 해석에 미칠 영향은 자명했다. 창세기의 창조 이야기와 다윈의 이론 사이에 놓인 잠재적인 간격은 사람들로 하여금 그 당시 교회가 위협을 느끼고 진화론에 반대했을 것이라고 가정하게 만든다. 그러나 실상은 그와 달랐다. 19세기 말의 교회 지도자들은 상당수가 다윈의 이론을 수용했으며 그것이 하나님이 세상을 어떻게 창조하셨는지에 관한 통찰을 제공한다고 인정했다. 예를 들어 보수적 기독교

---

7   "Theodosius Dobzhansky," UXL Encyclopedia of World Biography, FindArticles. com, November 24, 2009〈http://findarticles.com/p/articles/mi_gx5229/is_2003/ai_n19146093〉.

신학자인 벤자민 워필드(Benjamin B. Warfield)는 다음과 같이 말했다. "부담 없이 내 소견을 말하자면 성경 어느 곳에도, 특히 창세기 1, 2장 혹은 여타 관련 구절의 창조 이야기에서 진화론과 대립할 필요가 있는 어떤 일반적인 진술은 없다고 생각한다."[8]

그러나 인류가 유전적으로 커다란 원숭이들과 관련이 있을 수 있다는 생각은 일반적으로 받아들여지지 않았다. 영국 우스터의 주교 부인은 그 뉴스를 듣고 놀라 다음과 같은 반응을 보였다고 전해진다. "우리가 원숭이의 후손이라고? 맙소사! 사실이 아니기를! 그러나 만약 사실이라면 이 소문이 널리 퍼지지 않게끔 기도합시다."

그로부터 150년이 지난 지금 우리는 아직도 전투를 벌이고 있다. 최근에 실시한 여론조사에 따르면 미국 시민 중 44%가 하나님이 지금부터 1만 년이 채 안 되는 과거의 어느 시점에 인간을 현재의 모습대로 창조하셨다고 믿고 있다. 그러나 이 믿음은 시간이 지남에 따라 점차 지지 기반을 잃고 있다.

유전자 지도는 다윈이 아마 상상도 할 수 없었던 상세한 수준에서 인류의 기원을 이해할 수 있게 해 준다. 여러 척추동물들의 DNA와 함께 인간 DNA의 배열 전체를 해독해낸 연구(인간 게놈 프로젝트)는 그 과정에서 얻어진 데이터가 인간과 다른 척추동물이 공통 조상으로부터 진화했다는 모델에 꼭 들어맞는다는 결론을 내렸다. 비록 여전히 어떤 사람들은 DNA 배열의 유사성이 같은 조상을 가졌다는 증거는 아니라고―하나님이 같은 DNA 패턴을 사용해서 비슷한 동물들을 창조하셨을 가능성이 높다고―주장하지만 상세한 연구 결과는 그런 가능성마저 배제한다.

---

8   Benjamin B. Warfield, "Evolution or Development," in *Evolutions, Scripture and Science*: *Selected Writings*, ed. Mark A. Noll and David N. Livingstone(Grand Rapids: Baker, 2000), 130.

예를 들어 대부분의 포유류는 체내에서 스스로 비타민 C를 생산할 수 있기 때문에 별도의 비타민 C를 섭취할 필요가 없다. 그러나 인간을 포함한 영장류는 비타민 C를 꼭 섭취해야 한다. 그렇게 하지 않으면 괴혈병에 걸리게 된다. 도대체 무슨 일이 있었기에 이렇게 되었을까? 바로 인간 게놈(총체적 유전자 그룹)에서 비타민 C를 합성할 수 있는 효소를 만드는 유전자가 퇴화했기 때문이다. 이 "부서진" 유전자는 자신의 코드 배열 중 절반 이상을 상실했다. 인간 게놈이 공통 조상으로부터 유래한 것이 아니라 하나님에 의해 독립적으로 창조되었다고 주장하는 것은 하나님이 부서진 DNA 조각을 인간의 게놈 속에 일부러 넣었다는 뜻이 될 텐데 이는 전혀 타당성이 없다.

지난 한두 해 동안 인간 게놈을 다른 종의 게놈과 비교하는 연구가 많이 진행되었다. 그 결과는 진화론의 설명과 완전히 부합한다. 최근에 이루어진 네안데르탈인의 DNA 연구를 통해 3만 년 된 네안데르탈인 서너 명의 뼈를 짜 맞출 수 있었는데 네안데르탈인의 게놈은 인간 게놈과 깜짝 놀랄 정도로 흡사했다.

인간들은 DNA의 수준에서 보면 서로 매우 비슷하다. 그러나 우리의 DNA 배열을 좀 더 자세히 비교해보면 평균 1,000개 중 하나가 다르다는 사실을 알 수 있다. 이런 차이는 인간 개체군에서 흔하게 나타나고 그런 차이가 발생하는 위치는 대부분 게놈에서 그 정도의 차이를 허용할 수 있는 부분이다. 즉 그 변이는 별다른 문제를 야기하지 않는다. 그러나 이런 차이가 여러 세대를 거쳐 유전된 결과라면 그것은 우리의 흥미로운 역사를 반영하는 것일 수 있다.

그 역사는 우리 인류를 네안데르탈인들과 연관시킨다. 우리가 지닌 유전자 안의 특정한 변이들이 네안데르탈인─최근에 이들의 게놈 지도도 완성되고 있다─에게서도 발견되기 때문이다. 정교하고 예외적인 변이들이 현생 인류의 DNA와 네안데르탈인들의 DNA에서 동시에 발견된다.

　　이런 데이터는 두 가지 흥미로운 진화론적 연관성을 암시한다. 첫째, 네안데르탈인과 인류에게는 약 100만 년 전에 존재했던 공통 조상이 있다. 우리가 네안데르탈인과 공유하는 특정 유전자 표식들이 있으며 그것들은 인류와 네안데르탈인이 공통 조상으로부터 유래했음을 알려준다.

　　두 번째 연관성은 네안데르탈인이 아프리카에서 이주해 온 인간들과의 이종교배(interbeeding) 시기를 거친 후에 지금으로부터 약 3만 년 전에 멸종했다는 사실과 관련된다. 오늘날 비-아프리카인들에게서 여전히 네안데르탈인의 DNA가 발견된다는 사실은 그 당시 이종교배의 시기에 파생된 많은 인간 그룹이 공통 조상을 갖는다는 증거가 된다. 다른 한편으로 네안데르탈인과 인류 사이에 이종교배가 가능했다는 사실은 그들이 분리된 별개의 종이 아니었음을 의미한다. 아마도 네안데르탈인은 인류(homo sapiens)에 속한 한 아종(亞種, subspecies)으로 이해하는 것이 최선일 것이다. 이처럼 공통 조상의 존재를 증명하는 강력한 증거는 거의 매일 늘어나고 있다.

진화가 정말로 새로운 종을
만들 수 있을까?

　　　　　　　　거의 모든 사람이 작은 규모의 진화 혹은 소진화(microevolution)에 대해서는 논란의 여지가 없다고 동의한다. 이것을 반박하는 사람은 아무도 없다. 왜냐하면 증거가 될 만한 사례가 너무 많기 때문이다. 예를 들어 박테리아가 항생제에 대한 새로운 방어 체제를 갖추기 위해 계속 진화하는 것을 생각할 수 있다. 박테리아가 페니실린에 대항해 진화하는 능력은 박테리아 자체와 제약업계 사이에서 일어나는 빅딜일 수 있다. 그러나 그 능력이 파충류를 조류로 진화시키고 육지 동물을 고래로 진화시킬 수 있다고 믿는 것은 별개의 문제다. 그것은 설득력이 부족하다. 많은 사람은 "대진화"(macroevolution)라고 부르는 그 과정이 불가능하거나 심지어 불합리하다고 본다.

대진화를 비판하는 사람들은 수백 년을 지켜봤지만 새로운 종의 등장을 전혀 볼 수 없었다고 말한다.[9] 만약 진화가 그처럼 잘 확립된 사실이라면, 왜 자연계는 다른 종으로 넘어가는 과도기에 놓여 있는 종들, 예를 들어 다리가 자라나고 있는 어류, 깃털이 나기 시작하는 파충류, 또는 어떤 방식으로든 개선되는 중인 인간 등으로 넘쳐나지 않는가? 과학자들은 비교적 깊은 인상을 남기지 못하는 변이, 곧 기존의 종들 사이에서 일어나는 미시적 변이만 관찰했을 뿐이라는 것이다. 그들은 예를 들어 갈라파고스 제도에 사는 되새류의 부리라든지, 사람들이 품종 개량한 개들의 몸통에서 일어나는 변화 등은 인정할 수 있다고 말한다.[10]

우리에게 익숙한 예를 들어보자. 개의 경우 분명히 닥스훈트와 그레이트 데인의 몸집 차이는 아주 인상적일 정도로 크다. 그러나 아무리 시간이 흘러도 둘 다 개라는 종에 속한다는 사실은 변하지 않는다. 처음부터 둘은 개였다. 영웅적 품종 개량―몇 세기에 걸쳐 놀라운 인내심으로 축적해낸 점진적 변화―도 결국 같은 종의 다른 모습을 도출했을 뿐이다. 종은 대체로 안정적이고 새로운 종으로 진화할 것 같지 않다는 것이 자연스럽

---

9   Henry Morris, "The Vanishing Case for Evolution," Institute for Creation Research〈www.icr.org/index.php?module=articles&action=view&ID=260〉.
10   Jonathan Weiner, *The Beak of the Finch: A Story of Evolution in Our Time*(New York: Alfred Knopf, 1994). 이 주장들에 대한 더 자세한 반응을 Collins가 제시했다. Francis S. Collins, *The Language of God: A Scientist Presents Evidence for Belief*(New York: Free Press, 2006), 132. 참고. Darrel R. Falk, *Coming to Peace with Science: Bridging the Worlds Between Faith and Biology*(Downers Grove, Ill.: InterVarsity Press, 2004), 130.

고 상식적인 직관이다. 소진화의 변화들이 분명히 발생했다고 해도 두드러지는 대진화의 변화에 대한 증거는 제한적인 것으로 보인다. 그러나 과학자들은 대진화란 단순히 소진화가 명확하게 나타난 것일 뿐이라고 자신 있게 주장한다. "작은 변화들을 충분히 합치면 큰 변화를 얻게 된다!" 그렇다면 여기서 무슨 일이 일어나는 것일까?

중요하고 적절하며 전적으로 합리적인 물음은 다음과 같다. 논란의 여지가 없는 사실인 **소진화**가 복잡하고 논란의 소지가 있는 **대진화**에 대한 증거가 될 수 있을까? 사실 우리는 바로 이 특별한 질문이 진화론에 관한 논쟁 전체의 핵심에 놓여 있다고 본다.

우선 우리의 대답은 **미시적** 진화와 **거시적** 진화의 구분이 임의적이라는 점을 지적하면서 시작한다. 진화가 진행되는 경로에서 모든 단계는 아주 사소한 **미시적** 진화의 변화에 그친다. 예를 들어 암컷 악어는 새의 새끼를 낳을 수 없고, 인간 이전의 영장류가 인간인 아기를 낳을 수 없으며 물고기가 한 세대 만에 다리를 생성시킬 수 없다.

더욱 친숙한 비유를 생각해보자. 헨리 포드(Henry Ford)의 원시적인 "모델 티" 자동차가 토요타의 "프리우스 하이브리드"로 둔갑할 것이라고 생각했던 사람은 없었을 것이다. 그런 극적인 변화는 상상조차 힘들다. 포드 회사의 엔지니어들이 단 1년 만에 모델 티를 프리우스로 바꾸는 데 필요한 공학 기술을 개발하기란 불가능했을 것이다. 관련된 전자공학적 기술만 해도 발명하고 개발하는 데 수십 년이 걸렸다. 그러나 우리가 한 세기 동안 개발되어온 차들을 일렬로 세운다면 그건 매우 다른 그림이 된다. 프리우스와 캠리 사이의 차이는 그리 크지 않고, 캠리와 초기 머스탱과의 차이도 마찬가지다. 하지만 이런 모든 작은 변화들을 한곳에 집중시키면 그 결과는 너무 거대한 변혁이어서 심지어 공상과학 소설가도 상상하기 힘들 것이다. 그럼에도 우리는 어떤 비평가가 "모델 티 콘셉트의 차를 꾸준히 개선하면 언젠가는 프리우스가 될 것"이라는 생각을 여전히 조롱하는 모습을 쉽게 떠올릴 수 있다. 여기서 우리는 두 가지, 곧 **우리의 상상력에 대한 도전**과 **자연에 대한 도전**을 구분할 줄 알아야 한다. 우리의 상상력은 수백만 년 걸리는 느린 과정을 개념화하는 데 곤란을 겪는 반면 자연에는 그런 제한이 없다.

대진화를 통해 새로운 종이 출현하는 것을 종의 **분화**라고 부른다. 이 과정은 단순히 하나의 종에 속한 하위 그룹 안에서 일어난 많은 소진화들을 차례대로 세워놓은 긴 줄이다. 전형적인 분화의 시나리오를 예로 들어보자. 늑대 개체군의 "딸" 개체군이 본래의 모개체군과 분리될 수 있다. 산사태가 두 계곡 사이에 난 길을 막아버린다든지, 혹은 홍수가 두 지역을 가르는 강을 만들어버릴 때 그렇게 된다. 처음에 딸 개체군은 모개체군과 동일하지만 시간이 흐름에 따라 모개체군의 환경과 틀림없이 조금은 다를 환경에서 많은 소진화를 경험하게 될 것이다. 예를 들어 다른 천적들을 만날 수 있고 물의 공급이 전처럼 원활하지 않을 수 있다. 이런 변화들은 딸 개체군과 모개체군 사이에서 적응 문제의 차이를 발생시킬 것이다. 이런 상황에서 자연선택과 유전적 돌연변이는 딸 개체군을 모개체군과 유전적으로 다른 방향으로 이끌게 될 것이다.

딸 개체군 안에서 발생하는 소진화는 그 그룹의 DNA에서 일어나는 작은 변화에 의해 야기된다. DNA의 작은 변화들은 딸 개체군의 구성원들이 모개체군의 구성원과 교배하는 것을 점점 어렵게 만든다. 건강한 자손을 낳기 위해서는 두 개체의 믿을 수 없을 정도로 긴 DNA의 두 가닥이 성공적으로 합체해야 한다. 그런데 두 개체군 사이에 차이가 쌓이게 되면 언젠가 그 차이는 이종교배를 막는 힘만큼 무시할 수 없는 것이 된다. 앞서 내린 종의 정의에 따르면 이처럼 불가능한 이종교배의 상태는 새로운 종이 진화를 통해 탄생했음을 의미한다. 이 상태에서 딸 개체군과 모개체군이 다시 섞인다 해도 더 이상의 이종교배는 일어나지 않을 것이고 두 개체군의 고유한 유전적 변화는 각각 보존될 것이다.

　　방금 설명한 과정이 수백만 년에 걸쳐 일어난다면 어떤 모습으로 보일까? 늑대의 예를 계속 들자면 처음에는 단지 하나의 늑대 개체군만 있었을 것이다. 그 늑대들은 특정 지역에 살면서 교배를 통해 계속 DNA를 교환할 것이다. 그러던 중 앞서 설명했던 것과 같은 지형상의 변화로 인해 그들 중 일부의 하위 개체군이 모개체군으로부터 갑자기 분리될 수 있다. 그렇게 분리된 딸 개체군은 그 후 모개체군과는 약간 다른 환경에서 별도의 진화를 겪게 될 것이다. 백만 년 후에 딸 개체군과 모개체군 사이를 가로막았던 지형 장애물이 사라지고 새로운 유사 늑대종이 된 딸 개체군이 모개체군의 서식지로 이동해 온다고 해도 새로운 종이 실제로 모개체군으로부터 진화했다는 사실을 당장 알아차리기는 힘들 것이다. 예를 들어 두 종을 연결하는 과도기 형태를 가진 개체들은 존재하지 않을 것이다. 왜냐하면 대부분의 종(특히 수명이 짧은 과도기 형태의 종)은 아무런 화석도 남기지 않은 채 멸종되곤 하기 때문이다. 이런 상황에서 우리가 서로 닮았다는 것을 근거로 두 개체군이 유전적 관련이 있다는 주장을 할 때 그것을 비웃는 사람들이 있는 것은 당연할지도 모른다.

　　이런 대진화는 그 과정이 워낙 오래—종종 수백만 년—걸리고 매우 불명확한 기록만 남기기 때문에 우리가 직접 관찰할 수 없다. 관찰할 수 없는 이유는 매우 단순하다. 우리가 그렇게 오랫동안 지켜볼 수 없기 때문이다.[11] 더구나 대진화에 기여하는 유전적 돌연변이는 희귀하다(대부분의 돌연변이는 그 진화에 기여하지 못한다). 그래서 진화가 전개되는 속도는 매우 느리고 하나의 종이 출현했을 때 그것은 놀라울 정도의 장기적 안정성을

11　　Falk, *Coming to Peace with Science*, 131.

누릴 수 있다.

　대진화는 선택적 교배를 통해 가속화될 수 없다는 특징이 있다. 예를 들어 개와 개의 교배는 이미 개라는 종의 개체군 안에 존재하는 유전정보를 섞어놓는 결과만을 낳는다. 새로운 종을 얻기 위해서는 새로운 유전정보가 있어야 하는데 이것은 특징적이게도 매우 오랜 시간 동안의 돌연변이에 의해서만 만들어진다. 거대한 크기나 색깔 혹은 성격과 같이 이미 그 유전자들 속에 있는 특정한 특성들은 선택적으로 교배될 수 있다. 물론 그런 교배도 그 특성들이 주어진 개체군 안에서 더 많이 나타나게 하고 여타 개들과는 다른 모습을 하고 매우 다르게 행동하는 개를 탄생시킬 수는 있다. 그러나 선택적 교배가 돌연변이의 발생 비율을 가속화하지는 않는다. 대진화는 새로운 돌연변이를 본질적으로 필요로 하기 때문에, 선택적 교배가 대진화의 속도를 높일 수는 없다. 그러므로 수백 년 동안의 선택적 교배가 새로운 종을 만들어내는 데 실패했다는 주장은 애당초 타당하지 않다. 선택적 교배가 황금알을 낳는 거위를 만들어낼 수 없듯이 새로운 종도 만들어내지 못한다.

대진화에 대한
증거가 있을까?

　　　　　　　　1859년 다윈이 『종의 기원』을 출간한 직후에, 인류의 기원에 관한 결론 부분은 그가 제시한 광범위한 범위의 이론 중에서 매우 자연스럽게 가장 큰 이슈로 떠올랐다. 인류가 영장류와 관련되어 있다는 생각은 사람들의 심기를 불편하게 만들었음이 틀림없다.

　다윈의 시대로부터 수십 년이 지난 이후에 시작된 DNA 연구는 인류의 기원에 대하여 다윈 자신도 결코 상상할 수 없었을 만큼 상세한 수준까지 이해할 수 있게 해주었다. 인간 DNA의 배열 전체를 해독한 "인간 게놈 프로젝트"—이 책의 저자 중 한 사람(콜린스)이 그 프로젝트를 이끄는 특권을 누릴 수 있었다—와 다른 척추동물 수십 종류의 게놈을 해독해낸 것은 이들이 공통 조상으로부터 무수한 대진화의 변이를 통해 진화했다는 모델이 실제 데이터(증거)와 들어맞는다는 사실에 대한 엄격한 검증이었다.

최근 한두 해 사이에 드러난 대진화에 대한 증거는 가히 압도적이다. 거의 모든 유전학자들은 그 증거가 공통 조상을 가리킬 가능성이 지구가 태양 주위를 돈다는 사실만큼 확실하다고 생각한다. 그러나 어떤 비판가들은 여전히 DNA의 유사성이 공통 조상의 존재를 입증하지 못한다고 주장한다. 그들은 하나님이 해부학적으로 비슷한 동물들을 만드실 때 동일한 DNA 패턴을 사용하셨을 가능성이 높다고 주장하며, 마치 자동차 제조업자가 같은 부품을 여러 차종에 사용하는 것과 같다고 말한다. 그런 주장은 어느 부품, 예를 들어 라디오에 쓰이는 다이얼이 어떤 차에 적합하듯이 다른 차에도 동일하게 적합한 경우라면 합리적일 것이다. 라디오 다이얼의 경우는 확실히 그런 범주에 속한다. 그러나 DNA의 세부적인 분석은 그 비유를 게놈에 적용할 경우 그런 결론은 말이 안 되는 것으로 만든다. 왜냐하면 생명체 안의 게놈은 자신이 의도하는 기능을 성공적으로 수행하는 유전자만 공유하는 게 아니라 부서진 유전자도 공유하기 때문이다. 비유를 들자면 우리는 어느 자동차 제조업체가 소형차의 라디오 다이얼이 추운 날씨에 잘 돌아가지 않는 것을 발견하고 나서 그 다이얼을 전 차종에 사용하기로 결정하리라고는 결코 기대하지 않을 것이다. 우리가 앞서 다루었던 부서진 비타민 C 관련 유전자가 바로 그런 경우다.

더 많은 게놈 지도가 완성되면서 산더미 같은 데이터가 매일 도착하는데 그것들은 대진화에 관한 강력한 증거를 제시한다. 그러나 그런 데이터들 자체도 대진화가 **어떻게, 언제** 발생했는지, 그리고 **얼마나 오랫동안** 진행되었는지를 특화해서 알려주지는 못한다. 그런 질문을 다루기 위해서는 다른 정보가 필요하다. 게놈 데이터는 여러 해 동안 다양한 장소에서 찍은 뒤에 모아놓은 사진들에 비유할 수 있다. 여기 당신이 신혼여행 때 에펠탑에서 찍은 사진이 있다. 당신의 아이들이 어릴 때 나이아가라 폭포에서 찍은 사진도 있다. 그리고 지금 당신이 집에서 이 책을 읽는 시간에는 벽난로 틀 위에 당신의 손자들 사진이 놓여 있다. 이런 사진들은 당신이 에펠탑에서 나이아가라 폭포로, 그리고 이 집으로 순서에 따라 이동했음을 증명한다. 그러나 그 이상의 세부 사항은 거의 제공하지 못한다.

물론 이 책의 저자들이나 독자들의 관점에서 가장 흥미로운 대진화적 변화는 지금 우리의 존재를 이끈 진화일 것이다. 앞서 다루었던 게놈 지도 관련 데이터는 화석 및 다른 자료에서 얻은 데이터와 일치함으로써 우리가 관심을 두는 대진화가 어떻게 진행되어왔는가에 대한 명확한 증거를 제공한다. 그러나 다른 모든 것보다 더 흥미로운 질문은 우리가 어떻게 현존하는 다른 동물들과 관련되어 있으며, 우리 자신의 이해에 있어 그 관련성이 함축하는 의미가 무엇일까 하는 것이다.

우리는 원숭이로부터 왔을까?

지구상의 모든 생명체가 그렇듯이 우리도 다른 종들과 함께 공통 조상을 가지고 있다. 그러나 우리가 원숭이 혹은 현존하는 어떤 다른 종으로부터 유래한 것은 아니다. 인간은 침팬지나 다른 어떤 영장류로부터 진화한 것이 아니라 그들과 조상을 공유한다. 그러므로 침팬지는 우리의 조부모라기보다는 사촌에 가깝다. 그러나 인간이 관리할 수 있는 몇백 년 어간의 가계도와는 달리 진화의 가계도는 상상할 수 없는 먼 과거로 우리를 인도한다.

만약 이 가계도 안에서 원숭이를 발견하고 낙심한다면 그것은 심각한 실수다. 왜냐하면 시간은 다른 영장류와 우리가 공유하는 공통 조상 사이에 어마어마한 간극을 만들어놓았기 때문이다. "당신은 원숭이한테서 왔을지 모르지만 나는 아니야"라는 잘 알려진 재담은 핵심을 잘못 짚고 있다. 핵심은 그 어떤 사람도 원숭이로부터 진화하지 않았다는 것이다. 또한 핵심은 우리의 가계도에 안에 있는, 현존 인류 이전의 모든 조상은 이미 아주 오랜 시간 전에 죽어 땅에 묻혔다는 사실이다. 따라서 우리는 그들의 존재에 대해 슬퍼하거나 그들과 연관되어 있다고 해서 모욕감을 느낄 필요가 없다. 자신의 먼 조상 중에 평생 한 번도 목욕을 안 하고 아내의 머리채를 잡아서 끌고 다닌 원시인이 포함되어 있다고 해서 경악할 사람은 거의 없을 것이다. 이미 오래전에 사라진 조상들과 우리와의 관계는 너무나 멀고 희미해서 우리는 그들이 우리와 무관하다고 여긴다. 우리의 영장류 친척들에 대해서도 마찬가지다.

그러나 "고대"라는 우리의 통상적인 개념은 이 맥락과 아무런 관련이 없다. 고대 그리스나 고대 언어를 언급할 때 그것들은 수십억 년에 걸쳐 일어난 진화의 관점에서는 너무도 최근의 일이라서 우리와 동시대에 속한다고 봐야 하기 때문이다. 이 상황을 묘사하는 많은 비유가 있다. 지구의 역사를 24시간이라고 한다면 우리는—고대 그리스인들과 함께—겨우 2초 동안 여기에 존재했을 뿐이다. 지구의 역사가 에펠탑의 높이라면 인류의 역사는 그 탑 꼭대기에 칠한 페인트 두께에 불과하다. 그러나 우리를 제대로 이해하게 해주는가 하는 문제에서 이런 비유들은 실패한다. 왜냐하면 우리는 지금 궁극적으로 하나님의 속성을 이해하는 것만큼이나 저 멀리 우리의 지적 능력 너머에 있는 것을 개념으로 표현해야 하기 때문이다. 불행히도 진화론에 대한 반대는 주로 이와 같은 거대한 시간 단위를 도무지 상상하지 못하는 인간적 무능력으로부터 비롯된 것이다. 그래서 그들은 진화론을 조롱하고 거부한다.

인간의 진화라는 맥락에서 말하자면 우리는 지구상의 생명이 거쳐온 자연의 역사와 특이한 관계를 맺는다. 예를 들어 창세기에는 모든 생물이 "각기 자기 종[종류]에 따라" 스스로를 재생산한다고 기록되어 있다. 반진화론자들은 종종 이 구절이 진화와 양립할 수 없다고 주장한다.[12] 그러나 진화 과정을 포괄하는 거의 무한히 긴 시간의 막대한 비중을 감안한다면 그런 반론은 모두 무너진다. 경험으로부터 우리는 종들이 유전적으로 자신과 완전히 "동일한 개체를 재생산"하지 않는다는 사실을 안다. 부모와 비교할 때 자식들은 늘 작은 차이가 있는 클론(복제품)이다. 그러나 이런 작은 차이에도 불구하고 생식의 과정은 매우 안정적으로 "같은 종"의 후손을 생산한다. 그래서 결코 어떤 병원도 신생아 병동에 동물학자를 고용해서 새로운 종이 출현했는지 매일 조사할 필요가 없다.

자녀를 부모로부터 구분하는 작은 차이점들이 우리에게 결론을 말해주는 것은 아니다. 부모보다 딸의 머리가 좀 더 붉고, 아들의 코가 조금 더 긴들 그게 무슨 상관인가? 그러나 우리가 그 차이를 수천 배 크게 한다면, 수백만 배 혹은 수천만 배 확대한다면 어떨까? 진화는 후손을 부모들로부터 분리시키는 그런 종류의 지극히 작은 차이를 충분히 축적해서 언젠가 어떤 변화가 성취되도록 한다. 여기서 진화가 필요로 하는 것은 단지 충분한 세대들이다.

최초의 단세포로부터 현재에 이르기까지 생명의 형태들은 "각기 자기 종[종류]에 따라" 스스로를 재생산해왔다. 하지만 자연선택은 차별적 재생산을 통해 그런 무수한 작은 변화들을 체로 골라 걸러내며 그 결과들

---

12 Ken Ham, *The Lie: Evolution* (El Cajon, Calif.: Creation-Life, 1987), 26.

을 편집해왔고 오늘 우리가 경험하는 장엄한 다양성을 창조해냈다. 하지만 이 모든 것은 너무 느리게 진행되었기 때문에 각 세대는 마치 고정되어 있는 세계를 경험하는 것처럼 느낀다. 세계는 급격한 변화와 무관하고 예측과 관리가 가능하며 진화가 발생한다는 증거는 거의 없는 듯이 보이는 것이다.

상상할 수 없는 먼 과거, 곧 마법의 힘을 지닌 듯한 그 과거는 "깊은과거"(deep past)라고 불린다[13] 18, 19세기에 걸쳐 이뤄진 그 발견은 코페르니쿠스(Nicolaus Copernicus)와 뉴턴의 과학 혁명이 지구가 태양 주위를 도는 궤도와 그 설명을 확립한 이후 첫째가는 주요한 과학적 성취였다. 천문학적 발견들이 우리가 가늠도 할 수 없는 거대한 세계의 규모를 드러나게 했듯이, "깊은 과거"의 발견은 우리가 상상도 할 수 없는 지속 기간을 가진 세계를 드러내주었다.

지구의 나이는 지표면에서 진행된 진화처럼 논란의 소지가 많은 또 하나의 주제다. 이제 그 이야기로 향해보자.

---

13   Timothy Ferris, *Coming of Age in the Milky Way* (New York: Morrow, 1988).

2장

지구가 수십억 년 되었는지
어떻게 알 수 있을까?

하나님이 그가 하시던 일을
일곱째 날에 마치시니,
그가 하시던 모든 일을 그치고
일곱째 날에 안식하시니라(창 2:2).

지구의 나이가 대략 45억 년이라는 사실을 지지하는 데이터는 산더미만큼 많다[1] 이 데이터들은 다양한 출처로부터 나온 것이지만 모두 같은 결론으로 수렴한다. 수많은 과학자가 지구의 나이 문제는 지구가 태양 주위를 공전한다는 사실만큼이나 확실하다고 생각한다. 일단 지구의 나이를 받아들일 수 있게 되면 우주의 나이가 지구 나이의 약 3배인 140억 년 정도임을 이해하는 것은 어렵지 않다.

앞서 언급했듯이 여론조사에 따르면 미국에 있는 많은, 아니 아마도 대다수 기독교인이 지구와 우주의 나이가 대략 1만 년 정도라고 믿고 있다[2] 이 주제에 관한 복음주의 진영의 문헌들은 지구가 매우 오랜 연대기를 가지고 있다는 사실이 과학적인 측정 방법을 통해서는 신뢰할 정도로 확립될 수 없다고 자신 있게 주장하는 경우가 많다. 그들은 지구 나이

1   G. Brent Dalrymple, *The Age of the Earth* (Stanford, Calif.: Stanford University sity Press, 1991), 191.

2   "Origin of Human Life," Pollingreport.com, 2010 〈www.pollingreport.com/science. htm〉.

의 문제는 데이터에 기초하는 것이 아니라 우리가 처음에 선택하는 전제들에 달려 있다고 말한다. 반진화론자들의 논증에 따르면 세속적 과학자 그룹이 지구가 수십억 년 되었다는 결론에 이른 것은 데이터가 그리로 이끈 것이 아니라 그들이 하나님이 없다는 가정과 함께 시작했기 때문이다.

하지만 이런 대담한 주장은 정당화되기 힘들다. 성경은 어디서도 지구 나이가 1만 년이라고 밝히지 않으며 우리가 어느 정도의 신뢰도를 갖고 그런 결론을 간접적으로 추론할 수 있는 정보를 제공하지도 않는다. 젊은지구창조론을 옹호하는 사람들은 종종 반진화론적인 의도를 성경 안에 투사하며, 자신들이 성경 본문에 부과하는 전제에 성경 전체를 꿰맞추려고 시도하는 것처럼 보인다. 성경 본문이 다양한 해석을 허락할 때 그들은 종종 진화론과의 갈등을 극대화하는 해석을 고집한다.[3] 그들은 단순히 성경이 진실하다고 전제하고 거기서 출발하는 것이 아니다. 그들과는 반대로 사실상 거의 모든 복음주의 성서학자들은 지구의 나이를 성경에 근거해서 결정할 수 있다는 주장을 거부한다.[4] 이 학자들은 창세기의 창조이야기를 제대로 읽기 위해서는 히브리어의 이해가 중요하다는 것을 먼저 언급하며 오늘의 과학적인 관심사와 관련해 그런 고대의 본문 안에서 어떤 방식으로든 답을 찾을 수 있다고 전제해서는 안 된다고 경고한다.

비슷한 맥락에서 지구의 오랜 나이는 어떤 경우에도 무신론적 전제와 아무 관계가 없다. 원래 지구의 오랜 나이는 다윈보다 수십 년 앞선 18세기의 기독교인 지질학자들의 연구에서 추론되었고 19, 20세기에 발견된 사실들을 통해 수정되고 보완되었다. 오늘날 지구의 나이가 단지 수

---

3   Karl W. Giberson, *Worlds Apart: The Unholy War Between Religion and Science*(Kansas City: Beacon Hill, 1993), 146-54.
4   예를 들어 John Walton, *The Lost World of Genesis One: Ancient Cosmology and the Origins Debate*(Downers Grove, Ill.: InterVarsity Press, 2009)를 보라.

천 년밖에 안 되었다는 가설을 설정하는 과학적 논증은 전혀 찾아볼 수 없다. 쓸모없는 자료들이 아니라면 어떤 형태든지 관계없이 그 방향을 가리키는 것은 단 하나도 없다.

지구의 나이는 증거를 조심스럽게 분석해서 결정되어야 할 중요한 사항이다. 다시 말해 여론조사, 토론, 인터넷의 수사학적 경쟁을 통해 결정할 문제가 아닌 것이다. 거의 모든 기독교인이 그렇게 생각하듯이 여러분도 이 문제에 대해 진실한 진술이 가능하다고 믿는다면, 지구의 나이는 관련된 모든 데이터를 정직하게 정리하고 분석할 때 정확한 수치로 결정될 수 있을 것이다.

이어지는 내용에서 우리는 지구의 정확한 나이가 수십억 년임을 증명하는 현재의 증거, 곧 논란의 소지가 없으면서도 이해하기 쉬운 과학적 증거를 살펴볼 것이다.

어떻게 우리는 우주의 나이가
수십억 년인지 알 수 있을까?
그런 정보를 기록해줄 어떤 존재도
거기에 없지 않았는가?

과학자들은 지구의 나이가 약 46억 년이고, 우주의 나이는 120-140억 년 사이라는 사실을 강하게 확신한다. 왜냐하면 서로 독립된 노선의 여러 증거가 모두 이 숫자에 수렴하기 때문이다. 데이터에 기초한 논의는 방사성 붕괴로부터 우주팽창설에 이르기까지 매우 다양한 주제로 이루어질 수 있다. 가장 간단하면서도 우아한 논증은 다음과 같은 단순한 질문에서 시작한다. 빛이 먼 천체로부터 지구에 도달하기까지 걸리는 시간은 얼마나 될까?

우리는 시작점에서 먼저 기본적인 사실을 고려해야 한다. 즉 빛의 속도는 이미 실험을 통해 측정되었다. 그것은—무한한 것이 아니라—일정한 상수이며 그래서 먼 천체로부터 지구까지 도달하는 데 일정한 시간이 걸린다. 지구에서 약 9,300만 마일 떨어져 있는 태양을 먼저 생각해보자. 빛의 속도는 초속 18만 6,000마일(약 30만 km)이기 때문에, 빛이 태양에서 지구까지 도달하려면 약 8분이 걸린다. 갑자기 태양이 깜깜해졌다고 해도 우리는 처음 8분 동안은 아무것도 알아채지 못할 것이다. 태양이 실제로는 거대한 잿더미가 되었어도 우리는 여전히 눈이 멀 정도로 눈부신 구(球) 아래 서 있다고 생각할 수밖에 없다. 여기서 태양을 "본다"는 것은 실제로는 8분 전의 과거를 보는 것이기 때문이다. 우주에서 이런 거리는 너무 멀어서 우리는 흔히 빛의 속도(광속)를 사용해서 거리를 측정한다. 예를 들어 우리는 태양이 지구로부터 8광분(光分) 떨어져 있다고 말한다. 만약 어떤 천체에서 지구까지 빛이 오는 데 1년이 걸린다면, 우리는 그 천체가 **1광년** 떨어져 있다고 말한다.

태양은 우리와 가장 가까운 별(항성)이고 우주에서는 바로 옆집이라고 할 수 있다. 하지만 다른 별들과 그것을 포함하는 은하들은 그보다 훨씬 멀리 떨어져 있다. 이렇게 먼 천체로부터 빛이 지구에 도달하려면 빛의 속도가 믿을 수 없이 빠름에도 불구하고 몇백만 년 혹은 몇십억 년이 걸린다. 그런데 빛이 이미 수십억 년을 달려 지구에 도착한 것이라면 우주는 **최소한 그만큼 나이를 먹었어야만 한다.**[5] 이에 대한 젊은지구창조론 옹호자들의 반박은 다음과 같다. 하나님이 "이동 중인" 빛을 1-2만 년 전에 지구와 우주의 나머지를 창조하실 때 함께 창조하셨다는 것이다.[6] 이 주장은

---

5 Darrel R. Falk, *Coming to Peace with Science*(Downers Grove, Ill.: InterVarsity Press, 2004), 79-80.

5 Darrel R. Falk, *Coming to Peace with Science*(Downers Grove, Ill.: InterVarsity Press, 2004), 79-80.
6 Ken Ham et al., *The Answers Book*(El Cajon, Calif.: Master Books, 1991), 192-94.

그럴듯하고 논리 정연해 보이기는 한다. 그것이 초래하는 결과를 생각해 보기 전까지는 말이다.

우선 폭발 중인 것으로 관측되는 수백만 년 떨어진 별들은 어떻게 할 것인가? 만약 젊은지구창조론의 그런 주장이 사실이라면, 그 별들은 처음부터 존재하지 않았을 것이다. 그들의 주장이 말이 되려면, 하나님이 약 1만 광년 거리에 폭발하는 별처럼 보이는, 작렬하는 빛을 만드셨고 그 빛이 이제 막 우리에게 도달하고 있어야 하는 것이다. 그런데 굳이 그렇게 해야 할 이유가 있는가? 하나님은 물론 전능하셔서 그렇게 하실 수도 있지만 일반적으로 증명해야 할 책임은 그런 특이한 주장을 하는 측에 있다. 과학적 관점에서 그 폭발하는 별은 실제로 수백만 광년 떨어져 **있고**, 바로 그것이 그 별이 수백만 광년 떨어져 있는 것처럼 **보이는** 이유다. 그 별은 수백만 광년 전에 폭발한 것처럼 보이는데 그 이유도 역시 그때가 실제로 그 별이 폭발한 때이기 때문이다. "이동 중인 빛"이라는 가설을 증명하기 위해서는 백과사전 한 권을 채울 만큼 많은 별도의 가설들을 창작해내서 우리가 보고 있는 현상을 설명해야 하며 왜 그것들이 보이는 것과 다른지를 이해시킬 수 있어야 할 것이다. 그러나 하나님이 그런 식의 착시현상들을 하늘 가득히 창조해서 우리를 속이고 계신다고 우기는 것보다는 단순히 우주가 지금 보이는 그대로 작동하고 있다고 인정하는 편이 훨씬 나을 것이다.

젊은지구창조론 옹호자들이 강변하는 또 하나의 주장은 광속이 과거에는 지금보다 훨씬 빨랐다는 것이다. 만약 광속이 과거에 지금보다 빨랐다면 빛은 먼 천체로부터 지구에 훨씬 빨리 도착할 것이고, 그렇다면 빛의 긴 여행 시간을 설명하기 위해 우주의 나이가 그렇게 많다고 상정할 필요가 없다는 것이다. 호주의 창조론 옹호자인 배리 세터필드(Barry Setterfield)가 그렇게 주장했는데, 그의 논증을 분석한 결과 심각한 통계적 오류를 포함하고 있다는 사실이 발견되었다.[7] 이 오차들은 너무 커서 심지어 그의 동료들인 창조론 옹호자들조차도 그의 연구 결과를 받아들이지 않는다.[8]

이 주장을 반박하는 가장 쉬운 방법은 광속이 단지 광자들이 우주 공간에서 흘러가는 속도와 관련해서만 중요한 것이 아니라, 그 밖의 많은 자연현상에서도 중요한 요소라는 사실을 지적하는 것이다. 많은 예 중에서 가장 널리 알려진 것은 아인슈타인(Albert Einstein)의 유명한 공식 $E = mc^2$이다. 여기서 c는 광속이고, E는 에너지, 그리고 m은 질량이다. 에너지 값은 질량에 광속의 제곱을 곱한 것인데, 만일 과거에 광속 c의 값이 지금보다 컸다고 가정하면 지금보다 훨씬 큰 에너지가 존재했어야만 한다. 그러나 이런 추정은 에너지란 결코 새로 창조되거나 소멸되지 못하고 단지 그 형태만 바꾼다는 에너지 보존의 법칙에 어긋난다. 예를 들어 휘발유가 가진 화학에너지는 운동에너지로 형태를 바꾸면서 차를 움직인다. 에너지 보존의 법칙은 모든 과학 법칙 중에서 가장 잘 확립된 법칙이기 때문에, 이것을 무시하는 가설은 과학자들의 모임에서 진지하게 고려될 수 없다.

여기서 어떤 사람은 하나님이 우주를 겉으로 보기에만 늙어 보이도록 창조하셨을 수도 있다고 서둘러 덧붙이기도 한다. 그러나 이것은 문제를 과학으로부터 신학으로 옮기는 것이다. 물론 하나님은 우주가 겉으로만 늙어 보이게 만드실 수 있지만, 우리 생각에 그런 일은 그분의 성품이나 창세기의 정확한 해석과도 조화를 이루지 못한다. 또한 우리는 하나님

7   Barry Setterfield and Trevor Norman, "Atomic Constants, Light, and Time," Genesis Science Research, August 1987〈www.setterfield.org/report/report.html〉.

8   "Arguments That Should Never Be Used," Answers in Genesis(2010)〈www.answersingenesis.org/get-answers/topic/arguments-we-dont-use〉.

이 우주를 10분 전에 창조하신 다음에 우리 마음속에 위장된 기억을 심어 놓으셨다는 주장도 가당치 않다고 반박해야 한다. 기독교적 맥락에서 과학에게 물어야 할 질문은 "초자연적인 창조자가 행하실 수 있는 일이 무엇일까?"가 아니다. 오히려 그 질문은 "실증적 증거는 초자연적인 창조주가 실제로 어떤 일을 행하셨다고 지시하고 있는가?"다.

빅뱅 이론은 믿을 만한 것일까?

지구와 우주의 나이가 수십억 년 되었다는 사실에 대한 또 하나의 독립적 증거는 빅뱅 이론에서 확인할 수 있다. 빅뱅 이론은 젊은지구창조론 옹호자들에게는 인기가 없지만, 많은 기독교인은 그 이론이 실제로 하나님을 믿는 믿음을 지지해준다고 생각한다. "믿음의 이유"(Reasons to Believe)라는 단체를 이끄는 휴 로스(Hugh Ross), 그리고 윌리엄 크레이그(William Lane Craig)는 하나님을 믿는 믿음을 변증적으로 논증하는 데 빅뱅 이론을 사용한다.[9] 우리가 빅뱅 이론에 대해 뭐라고 생각하든지 관계없이 상당히 설득력 있는 증거가 그 이론의 신뢰성을 뒷받침한다.

몇 가지 노선의 증거들이 우주가 약 140억 년 전에 발생한 빅뱅에서 시작되었다는 사실을 가리킨다. 창조의 그 특별한 순간 이후로 우주는 꾸준히 팽창해왔으며 오늘 우리가 보는 현 상태를 이루었다. 팽창하는 우주는 은하들을 계속해서 분산시켜서, 시간이 흐름에 따라 은하들은 점점 더

---

9 Hugh Ross, *The Creator and the Cosmos: How the Greatest Scientific Discoveries of the Century Reveal God*(Colorado Springs: NavPress, 1993). 다음 자료도 확인하라. William Lane Craig, "The Ultimate Question of Origins: God and the Beginning of the Universe," Reasonable Faith with William Lane Craig(1999)⟨www.reasonablefaith.org/site/News2?page=NewsArticle&id=5180⟩.

서로 멀어지고 있는데 그 팽창의 끝은 보이지 않는다. 1928년에 은하들 사이의 거리를 연구하던 에드윈 허블(Edwin Hubble)이 예기치 않게 이런 현상을 발견했다.

우주가 현재 팽창하고 있다면 이것은 틀림없이 우주가 과거에는 지금보다 훨씬 작았다는 뜻이다. 그리고 현재의 크기가 무한대가 아니기에, 우주가 영원히 팽창해온 것일 수는 없다. 이것은 결국 우주가 과거의 어떤 한 점으로부터 팽창을 시작했음이 틀림없다는 것을 의미한다.[10]

우주의 나이는 이 팽창을 가설적으로 되돌리는 시뮬레이션을 통해 결정될 수 있다.[11] 어떤 의미에서 우리는 현재 진행 중인 우주 "폭발"의 한가운데 위치하고 있기에 우리 주위에서 일어나는 모든 일은 우주를 멀리까지 내다봄으로써 관찰할 수 있다고 말해도 된다. 이것은 마치 수영 튜브를 가지고 호수에 뛰어들었을 때 물결이 사방으로 퍼지는 것을 보는 것과 같다.

우주의 현재 팽창 속도는 꽤 정확하게 측정할 수 있다. 여기서 제기되는 질문은 우주가 0의 크기로부터 현재 우리 우주의 크기까지 팽창하는 데 시간이 얼마나 걸리는가 하는 것이다. 다음의 비유를 생각한다면 이 계산은 실제로 놀랄 만큼 간단하다. 시속 50마일로 주행하는 차를 타고 100마일을 이동한 경우를 생각해보자. 간단한 계산을 통해 우리는 차가 두 시간 동안 달렸음을 알 수 있다. 같은 계산이 은하들의 경우에도 적용된다. 우주의 팽창 속도와 은하들 사이의 평균 거리를 알면 간단한 계산으로 우주가 원래의 작은 크기에서 현재의 광대한 크기까지 팽창하는 데 걸린 시간을 알아낼 수 있다.

이런 계산을 가능하게 해주는 물리학은 놀랄 만큼 간단하다. 은하들

---

10   "Hubble Uncovers Oldest 'Clocks' in Space to Read Age of Universe," Hubble Site, April 24, 2002〈http://hubblesite.org/newscenter/archive/releases /2002/10〉.

11   같은 곳.

이 움직이는 속도는 도플러 효과에 의해 측정될 수 있다. 이것은 경찰이 레이더로 우리의 운전 속도를 측정할 때 사용하는 방법이다. 경찰은 레이더 건을 당신의 차에 쏜다. 그러면 레이더 신호가 반사되어 나오는 신호의 파장으로 속도를 잴 수 있다. 차가 움직이고 있으면 파장에 변화가 일어나고 그 변화의 폭은 차의 속도에 비례한다. 차가 정지해 있다면 발사된 레이더 신호의 파장과 돌아온 파장은 똑같다. 마찬가지로 움직이는 은하로부터 방출되는 복사(Radiation)는 물리학적으로 잘 정의된 방식에 따라 변화하기 때문에 우리는 그 은하가 움직이는 속도를 알아낼 수 있다. 만약 은하가 멀어지고 있으면 돌아오는 신호는 소위 "적색편이"(red shift)를 나타내고, 반대로 가까워지는 중이면 "청색편이"(blue shift)를 나타낸다. 허블은 사실상 거의 모든 은하가 적색편이를 가지고 있다는 사실을 발견했다. 거의 모든 은하가 우리와 멀어지는 것이다.

허블이 관측한 두 번째 현상은 더욱 놀랍다. 그것은 가장 멀리 있는 은하들이 가장 빠르게 멀어지고 있다는 것이다. 이 사실을 확정하기 위해 허블은 그 은하들이 얼마나 멀리 떨어져 있는가를 알아내고 그 거리들을 그 은하들의 적색편이와 비교했다. 은하까지의 거리는 비교적 쉽게, 즉 **실제 밝기**와 지구에서 측정되는 **관측 밝기**(apparent brightness)를 비교함으로써 결정할 수 있다. 밝은 은하도 멀리 있으면 당연히 어둡게 보일 것이다. 마주 오는 자동차가 멀리 있을 때는 헤드라이트가 희미해 보이듯이 말이다.[12] 은하의 실제 밝기는―거리가 멀어질수록 어둡게 보이는 관측 밝기와는 달리―이미 알려진 밝기와 그 은하의 어떤 측면이 같다는 것을 확인함으로써 결정할 수 있다. 이는 어떤 차까지의 거리를 그 모델의 차들은

---

12 이는 다음 자료에 근거한 예시다. Falk, *Coming to Peace with Science*, 77-78. 다음 논문은 별들의 실제 밝기를 결정하는 것에 관한 토론을 다룬다. W. L. Freedman, "The Expansion Rate of the Universe," *Scientific American* 267, no. 5(1992), 54.

모두 같은 밝기의 헤드라이트를 가지고 있다는 것에 근거해서 추정하는 방법과 같다. 그와 비슷하게 어떤 거리에 있든지 관계없이 대략 같은 밝기를 가지고 있는 다양한 유형의 별들을 확인할 수 있다. 그래서 이론상으로는 어떤 차까지의 거리를 헤드라이트의 관측되는 밝기로 결정할 수 있듯이, 같은 유형의 별까지의 거리는 그들의 관측 밝기를 측정함으로써 결정할 수 있는 것이다.

이런 정보를 숙지함으로써 우리는 우주의 나이를 결정하는 데 사용할 도구들을 갖춘 셈이 되었다. 사실 이 과정은 너무 간단해서 천문학을 공부하는 학부 학생들도 실험실에서 연습 삼아 이 주제를 다뤄보기도 한다. 최근 허블 망원경으로 측정한 우주의 팽창 속도는 우주의 나이가 120억에서 140억 년 사이임을 알려준다. 멀리 있는 은하들은 이만큼의 오랜 기간 동안 서로 멀어지면서 현재의 위치에 있게 된 것이 틀림없다.

다른 기술들도 우주의 나이에 관한 이런 결론을 한 번 더 확인해준다. 그런데 그 기술들은 상세히 설명해야 할 내용을 포함하고 있다. 그래서 한 가지 방법만 소개하기로 한다. 우리가 속해 있는 은하(Milky Way)는 100개가 넘는 구상성단(球狀星團)으로 둘러싸여 있다. 각 성단은 수십만 개의 별들로 구성되고, 서로에 대한 중력으로 연결되어 있다. 이 거대한 별들의 집단들은 너무 강력한 집단 중력을 가지고 있어서 우주의 탄생 직후부터 지금까지 안정되어 있고, 그 별들은 그 집단 중력의 중심을 축으로 해서 궤도를 그리며 공전하고 있다. 이 별들이 빛나는 이유는 엄청난 중력의 압박 아래서 핵 부분의 수소가 헬륨으로 바뀌는 핵반응이 일어나기 때문이다. 거대한 별들은 더욱 뜨겁고 밝게 빛나지만 그만큼 더 빨리 핵연료를 소진한다. 다시 말해 큰 별일수록 더 일찍 소멸한다. 그래서 가장 오래된 구상성단 안의 가장 밝은 별들은 이미 소진된 상태다. 비교적 젊은 구상성단들만이 아직도 빛을 내며 불타는 별들을 가지고 있다. 조심스러운 컴퓨터 모델링을 통해 우리는 아직 "생존해 있는" 밝은 별들에 근거해서 구상성단들의 나이를 계산할 수 있다. 그 계산에 따르면 가장 오래된 구상성단들은 약 120억 년의 나이를 가지고 있다.

이처럼 우주의 나이를 측정하는 서로 다른 접근 방법들―우리가 설명하지 않은 다른 방법들도 있다―이 제시하는 중요한 사실은 이들이 모두 본질적으로 동일한 나이로 수렴한다는 것이다. 우주의 나이가 실제로 약 130억 년이 아니라면 어떻게 이처럼 많은 독립적인 증거들이 각각 같은 결론에 도달하는지 설명하기 힘들 것이다. 놀라울 정도로 많은, 서로 무관하고 독립적인 측정값이 우주의 나이를 확증해주고 있다. 이에 관심 있는 독자들은 여러 천문학 개론서 가운데 어느 것을 참조해도 좋을 것이다.[13]

그렇다면 지구의 나이는 어떻게 될까?

지구 나이의 측정 결과는 방금 설명한 오랜 우주의 시나리오와 정확하게 일치한다. 우리의 태양은 "2세대" 별로서

---

13 별도의 두 가지의 방법이 고대 우주에 대한 예상 결과를 확증해준다. 2002년에 허블 망원경은 고대 우주를 가리키는 백색왜성(white dwarf)들을 발견했다. 이 죽어가는 별들은 시간의 흐름에 따라 점진적으로 희미해지기 때문에, 밝기 측정을 통해 그들을 "시계"로 사용하는 것이 가능하다. 발견된 백색왜성들은 120-130억 년 된 것으로 밝혀졌는데, 이 결과와 그 이전에 발견된 내용을 통해 추정하면 이들은 빅뱅이 발생한 지 약 10억 년 후에 형성되었으며, 또한 우주의 나이가 130-140억 년 되었음을 암시한다. 또한 2003년에 천문학자들은 빅뱅으로부터 방출된 잔여 열량(leftover heat)인 배경복사(background radiation)를 측정할 수 있었다. Paul Davies, *Cosmic Jackpot: Why Our Universe Is Just Right for Life*(London: Penguin Press, 2006)에 따르면 배경복사는 2.725K(-270°C)의 온도에서 희미한 신호를 보내고 있었다. 그 배경복사를 연구함으로써 다음 책의 설명처럼 천문학자들은 우주의 나이를 더 정확하게 137억 년으로 계산할 수 있었다. Bob White, "The Age of the Earth," *Faraday Papers* no. 8(2007)⟨www.st-edmunds.cam.ac.uk/faraday/Papers.php⟩.

대략 50억 년의 나이를 갖고 있다. 태양은 그 이전의 1세대 별로부터 형성되었다. 과거의 그 별은 수명이 다해 폭발했으며, 폭발 때 현재의 태양계 공간 전역에 자신을 구성했던 물질들을 사방으로 퍼뜨렸다. 1세대 별의 그런 폭발은 그 정도 크기의 별로서는 전형적·정기적으로 관찰되는 운명이며, 폭발 시점까지 약 수십억 년이 필요했을 것으로 추정된다. 우리의 태양과 지구를 포함한 행성들은 약 50억 년 전부터 그 폭발한 별의 파편들이 모여 형성되기 시작했다. 이 파편들은 앞선 별의 핵 용광로(nuclear furnace) 속에서 달구어진 풍부한 중금속들이었을 것이다. 이 모든 것은 천문학자들이 행성들로부터 직접 채취된 증거를 고려하지 않고서도 충분히 알 수 있는 사실들이다. 그러므로 우리가 지구 나이를 측정하기 시작할 때, 그 나이가 지구보다 더 큰 패턴에 완벽하게 맞아 들어간다는 것은 매우 기쁜 일이다.

지구상에 존재하는 것들과 지구 자체의 나이를 결정하는 것은 우리가 이미 예상할 수 있듯이 우주의 나이를 결정하는 것보다 훨씬 덜 추상적인 작업이다. 예를 들어 자연에는 시간이 경과한 흔적을 남기는 다수의 친숙한 주기들이 있다. 그것들은 우리의 생일이 해마다 시간의 경과를 알려주는 것만큼이나 확실하다. 예를 들어 나무는 해마다 나이테를 형성하기 때문에 나이테만 세면 나무의 나이를 알 수 있다. 지구상에서 가장 나이가 많은 나무는 미국 캘리포니아 시에라 네바다 지역에 있는 6,000년 된 미국 서남부산 소나무들(bristlecone pine)이다. 그리고 그 옆에 쓰러져 있는 고목들은 수령이 두 배나 된다.[14] 그와 비슷하게 호수 바닥에는 계절마다 다

---

14 죽은 나무들의 수명은 그것들의 생애 말기의 나이테들과 아직 살아 있는 나무들의 초기 나이테들을 대조함으로써 측정되었다. 예를 들어 1만 1,800년 전에 싹튼 나무가 6,000년을 살다가 죽었다면, 그 나무의 생애 말기의 나이테 200개와 현재 6,000살인 살아 있는 나무의 초기 나이테 200개를 비교해서 계산하면 된다(Falk, *Coming to Peace with Science*, 73).

른 퇴적물들이 쌓인다. 봄에는 광물질, 여름과 가을에는 꽃가루와 식물들이 퇴적되는데 이로 인해 뚜렷이 구분되는 연례 층이 형성된다. 그래서 우리는 나이테를 세고 아이의 생일 케이크에서 초의 개수를 세듯이 호수 바닥으로부터 시간의 경과를 측정할 수 있다. 과학자들은 역사가 최대 3만 5,000년에 이르는 호수 바닥도 발견했다.[15]

또 다른 예는 빙하에 형성되는 나이테(ice rings)다. 빙하의 나이테는 쌓이는 눈에 의해 형성되는데 여기서도 계절별 차이를 분별함으로써 빙하의 나이를 판별할 수 있다. 예를 들어 여름에는 먼지가 더 많고, 얼음 결정이 크다. 과학자들은 빙하의 중심 부분을 깊이 뚫고 들어갔다. 그 결과 그린란드에서 12만 3,000년 된 얼음을, 남극대륙에서는 무려 74만 년 된 얼음을 발견했다.[16]

이런 연령 측정법은 우리를 아주 먼 지구의 과거로 데려가지는 못하지만 그 방법 자체는 극단적으로 솔직하다. 단순히 빙하에서 원기둥 모양의 얼음을 뽑아내서 그 층(layers)만 세면 끝나는 것이다. 그 방식이 이토록 명확하기에 과학자들은 지구의 나이가 1만 년도 안 되었다는 가설에 부정적으로 반응할 수밖에 없다. 그렇게 뽑아낸 얼음 기둥에 50만 개의 여름 꽃가루 층이 있는데, 지구 나이가 1만 년밖에 안 되었다고 말하는 것은 마치 나이테가 200개 있는 떡갈나무가 2살이라고 우기는 것과 같다.

---

15 사실 더 오래된 퇴적층들도 있지만, 3만 5,000년이 넘어가면 층들이 너무 압착되어 정확한 연대 계산이 어렵다. 같은 곳, 74.

16 Roger C. Wiens, "Radiometric Dating: A Christian Perspective," American Scientific Affiliation, 2002〈www.asa3.org/aSA/resources/wiens2002.pdf〉. 또한 다음 논문을 참조하라. North Greenland Ice Core Project Members, "High-Resolution Record cord of Northern Hemisphere Climate Extending into the Last Interglacial Period," Nature 431(2004), 147-51. 이 논문은 12만 3,000년 이전의 연대까지 보고한다. 빙하기의 얼음에 대해서는 다음의 자료를 보라. EPICA Community Members, "Eight Glacial Cycles from an Antarctic Ice Core," Nature 429(2004), 623-28.

하지만 더욱 먼 과거에 도달하기 위해서는 다른 연대 측정법이 필요하다. 그런 방법 중 하나는 지구의 공전 궤도에서 규칙적으로 발생하는 매우 정확한 변화들로부터 유도되는데, 이것은 밀란코비치 주기라고 불린다. 이는 매우 장기적인 기후 주기와 연관되며, 지난 수십만 년 동안 이 주기에 따라 여러 차례 빙하기가 도래했다. 밀란코비치 주기가 가져오는 효과를 분석함으로써 우리는 3,000만 년 전의 과거까지 되돌아갈 수 있다.[17]

또 다른 연대 측정법은 지구 자기장의 +극과 −극이 100만 년마다 두세 번씩 바뀌는 것—아직 그 이유는 밝혀지지 않았다—에 기초한다. 이에 관한 증거 역시 명확하고 간단하다. 지구의 뜨거운 내부로부터 밀려 올라온 용암이 굳어질 때(이 현상은 바다 밑에서 계속 발생하고 있다), 지구의 자기장은 그 바위 안에 새겨져 고정된다. 자기 물질이 녹은 상태에 있으면 그 안의 모든 원자 자석들은 자유롭게 움직일 수 있고, 자연히 그 지역에 미치는 자기장의 방향에 따라 늘어서게 된다. 이것은 마치 일련의 작은 나침반의 배열과 같다. 그 상태에서 용암이 굳으면 그 안의 작은 자석들은 그대로 고정되고, 그 구조와 방향을 측정하면 과거의 자기장이 어땠는지를 결정할 수 있다.

지질학자들은 지구의 내부로부터 분출되는 고열의 용암이 심해 능선에서 바깥 방향으로 멀어짐에 따라 그것들이 가리키는 자기장 방향이 역

---

17 White의 논문에 더욱 상세한 설명이 있다. "필시 더 놀라운 것은 지구 공전 궤도의 변화가 지구 기후에 장기적 주기 변화를 야기한다는 것인데, 이 주기를 밀란코비치 주기 (Milankovitch cycles)라고 말한다. 지구 공전 궤도의 불규칙성(eccentricity)은 10만 년과 41만 3,000년의 주기를 발생시키고, 지구 자전축의 기울어짐은 4만 년의 주기를 발생시킨다. 그리고 지구 자전축의 세차 운동은 대략 1만 9,000년 및 2만 3,000년의 주기를 만든다. 이런 주기들은 고대의 퇴적층에 율동적인 기후의 흔적을 남겼는데, 이로부터 우리는 그 존재를 알 수 있다. 이런 주기들은 3,000만 년 전까지의 정확한 연대 측정을 가능하게 해준다." White, "The Age of the Earth," 2.

전을 거듭하는 것을 발견했다. 한 방향으로 북극을 가리키는 긴 띠 모양의 바위에 이어 또 다른 긴 띠 모양의 바위는 북극이 반대 방향이라고 가리킨다. 이런 패턴은 반복된다. 이런 역전이 수십만 년마다 일어난다는 사실을 알면 극성이 역전된 횟수를 세어봄으로써 그 바위들이 약 1억 7,000만 년의 역사를 가지고 있음을 추측할 수 있다.[18]

이런 연대 측정법들은 지구의 나이에 대해 하한선을 제공하고 그 나이가 1만 년 이상임을 합리적 확실성 속에서 확증한다. 그러나 이런 방법들은 상한선을 제공하지는 못한다. 측정 방법의 한계 때문에 그보다 더 먼 과거로 우리를 데려가지는 못하기 때문이다. 예를 들어 나무는 수천 년은 살아도 몇백만 년을 살지는 못한다. 더구나 나이테와 관련하여 약 1만 1,800년 전 마지막 빙하기가 끝나갈 무렵에 기후가 갑자기 바뀌었고, 오래된 나무들의 위치에 큰 변화가 왔다.[19] 호수 바닥에 쌓인 퇴적층의 경우에는 3만 5,000년이 넘으면 퇴적층이 너무 압착되어 더는 구분할 수 없게 된다. 그래서 지구가 처음 형성되었던 시기로 접근해가기 위해서는 우리를 더 먼 과거로 데려가 줄 수 있는 다른 방법이 필요하다. 다행히 방사성 원소를 이용한 연대 측정법이 도움을 줄 수 있다.

---

18 White, "The Age of the Earth." 여기서 White는 더욱 자세한 묘사를 제공한다. "암석의 연대 측정에 사용할 수 있는 불규칙한 주기적 변화의 마지막 예는 그 암석의 자기적 극성이다. 지구 핵의 액상 외층(liquid outer core)의 유체 운동은 발전 현상(dynamo)을 일으키고, 그 발전 현상은 지구 전체에 지구의 자전축과 대략 일치하는(aligned) 양극성 자기장(dipole magnetic field)을 형성한다. 자기장은 평균 100만 년마다 두세 번씩 그 극성을 역전시킨다. 자성을 띤 광물을 포함하는 암석들은 그것들이 지층에 쌓일 때 자기장의 방향을 기록하기 때문에, 극성의 역전은 관측될 수 있고, 이런 특징은 해저 면의 화산 기저(volcanic basement of the seafloor)의 연대를 1억 7,000만 년으로 산출하는 것을 가능하게 한다. 이 연대 측정법은 해저 지면이 서로 멀어지는 것을 관측하는 근거가 되었고, 그것은 곧 1960년대에 지구의 역사에 대한 지질학적 해석에 일대 개혁을 일으킨 지각의 판구조론(plate tectonics theory)으로 이어졌다. 같은 책, 2.

19 Wiens, "Radiometric Dating," 13.

방사성 연대 측정법이 정말로 지구가 수십억 년 되었다고 말해줄 수 있을까?

지구 자체의 연대를 측정하는 가장 중요한 방법은—나무, 호수 바닥, 혹은 지구상의 다른 어떤 물체가 아니라—많은 원자핵 속에 깊숙이 숨겨진 가장 놀라운 시계에 기초한다. **방사성 연대 측정** 과정이 바로 그것이다. 이에 해당하는 구체적인 방법은 많지만 가장 낯익은 사례는 방사성 탄소 연대 측정법(carbon dating)이다.

이것이 어떻게 작동하는지 알아보려면 잠시 기초 화학을 살펴보아야 한다. 물질은 원자로 구성되고 원자핵에 있는 양자의 숫자에 의해 그 물질의 속성이 결정된다. 예를 들어 수소는 양자가 1개, 헬륨은 2개, 탄소는 6개이며, 이런 식으로 주기율표가 정리된다. 대부분 핵 속에 있는 중성자 개수는 양자의 개수와 같지만, 어떤 경우에는 여분의 중성자가 있을 때도 있다. 여분의 중성자들이 핵의 양(+) 혹은 음(−) 전하량을 증가시키지는 않기 때문에, 그것들의 유일한 역할은 중량을 증가시키는 것이다.

같은 원자인데 다른 중량을 갖는 버전을 동위원소라고 부른다. 이것들은 핵 속의 양자와 중성자의 총 개수로 구분된다. 탄소를 예로 들어보자. 탄소는 여섯 번째 원소다. 왜냐하면 6개의 양자를 핵 속에 가지고 있기 때문이다. 거기에 그와 같은 수의 중성자들을 가지고 있기 때문에 핵 속의 입자의 총 개수, 즉 이 탄소 동위원소의 질량은 12다. 우리는 이것을 ^{12}C라고 적는다. 그러나 때때로 탄소 원자의 핵에 한두 개의 잉여 중성자들이 있기도 하다. 이런 동위원소들은 13 혹은 14개의 입자를 핵 속에 갖게 되고, 그에 따라 ^{13}C 혹은 ^{14}C라고 표기된다. 이런 세 가지 형태의 탄소들은 거의 동일한 화학적 성질을 가지지만, 서로 다른 중성자 개수로 인해 약간 다른 질량을 갖게 된다.

^{14}C에 있는 잉여 중성자들은 핵 속에 있는 입자들을 응집시키는 힘과 관련해서 그 원자를 불안정하게 만든다. 그 중성자들은 마치 예의범절이 잘 지켜지는 만찬 파티에 갑자기 나타난 취객처럼 그 원자의 자연스러운 배열을 아주 미세하게 방해한다. 이런 방해는 핵을 "태엽에 강하게 감긴 것" 같은 상태로 만들고, 그 결과 그 핵은 기회가 오면 더 안정된 형태로 자발적으로 옮겨가려고 한다. 그렇게 옮겨가는 과정에서 취객(즉 잉여 중성자)은 그 "파티"로부터 내쳐진다.

지나치게 많은 중성자를 포함한 원자핵은 그 문제를 놀라운 방법으로 해결하는데, 그것은 바로 다른 원자로 탈바꿈하는 것이다. 이것은 중성자 중 하나를 핵에 남는 양자 하나와 핵을 떠나는 전자 하나로 바꿈으로써 이뤄진다. 소위 탄소 14라 불리는 ^{14}C를 예로 들어보자. 6개의 양자와 8개의 중성자로 구성된 원자의 구조는 불안정하다. 이 문제를 해결하기 위해 중성자 하나가 양자 하나와 전자 하나로 변환된다. 이제 이 원자의 핵은 7개의 양자와 7개의 중성자가 짝을 이룸으로써 안정을 되찾는다. 그 결과 **불안정한** 탄소 원자가 **안정된** 질소 원자로 변환된다.

안정된 원자들은 그 상태를 무한정 오래 유지할 수 있다. 우주의 많은 수소 원자들은 전혀 변화 없이 그들이 100억 년 전에 존재했던 형태 그대로 존재한다. 대다수 동위원소들(예를 들어 ^{12}C)은 안정되어 있지만, 어떤 것은 불안정하다. 이런 불안정한 동위원소들을 방사성 동위원소라고 부르는데 이들은 규칙적이고 예측할 수 있는 속도로 붕괴되기(decay) 때문에 시계의 역할을 할 수 있다. 그래서 방사성 동위원소가 들어 있는 바위의 나이를 결정할 수 있는 것이다. 방사성 동위원소가 줄어들면서 중성자 하나가 양자와 전자로 변환될 때 방출되는 에너지와 입자들은 가이거 계수기라는 계측기로 측정된다. 젊은 바위들은 많은 방사성 동위원소를 품고 있고, 늙은 바위들은 덜 품고 있다. 물론 궁극적으로 모든 원자들이 안정된 동위원소로 바뀔 것이며, 그때 우주의 방사능은 완전히 소진될 것이다.

여러 원자가 방사성 동위원소를 가지고 있다. 잘 알려진 예로서 우라늄이 지구의 나이를 측정하는 데 중요하게 사용된다. ^{14}C가 불안정해서 붕괴를 거쳐 더 안정된 모습으로 바뀌듯이, 우라늄-235(^{235}U)도 붕괴하면서 일련의 방사성 과정을 통해 납-207(^{207}Pb)로 바뀐다. 시간의 경과에 따라 납의 양은 늘어나고 우라늄의 양은 줄어든다. 그래서 우리는 납과 우라늄의 남은 양 혹은 그 비율을 통해 이 원자들을 품고 있는 바위의 수명을 결정할 수 있다. 만약 지구가 무한히 오래되었다면, 우라늄-235는 전혀 남아 있지 않을 것이다. 왜냐하면 우라늄 전부가 납-207로 바뀌었을 것이기 때문이다. 반면에 지구가 매우 젊다면, 우라늄은 납으로 거의 변하지 않았을 것이다. 그런데 현실은 두 경우가 다 아니다. 바위들을 분석하면, 그 속에서 우라늄과 납이 결합된 채로 발견된다.

방사성 동위원소의 시계는
어떤 식으로 작동하는 것일까?

어떤 바위의 나이를 알기 위해서는 우라늄이 납으로 변환되는 속도를 알아야 한다. 방사성 붕괴를 표현할 때 "반감기"라는 표현을 사용하는데, 이는 어떤 물질의 절반이 불안정한 상태에서 시작하여 안정된 형태로 변환되는 데 걸리는 시간을 뜻한다. 만약 X라는 원소의 반감기가 1시간이고 처음에 40개의 원자로 시작했다면, 1시간 뒤에는 20개의 X가 남을 것이고, 2시간 뒤에는 10개가 남을 것이며, 3시간 뒤에는 5개가 남을 것이다. 하루 정도 지나면 X라는 원소는 완전히 사라지고 그것의 마지막 결과로서 안정된 형태만 남아 있을 것이다. 이렇게 반감기가 짧은 원소는 단지 수명이 한두 시간밖에 안 되는 바위들의 수명을 잴 때만 쓸모가 있다. 지구의 나이를 재려면, 반감기가 그보다 훨씬 더 긴 원소가 필요할 것이다. 다행히 그런 원소가 몇 가지 있는데, 그중 하나가 우라늄-235이며 이것의 반감기는 7억 1,300만 년이다. 이는 우라늄 원자 하나가 붕괴될 때마다 방출되는 방사능을 감지하는 가이거 계수기를 통해 결정된다.

　이런 과정을 통해 어떤 바위의 수명을 측정하려면 처음에 그 바위가 얼마만큼의 우라늄과 납을 가지고 있었는지 알아야 한다. 만약 그 바위가 100% 우라늄만으로 시작했다고 전제할 수 있다면 연대 측정은 손쉬울 것이다. 예를 들어 바위 안의 우라늄이 반만 남았다면, 그 바위는 7억 1,300만 년 된 것이다. 만약 우라늄 양이 1/4밖에 안 남았다면, 바위의 수명은 그 두 배가 되어 14억 2,600만 년이 된다. 그런데 불행히도 이런 단순한 전제는 현실과 맞지 않는다. 왜냐하면 우리는 그 바위들이 처음에 100% 우라늄만으로 시작하지 않았다는 것을 알고 있기 때문이다. 그래서 우리는 처음에 그 바위에 포함된 각 원소의 함유량을 결정해야 한다. 다행히 우라늄과 납이 처음에 형성되는 방식 덕분에 이것을 알아내기란 어렵지 않다.

　납은 납-207과 납-204라는 두 가지 동위원소를 가지고 있다. 이것들은 화학적으로는 동일하다. 핵 속 깊이 파묻혀 있는 중성자의 개수 외에 두 가지 원소를 분간할 수 있는 길은 없다. 그 결과 바위가 형성되는 과정에서 납이 그 구성물질 중 하나가 될 때, 그 두 가지 동위원소 가운데 어느 쪽이 특별히 선호되지는 않는다. 두 원소 모두 지구의 지각에서 발견되는 비율 그대로, 바위에서도 그 상대적인 함유량을 나타낼 것이다. 그런데 우라늄-235가 붕괴될 때는 오직 납-207만 생산된다. 한편 납-204의 양은 변하지 않는다. 왜냐하면 납-204는 스스로 붕괴하지 않고, 다른 어떤 불안정한 동위원소도 납-204로 변하지 않기 때문이다. 그래서 시간이 흐름에 따라 납-204의 양은 그대로 머물러 있는 반면에 납-207의 양은 늘어날 것이다. 그 결과 계속해서 늘어나는 납-207의 양은 시간이 얼마나 경과했는지를 나타내주게 된다.

이제 우리는 바위의 나이를 측정하는 데 필요한 정보를 모두 갖추었다. 이 방사성 연대 측정법을 통해 얻어지는 나이는 다른 방사성 연대 측정법의 결과와 비교함으로써 검증되고 더욱 정확해질 수 있다. 바위의 수명을 측정하는 방사성 연대 측정법은 놀랍게도 약 40 종류나 있고 모두가 서로 다른 반감기를 이용한다. 우라늄-납 방식을 사용한 결과 지구의 나이는 약 45억 6,600만 년으로 측정되었으며, 여기서 오차의 범위는 +/- 200만 년이다.[20] 이 오차 범위는 인간의 역사에 비추면 커 보이지만, 백분율로 보면 1%의 몇 분의 1밖에 되지 않는다. 이것은 야구장에 금을 그으며 베이스 사이의 거리를 조정할 때 발생하는 오차보다 훨씬 작은 크기다.

젊은지구창조론의 옹호자들은 이에 대해 두 가지 반대 주장을 펼친다. 첫째, 다른 연대 측정법을 통해 산출된 지구의 나이와 불일치하는 문제가 있다는 것이다. 사실 다른 동위원소를 기초로 한 "방사성 시계" 사이에는 약간의 차이가 있다. 그러나 그 차이는 의미를 둘 만큼 중요하지는 않다. 즉 통계학적으로 "유의미"하지 않다. 설령 엄청난 오차로 인해 10%나 적은 나이로 산정된다고 해도 지구의 나이는 46억 년 대신 40억 년으로 계산된다. 40억 년은 성경을 문자적으로 해석하여 지구의 나이를 계산하는 사람들이 주장하는 가설, 즉 지구 나이가 아직 수천 년밖에 안 되었다는 가설과는 완전히 차원이 다른 결과다. 둘째, 어떤 사람들은 방사성 원소의 붕괴 속도가 과거에는 훨씬 빨라서 사물의 실제 나이보다 훨씬 더 오래된 것처럼 보이게 되었다는 가설을 제안한다. 그러나 이런 가설을 지

---

20   White, "The Age of the Earth," 4.

지하는 그 어떤 증거도 없다. 오히려 실제로는 그 속도가 결코 변한 적이 없었다는 강력한 반증이 있다. 방사성 원소의 붕괴는 핵반응이기에 그 속성이 변한다는 것은 매우 어려운 일이다. 전자를 원자로부터 탈출시키는 엄청난 온도나 압력 아래서도 핵붕괴 속도가 변하는 것은 결코 관찰된 적이 없다. 더구나 비교적 젊은 지구가 수십억 년 되어 보이기 위해서는 모든 붕괴 속도가 엄청나게 낮은 확률로 일사불란하게 보조를 맞춘 변화를 경험해야 했을 것인데 전혀 설득력이 없는 이야기다.

다시 한번 경고하지만 하나님이 조직적이고 긴 일련의 변화를 통해 거대한 속임수를 꾸미셔서 지구가 실제보다 늙어 보이게끔 하셨다는 생각은 하지 말기 바란다. 증거가 말해주는, 있는 그대로의 지구 나이를 그냥 받아들이는 것이 어떨까?

성경은 지구가
젊다고 가르칠까?

"젊은지구창조론"의 옹호자, "오랜지구창조론"의 옹호자, 바이오로고스, 그리고 지적 설계 운동의 리더들은 모두 하나님이 만물을 창조하셨다는 사실을 긍정적으로 받아들인다. 그러므로 순수하게 글자 그대로의 의미에서는 모두가 창조론자들이다. 그러나 **창조론**(creationism)이라는 용어는 흔히 쓰이는 의미로 말하자면 "지구상의 모든 생명체가 하나님의 직접적인 개입의 결과라고 믿는 믿음"을 뜻한다. 하지만 그런 창조 행위는 과학적으로 설명되지 않으며 오직 창세기의 앞부분에서만 묘사된다.

많은 기독교인, 특히 지난 수십 년 동안 미국에 거주한 기독교인들은 창세기 1, 2장이 만물의 기원에 관해 과학적 설명을 제공한다고 확신해왔다. 그들은 누가 몇 살에 누구를 **낳았다**는 구약성경의 수치를 모두 더한 결과로서 창조가 1만 년이 채 안 되는 과거의 어느 시점에 발생했다고 믿는다. 더 나아가 그들은 창세기 1장을 문자 그대로 해석하면서 창조 과정이 6일(여섯 번의 24시간) 동안 이뤄졌다고 말한다. 많은 복음주의 기독교인들이 이런 "젊은지구창조론"(YEC)을 믿고 있다. 젊은지구창조론은 창조를 설명할 때 소위 "성경의 틀"에서부터 시작한다. 그다음에 이 틀에 맞는 과학적 모델을 찾는다. 사실 방금 앞서 토론한 내용을 감안하면, 지구의 나이가 1만 년도 안 되었다고 설명하는 과학 모델을 만드는 것은 쉬운 일이 아니다. 그러나 젊은지구창조론 옹호자들은 성경이 지구 나이를 1만 년으로 가르친다고 먼저 해석한 후에, 성경이 과학적으로 믿을 만한 기록임을 증명하려는 무모한 도전을 벌이고 있다.

폴 넬슨(Paul Nelson), 커트 와이즈(Kurt Wise), 존 마크 레이놀즈(John Mark Reynolds)는 각각 시카고 대학교, 하버드 대학교, 로체스터 대학교에서 박사학위를 받았다. 그들은 창조론 옹호자들 가운데 정식 교육을 받고 지도적 위치에 오른 사람들이다. 그들은 우리의 바이오로고스 그룹과 마찬가지로 과학적 증거들이 젊은지구창조론과 반대된다는 사실에 동의한다. 그러나 그들은 성경이 젊은지구창조론을 가르친다고 믿기에 증거들이 자신들의 주장을 지지하지 않음에도 불구하고 현재 입장을 고수한다. 앞으로 나올 새로운 증거들이 자신들의 견해를 지원해주기를 소망한다는 것이다.[21] 이런 이유에서 젊은지구창조론은 흔히 "성경적 창조론"이라고 불린다. 물론 젊은지구창조론은 성경이 기원에 관한 과학적 설명

---

21 Robert Schadewald, "The 1998 International Conference on Creationism," *National Center for Science Education* 18, issue 3(1998), 22-25, 33〈http://ncse.com/rncse/18/3/1998-international-conference-creationism〉. 다음 자료도 확인하라. Paul A. Nelson and John Mark Reynolds, *Young Earth Creationism*(Grand Rapids: Zondervan, 1999), 51.

을 담고 있다고 믿는 사람들이 지지하는 유일한 가설은 아니다.

젊은지구창조론의 옹호자들은 자신들의 관점이 기독교인들이 반드시 지녀야 하는 것이라고 신실하게 믿는다. 그러나 바이오로고스 그룹은 그들이 성경에 관해 불필요하게 좁은 관점을 취하고 있다는 사실을 정중하게 지적한다. 첫째, 우리는 젊은지구창조론 그룹의 창세기 해석이 옳지 않다고 본다. 그들은 성경 본문의 성격에 관해 여러 가지 가정(assumptions)을 세우고 시작하는데, 그것들은 휘튼 대학교의 존 월튼(John Walton) 교수와 같은 수많은 현대 복음주의 성서학자들이 타당하다고 생각하는 것과 정면으로 부딪친다. 그들의 의견은 심지어 4세기에 활동한 아우구스티누스(Aurelius Augustinus)의 견해, 즉 하나님이 굳이 사람들이 일하는 한 주(6일)를 사용해서 창조를 완성하셨다고 상상할 필요는 없다는 견해와도 상충한다. 성경의 언어와 문화를 공부한 대다수 성서학자는 젊은지구창조론 옹호자들의 창세기 해석은 본문이 말하는 것에 근접하지도 않는다고 말한다. 사실 젊은지구창조론의 주도적인 지지자들은 성서학자들이 아니고 관련된 성서학에 대해 제한된 훈련을 받았을 뿐이다. 그들의 창세기 해석은 거의 전부 창세기의 영어 번역에 의존하면서 원어인 히브리어 본문에 나타나는 의미와 개념은 거의 고려하지 않은 것이다. 이런 이유와 또다른 이유에서 젊은지구창조론의 관점은 전체 기독교인들에게 결코 "주류 견해"가 되지 못했고, 100년 전의 보수적인 기독교인들조차도 이 관점에 지속적인 매력을 느끼지 못했던 것으로 보인다. 젊은지구창조론이 복음주의 기독교인들에게 주류 사상이 된 것은 불과 반세기 전의 일이다.

둘째, 우리는 하나님이 서로 상충하는 두 개의 계시를 우리에게 주셨을 리가 없다고 생각한다. 과학의 연구 대상인 자연 안에 주어진 하나님의 계시는 신학의 연구 대상인 성경에 주어진 하나님의 계시와 일치해야 한다. 지구의 나이에 관해 과학의 증거들로부터 추론되는 계시가 너무나 명확하기에, 성경이 그 계시와 상충한다는 생각은 이를 받아들이기 전에 반드시 깊이 재고되어야 한다.

이 책의 4장에서 우리는 젊은지구창조론이 창세기 본문에 접근하는 방식보다 훨씬 더 섬세한 접근 방법을 개관할 것이다. 젊은지구창조론의 접근 방법은 창세기의 영어 번역을 단순히 문자적으로 읽은 것에 불과하다. 그 과정에서 히브리 원어 본문이 의미하는 바는 고려되지 않았다.

오랜지구창조론:
만약 창세기의 하루가 실제로는
긴 시간이었다면 어떻게 될까?

젊은지구창조론이 그렇듯이 "오랜지구창조론"(OEC)의 옹호자들도 성경을 문자적으로 해석하며, 창세기의 이야기가 기원에 관한 과학적 기술이라고 주장한다. 그러나 지구 나이가 단지 수천 년이 아니라 수십억 년이라는 증거가 너무 압도적이기 때문에, 그들은 창세기를 문자적으로 이해하면서도 젊은지구창조론으로 귀결되지 않는 다른 해석을 추구했다. 이 해석은 역사적으로 다음과 같은 세 가지 방법을 취했다.

① 날-시대 이론(Day-Age Theory): 성경이 하루/날(히브리어 "욤")이라는 단어를 사용할 때 약간의 모호성이 있기 때문에, 날-시대 이론은 창세기의 "날"이 정확한 길이를 알 수 없는 긴 기간이라고 주장한다. 그들은 구약성경에서 "욤"이 24시간의 하루를 확실히 가리키지 않는 다수의 사례를 제시한다. "주님이 천하의 왕이 되시리니 그날에는 주께서 홀로 한 분이실 것이요, 그의 이름이 홀로 하

나이실 것이라"는 스가랴 14:9이 대표적인 예다. 그들이 볼 때 창조 기간은 6개로 구분되며, 각 기간에 하나님은 성경에 명시된 구체적인 일들을 행하셨다. 그러나 각 기간은 24시간보다 훨씬 긴 기간이다. 로스가 이끄는 "믿음의 이유"라는 단체가 "날-시대 이론"을 옹호하는 선봉에 서 있다.

② **간극 이론**(Gap Theory): "간극 이론"의 옹호자들은 창세기의 처음 두 구절에 내포된 문법적 모호성을 이용한다. 이들은 창세기 1:1이 언제인지 알 수 없는 과거 시점에 발생한 창조를 가리킨다고 주장한다. 하지만 그 창조는 파괴되었고, 창세기 1:2은 앞선 창조의 "대참사" 이후에 하나님이 다시 행하신 창조를 가리킨다는 것이다. 스코필드 주석 성경(Scofield Reference Bible)은 이런 견해가 마치 창세기의 자연스러운 해석인 것처럼 제시했고, 그 결과 이 견해는 널리 알려졌다. 비록 많은 사람이 그대로 믿고 있을 수 있지만 현재는 어떤 유력한 단체도 이 견해를 지지하지 않는다.

③ **틀 해석**(Framework Interpretation): 창세기의 창조 기사 안에는 운율 맞추기, 반복, 평행구조와 같은 문학 기법들이 들어 있다. 이것들은 창세기의 6일 동안의 창조 이야기가 단지 시간 경과에 관한 것만이 아니라 다른 요점들을 강조하기 위한 것이라는 단서가 된다. 예를 들어 6일이 계시의 날들이라면 그 안에서 하나님이 창조 이야기의 부분들을 제시하지 않으셨을까? 그래서 일주일이라는 구조는 창조 이야기를 펼쳐 보이기 위한 틀(framework)이지, 창조가 실제로 일어난 시간적 구간이 아니라는 것이다. 그런데 이 견해 역시 그다지 널리 수용되지는 않고 있다.

오랜지구창조론의 모든 입장은 하나님의 창조 행위가 사물의 자연적 질서에서 벗어난 것이었다고 주장한다. 오랜지구창조론은 자연 과정을 통해 어떤 종으로부터 새로운 종이 만들어질 수 있다는 가능성을 받아들이지 않는다. 그래서 그들은 모든 종이 진화를 통해 하나의 조상으로부터 유래한 후손들이라는 설명을 거부한다. 그들은 역사 속 모든 창조의 과정에서 하나님이 자연 질서 안으로 개입해 들어오셨다고 믿는다. 그러나 자연과 과학 안에서 나타난 하나님의 계시는 하나님이 자연 법칙을 **무시**하시는 것이 아니라 그 법칙을 **통하여** 역사하셨음을 암시한다. 그렇기에 바이오로고스 그룹은 오랜지구창조론을 거부한다. 하지만 우리는 지구 나이가 오래되었고 하나님이 만물을 창조하셨다는 주장만큼은 그들과 공유한다. 물론 바이오로고스 그룹도 하나님이 일으키시는 기적의 가능성은 받아들인다. 그러나 기적은 예수 그리스도의 부활처럼 그 어떤 자연적 설명도 적용될 수 없는 곳에서 일어난다. 우리는 하나님이 자연 법칙을 통해 역사하실 수 있는데 굳이 기적을 통해 개입하시는 방식으로 역사하셔야만 하는 이유를 이해하기가 어렵다.

바이오로고스 그룹은 하나님의 창조 행위가 자연 질서 안에서, 자연 법칙을 **통하여**, 그리고 그 법칙을 존중하면서 실행되었다고 주장한다. 성경적 쟁점들은 나중에 자세히 살펴보기로 하고, 지금은 단순히 이런 관점이 성경이 일반적으로 하나님의 행위를 묘사하는 관점과 일치한다는 점만 짚고 넘어가겠다. 구약성경은 하나님이 당신의 뜻을 행하기 위해 홍수, 바람, 전염병, 또 다른 자연현상을 사용하신 이야기들로 가득 차 있다. 그렇다면 하나님이 그런 자연의 메커니즘을 통해 창조를 이루실 수도 있지 않았겠는가?

이 책이 바이오로고스의 관점을 좀 더 상세히 설명함에 따라 우리는 이런 관점들이 성경적이면서도 과학적·합리적 입장에 서기를 원하는 기독교 독자들에게 점점 더 큰 매력을 줄 것이라고 믿는다. 그러나 그 과제

이전에 대답해야 하는 한 가지 주요 질문이 있다.

우리는 과학이 알려주는
성경 해석 방법을 받아들여야 할까?

많은 사람은 지구의 어마어마한 나이가 기독교인들에게 창세기의 전통적 해석을 버리고 과학이 강요하는 타협안을 수용하게끔 했다고 생각한다. 젊은지구창조론 옹호자들은 이른바 "성경이 자신들에게 그렇게 말씀하기 때문에" 세속 과학자 그룹에게 협박당하는 것을 용감하게 거부하고, 단순히 기독교 전통에 충실할 뿐이라고 주장한다. 그들은 기독교인들이 지구와 우주의 오랜 나이를 받아들이는 것을 세상과의 타협으로 여기며 다음과 같이 유감을 표명한다.

성경의 하나님을 진심으로 믿는 모든 이는 지질학적 연대 체계와 타협하는 것이 신학적 혼돈을 일으키는 것임을 확실히 알아야 한다. 그 타협이 "날-시대 이론"과 관련이 있든 "간극 이론"과 관련이 있든 간에, 지질학적 연대라는 개념 자체는 신적 혼동과 잔인성을 암시하는 것이다. 성경의 하나님은 결코 그런 것과 관계가 있을 수 없다.[22]

비록 표면적으로는 매력적으로 보이지만, 이런 관점은 기독교 전통을 오해하고 있다. 수 세기간 기독교인들은 창세기를 이런 식으로 문자적으로 해석한 적이 없었다. 창세기를 이렇게 문자적으로 읽어야 한다는 주

---

22 Henry Morris and John Morris, *The Modern Creation Trilogy*, vol. 1, Science and Creation(Green Forest, Ark.: Master Books, 1996), 76.

장은 오히려 최근에 전개된 양상이며, 그 기원은 1961년에 출간된『창세기 홍수』(*The Genesis Flood*)로 거슬러 올라간다.[23]

초기 기독교 사상가들에게는 지구와 그 역사의 이해를 돕는 과학이 없었다. 그런데도 그들 중 많은 이는 좋은 교육을 받았고, 창세기에 기록된 창조 이야기가 문자 그대로의 세계 역사를 가르치려 하는 것이 아니라는 사실 정도는 충분히 분별할 수 있었다. 수많은 초기 기독교 신학자들과 기독교 철학자들의 작품들은 실제로 오랜 지구설 및 다윈의 진화론과 놀라울 정도로 합치하는 창세기 해석을 보여준다.

오리게네스(Origenes)는 3세기에 이집트의 알렉산드리아에 살았던 주도적 철학자이자 신학자였다. 알렉산드리아는 고대 최고의 지성적 중심지 중 하나였다. 그는 초기 기독교인들이 창조에 대해 어떻게 생각했는지의 예를 제공한다. 오리게네스는 3세기 당시에 이해되었던 기독교의 주요 교리들을 제시하고 이교도들의 참소로부터 그것들을 변호했다. 그가 쓴『제1원칙들에 대하여』(*On First Principles*)는 창세기의 창조 이야기에 관해 다음과 같은 관점을 제시한다.

> 나는 이렇게 묻는다. 지성을 가진 사람이라면 누가 아침과 저녁이 있다고 말해지는 첫째 날과 둘째 날과 셋째 날이 어떻게 해와 달과 별이 없는 데도 있을 수 있냐고 묻지 않겠는가? 게다가 첫째 날에는 하늘도 없었다!…나는 이런 창조 이야기를 읽으면서, 이것이 역사와 유사성을 갖기는 해도 어떤 불가사의한 신비를 가리키는 상징적인 표현이라는 사실을 의심할 사람은 없을 것이라고 생각한다.[24]

---

23 Ronald Numbers, *The Creationists*(Los Angeles: University of California Press, 1993), 184-213. 신준호 옮김,『창조론자들』(새물결플러스, 2016).

24 Origenes, *First Principles* 4.3, trans. G. Butterworth(London: SPCK, 1936). Ernest

창세기의 창조 이야기를 재검토하게 만든 과학적 증거들이 출현하기 1,500년 전에 이미 오리게네스는 창조 이야기를 하나님의 세계 창조에 대한 문자적·역사적 기록으로 해석하는 것에 반대했다.

히포의 아우구스티누스는 5세기 초에 활동한 북아프리카의 주교로서 기독교 초기 1,000년 동안 바울 다음으로 가장 영향력이 컸던 기독교인이다. 『참회록』으로 널리 알려진 아우구스티누스는 수십 권의 다른 책들도 저술했으며 그중 서너 권은 창세기 1, 2장에 집중한 결과물이었다.[25] 『창세기의 문자적 의미』(*The Literal Meaning of Genesis*)에서 아우구스티누스는 창세기의 첫 두 장이 그 당대의 사람들이 적절하게 이해하도록 쓰였다고 주장한다.

> 특유의 필체로 쓰인 성경은 필시 제한된 인간 언어를 가지고 제한된 이해력을 가진 인간들에게 말하고 있다.…하나님으로부터 영감을 받은 저자는 영감 받은 내용을 어린아이가 이해할 만한 수준으로 낮추어 기록했다.[26]

아우구스티누스는 모든 사람이 이해할 수 있는 소통을 위해 창조 이야기가 단순화되고 비유적인 표현으로 기록되었다고 설명한다. 그는 하나님이 스스로 발전할 능력이 있는 세계를 창조하셨다고 믿었는데, 이는

Lucas, "Interpreting Genesis in the 21st Century," *Faraday Papers*, no. 11(2007)에서 재인용⟨www.st-edmunds.cam.ac.uk/faraday/resources/Fara day%20Papers/Faraday%20Paper%2011°/u2OLucas_EN.pdf⟩. 다음의 자료도 유용하다. "De Principiis(Book IV)," New Advent(2009)⟨www.newadvent.org/fathers/04124.htm⟩.

25 Gillian Clark, *Augustine: The Confessions*, Landmarks of World Literature(New York: Cambridge University Press, 1993).

26 Augustinus, *De Genesi ad litteram*, 1.14.28, trans. J. H. Taylor, *St. Augustine: The Literal Meaning of Genesis*, Ancient Christian Writers 41(New York: Newman Press, 1982).

생물학적 진화와 조화를 이루는 견해다.[27]

이런 믿음을 갖고 있었던 사람은 오리게네스와 아우구스티누스만이 아니다. 13세기 이탈리아의 가톨릭 신부로서 널리 알려진 철학자이자 신학자인 토마스 아퀴나스(Thomas Aquinas)는 세상 학문과 기독교 신학이 만나는 지점에 관해 관심을 기울였다. 학자 대부분은 토마스 아퀴나스를 아우구스티누스, 루터(Martin Luther), 칼뱅(Jean Calvin)과 함께 역사상 가장 영향력 있는 기독교 사상가로 꼽는다. "구글"에서 "St. Thomas"(성 토마스)로 검색하면 그의 중요성에 관한 놀라운 증거들과 그의 이름을 딴 무수한 대학교들, 도서관들, 심지어 섬까지 발견하게 될 것이다.

아퀴나스는 창세기의 창조 이야기와 과학적 발견들 사이에 생길 수 있는 상충에 대해 두려움을 느끼지 않았다. 그 결과 그는 창세기를 읽는 방식에 어떤 넘지 말아야 할 한계선을 둘 필요는 없다고 생각했다. 이에 관해 옥스퍼드 대학교의 학자인 윌리엄 캐롤(William E. Carroll)은 다음과 같이 말한다.

아퀴나스는 창세기 처음 부분의 창조 이야기가 자연과학에 관해 어떤 난점도 불러일으키지 않는다고 생각했다. 성경은 과학 교과서가 아니기 때문이다. 아퀴나스에 따르면 기독교 신앙에 본질적인 것은 창조라는 사실이지 세상이 만들어진 방법 혹은 양식이 아니다.[28]

아퀴나스는 자신의 걸작인 『신학대전』(Summa Theologica)에서 창조 기

---

27 Augustinus의 창조 이해에 관한 논의는 다음 저서의 8장과 15장에서 자세히 다루어진다. Alister McGrath, *A Finely Tuned Universe: The Quest for God in Science and Theology*(Louisville: Westminster John Knox Press, 2009).

28 William E. Carroll, "Aquinas and the Big Bang," *First Things* 97(1999), 18-20.

사에 관해 논의하면서 창조의 6일이 각각 실제로 하루를 묘사하는 것인가 하는 질문에 대답한다. 창조의 하루가 우리가 경험하는 24시간이라는 해석은 아우구스티누스가 제안한 가능성 중 하나였다. 아퀴나스는 두 가지 관점 가운데 어느 한쪽 편을 들지 않고 양자의 조화를 추구한다.

자신보다 8세기나 앞선 아우구스티누스처럼 아퀴나스도 하나님이 만물을 창조하실 때 스스로 발전할 수 있는 **잠재력**을 갖도록 지으셨다는 관점을 역설한다.

> 하나님이 하늘과 땅을 만드신 날에 들의 모든 식물도 창조하셨는데, 실제로 지으신 것이 아니라 "그것들이 땅속에서 움이 트기 전에" 그 잠재력을 창조하신 것이었다.…만물은 아직 모두 다 구분되고 치장된 것이 아니었으며 제대로 작동하기 위해서는 시간이 필요하도록 창조되었다. 이것은 하나님이 능력이 부족해서가 아니라 세계를 세워나가는 가운데 그 안에 질서가 자리를 잡도록 하기 위한 것이었다. 그러므로 서로 다른 날들이 서로 다른 창조의 상태에 할당된 것은 매우 적합한 일이었다. 왜냐하면 그다음 날의 창조 사역은 매번 세상에 새로운 완성의 상태를 더해갔기 때문이다.[29]

아우구스티누스의 관점은 그 이후 거의 모든 기독교 사상가들에게 영향을 미쳤고, 다윈이 『종의 기원』을 펴내기 직전인 18세기까지도 그 영향력은 계속 이어졌다. 이는 존 웨슬리(John Wesley)의 저술에서도 확인할 수 있다. 영국 성공회 신부이자 감리교 운동의 초기 리더 중 한 사람이었

---

29 Thomas Aquinas, "Question 74: All the Seven Days in Common," in *The Summa Theologica of St. Thomas Aquinas*, trans. Fathers of the English Dominican Province, 2nd ed.(London: Burns Oates & Washbourne, 1920). 온라인에 게재된 다음 자료도 유용하다. "Summa Theologica," New Advent(2008)〈www.newadvent.org/summa/1074.htm#2〉.

던 웨슬리는 아우구스티누스처럼 성경이 독자들의 눈높이에 맞는 용어로 쓰였다고 생각했다. 그는 다음과 같이 말한다.

> 하나님의 영감을 받은 성경 저자는 이 역사(창세기)를 기술할 때…먼저 유대인들을 위해 썼고, 그 당시 갓난아기와 같은 상태에 있는 교회를 감안해서 그들에게 맞는 이야기체를 택해서 오감을 통해 인지할 수 있는 외양을 중심으로 사건을 묘사했으며, 그 외양 아래 숨겨진 신비들은 하나님의 조명 아래 인도될 때 점차 발견되도록 했다.[30]

또한 웨슬리에 따르면 성경은 "우리의 (세부 사항에 대한) 호기심을 충족시키기 위해서가 아니라 우리를 하나님께 인도하기 위해 쓰였다."[31] 그러므로 지구의 오랜 나이와 다윈의 진화론까지도 웨슬리, 아우구스티누스, 아퀴나스, 오리게네스는 물론, 다윈보다 수백 년을 앞섰던 수많은 기독교 사상가들의 견해와 만날 때 반드시 갈등을 일으킨다고 할 수 없다.[32]

다윈 이후의 한 세기 동안 근대 근본주의 운동이 일어났다. 이 운동은 놀랍게도 수십 년 동안 지구가 매우 오래되었다는 사실을 매우 편안하게 받아들였다. 이런 사실은 성경에 대한 근본주의적 접근 방식에서 젊은 지구설이 필수 요소라는 통념에 어긋난다. "근본주의 운동"이라는 이름은 로스앤젤레스의 성경연구회(Bible Institute of Los Angeles, 지금은 로스앤젤레

---

30 John Wesley, *Wesley's Notes on the Bible*(Grand Rapids: Francis Asbury Press, 1987), 22. Wesley에 관한 온라인 자료들을 참고하라. "John Wesley's Notes on the Bible," Wesley Center Online(2007)⟨http://wesley.nnu.edu/john-wesley/notes/index.htm⟩.

31 John Wesley, *A Survey of the Wisdom of God in the Creation: Or, a Compendium of Natural Philosophy*, 3rd ed.(London: J. Fry, 1777), 2:463.

32 가톨릭 교회도 초기 기독교인들이 창세기를 다양하게 해석했다는 사실을 인정한다. 예를 들어 다음 자료를 확인하라. "Creation and Genesis," Catholic Answers⟨www.catholic.com/library/Creation_and_Genesis.asp⟩.

스 근교의 바이올라 기독대학교)가 1910년과 1915년 사이에 야심 찬 프로젝트의 결과물로 출간한『근본』(*The Fundamentals*)에서 유래한다. 이 출판물은 기독교의 "근본"을 정의했다.

『근본』에 기고한 이들은 예를 들어 토레이(R. A. Torrey), 딕슨(A. C. Dixon)처럼 그 당시의 보수 기독교를 주도하는 사람들이었다. 그들은 동정녀 탄생, 예수의 부활, 기적과 천국의 실재, 만유의 창조자이신 하나님과 같은 기독교의 중심 교리에 대한 믿음으로 하나가 되었다. 그러나 그들이 창조의 기제로서의 진화론을 거부하는 데 뜻을 모은 것은 아니었다. 무엇보다도 그들 가운데 지구가 1만 년보다 훨씬 더 오래되었다는 과학적 연구 결과에 반대하는 사람은 아무도 없었다.

20세기 전반의 가장 중요한 반진화론자인 브라이언도 젊은지구창조론의 옹호자가 아니었다. 그는 창세기의 창조 이야기가 문자 그대로 7일 동안에 일어났다고 해석할 이유를 전혀 찾지 못했다(이것은 "바람을 상속하라"[Inherit the Wind]라는 연극과 영화에서 희화화된 그의 이미지와는 정반대다). 심지어 1960년대에도 오랜지구창조론에 대하여 문제를 제기하는 기독교인은 거의 없었다. 무디 출판사는 근본주의 관점의 책들을 많이 출간했지만 존 휘트콤(John Whitcomb)과 헨리 모리스(Henry Morris)가 쓴『창세기 홍수』(*The Genesis Flood*)의 출간은 거부했다. 왜냐하면 출판사가 봤을 때 그들이 주장하는 젊은지구창조론은 이미 오랜지구창조론을 받아들인 대다수 기독교인들에게 더는 관심거리가 되지 못하는 접근 방법이었기 때문이다.[33]

하지만 불행히도 미국의 수많은 기독교인이『창세기 홍수』에 공감하면서 젊은지구창조론을 옹호하게 되었다.『창세기 홍수』가 너무도 분명하게 제시하는 관점은 그 당시에 성경을 존중하면서 동시에 무신론적 세

---

33   Numbers, *The Creationists*, 214.

계관을 격퇴하는 데 가장 좋은 노선이라고 여겨졌다. 이때 사람들은 그 무신론이 진화론의 지지를 받는다고 생각했다. 그 결과 현재의 복음주의자 대다수는 성경이 젊은지구창조론을 가르친다고 믿고 있으며 근대과학의 많은 부분을 거부해야 한다고까지 생각하고 있다. 왜냐하면 근대과학의 다양한 분야가 여러 가지 연대 측정법을 통해 지구가 매우 오래되었음을 보여주기 때문이다. 그러나 우리가 이번 장에서 살펴보았듯이 교회사 속의 주도적인 사상가 다수는 그런 관점을 거부했다. 그런 관점이 미국에서 주류가 된 것은 20세기 후반, 즉 최근의 사건일 뿐이다.

우리는 이번 장을 아우구스티누스의 지혜로운 조언으로 마무리하고자 한다.

> 너무 모호하고 우리 시야를 훨씬 벗어나는 문제들과 관련해서…우리는 우리가 전해 받은 신앙을 침해하지 않으면서도 매우 다양하게 해석할 수 있는 구절들을 성경에서 발견한다. 그런 경우에 우리는 어느 한 방향으로 성급히 가서 그중 한 가지 견해를 무모할 정도로 굳게 붙잡지는 말아야 한다. 왜냐하면 나중에 진리를 찾는 연구가 더 발전해서 그 견해를 무너뜨리게 되면, 우리도 함께 쓰러질 것이기 때문이다. 그렇게 되면 성경을 위해서가 아니라 우리 자신을 위해서 싸우는 꼴이 될 것이다.…그것은 우리의 이해를 성경의 가르침에 순응시키는 것이 아니라 반대로 성경의 가르침을 우리의 이해에 순응시키려고 시도하는 것이다.[34]

아우구스티누스가 4세기에 묵상했던 이 내용은 우리가 이 책에서 씨

---

34 Augustinus, *The Literal Meaning of Genesis*(Hyde Park, N.Y.: New York Press, 2002). Alister E. McGrath, *The Foundations of Dialogue in Science and Religion*(Oxford: Blackwell, 1998), 119에서 재인용.

106 | 과학과 하나님의 존재

름하는 문제와 똑같이 씨름했던 한 사람의 사상가, 곧 기독교 역사 속의 위대한 사상가 중 한 사람을 조명해준다. 그 문제는 이렇게 표현된다. "어떻게 우리는 우리의 신앙적 헌신과 다른 형태의 지식 (예를 들어 자연계에 대한 과학의 통찰) 사이에 화목을 이룰 수 있는가?" 아우구스티누스와 그 후의 아퀴나스는 오늘날 과학자들과 신학자들이 씨름하는 많은 문제를 그 당시에 이미 놀랍도록 다양한 방법으로 예견했다.

이번 장에서 다루었던 논쟁들은 과학과 종교를 연결하는 적합한 방법에 관해 광범위하고 열띤 토론을 불러일으켰다. 많은 경우에 그 관계는 아무 문제도 일으키지 않는다. 예를 들어 왜 하늘은 파랗고 잔디는 초록색인가에 대한 과학적 설명은 아무런 신학적 문제도 야기하지 않는다. 과학의 분야들은 대부분 종교와는 독립적이다. 세계가 질서정연하고 우리에게 탐구심과 탐구 능력이 주어져 있다는 것에 대해 하나님께 감사한다는 것 외에, 과학과 종교가 서로 겹칠 만한 지점은 거의 없다.

오히려 두 학문 사이의 진지한 접촉은 항상 있어왔다. 특히 자연계에 관한 새로운 정보가 성경 본문을 재검토하지 않을 수 없게 할 때 그런 접촉들이 일어났다. 예를 들어 아우구스티누스와 그의 동시대인들은 적도 아래에 사람들이 살고 있다는 보고에 관해 몹시 불편하게 생각했다. 그 사람들은 "발을 거꾸로 향한 자들"(anti-podes)이라고 지칭되었는데, 아우구스티누스가 사는 북반구의 기준에서 볼 때 그들의 발이 반대 방향(즉 하늘)을 향했기 때문이었다.[35] 여기서 문제가 발생한 것은 골로새서 1:23에서 사도 바울이 "하늘 아래의 모든 사람[천하 만민]"에게 복음이 전파된다고 말했기 때문이었다. 하지만 바울이 적도 아래의 "발을 거꾸로 향한 자들"

---

35 José de Acosta, *The Natural and Moral History of the Indies,* Natural History 1-4(New York: Lenox Hill, 1970), 23.

까지 찾아갔을 리는 없었고 "발을 거꾸로 향한 자들"에 관한 보고는 더욱 빈번해졌다. 그 결과 기독교인들은 바울의 복음 사역에 관련된 그 구절이 실제로 무슨 의미인지 다시 생각할 수밖에 없었다.

그로부터 수 세기가 지난 후, 갈릴레이 시대의 기독교인들은 시편 104:5의 의미를 재고해야 했다. 시편 기자가 지구(earth)는 "결코 움직일 수 없다"고 썼는데 이는 도대체 무슨 의미일까? 이런 상황은 아우구스티누스가 대면했던 것과 같은 종류의 도전이 반복되는 것이었다. 18세기의 기독교인들은 "멸종"이라는 문제를 다루어야 했고, 인류가 출현하기 이전에 이미 어떤 종 전체가 살았다가 사라졌다는 사실에 관해 점차 보편화하는 대중적 인식과 씨름해야 했다. 그와 비슷하게 19세기의 기독교인들은 다윈주의를, 20세기의 기독교인들은 빅뱅 이론을 다뤄야 했다. 마지막으로 21세기의 기독교인들은 DNA의 증거에 따라 우리 인간과 다른 종들과의 관계에 관해 고민하고 있다.

이 모든 도전은 하나님이 주신 두 책—자연과 성경—사이에 계속되는 중요한 대화를 이루는 조각들이다. 자연이라는 책은 현재 진행 중인 계시다. 그것은 계속해서 새로운 소책자들을 더하고 현존하는 것들을 수정한다. 그렇기에 그 대화는 계속해서 활기차게 우리의 관심을 끌 것이다. 이에 관해 3장에서 더욱 자세히 이야기해보자.

과학과 종교는
어떤 관계에 있을까?

하나님이 이르시되
"빛이 있으라"
하시니 빛이 있었고(창 1:3).

과학과 신학은 서로에게 말해줄 것이 있다.
왜냐하면 둘 다 의욕을 가진 믿음을 통해 얻어지는
진리를 추구하는 일과 관련되기 때문이다.

- 존 폴킹혼 -

기독교 전통은 항상 세속 문화와 관계를 맺어왔다. 이미 기원후 1세기에 사도 바울은 유명한 마스 힐(Mars Hill) 설교에서 자신의 메시지를 그 지역의 그리스 철학과 연관시켰다. 오리게네스와 같은 초기교회의 교부들도 언제나 세속적 개념과 생각을 빌려와서 기독교의 메시지를 조명하거나 확장시켰다. 아우구스티누스의 고전인 『하나님의 도성』(City of God)은 하나님 나라와 세속 세계(사람의 도성) 사이의 관계에 관한 깊은 묵상의 결과였다. 아퀴나스의 『신학대전』은 중세 기독교와 새롭게 다가온 세속적 그리스 철학의 중세기적인 통합이었다.

이와 같은 통합 작업을 수행하는 사람은—특히 아퀴나스의 저서들을 볼 때 그러한데—당시의 자연철학이 명확하게 표현하는 자연 세계에 관해 그 시대의 사람들 대부분이 이해하고 있는 내용을 반드시 친숙하게 알고 있어야 했다. 19세기에 이르러서야 자연에 관한 탐구는 마침내 "과학"이라 불리게 되었다. 그러나 그보다 앞선 시대의 사상가들은 자연에 관한 탐구가 다른 지적 분야의 탐구와 근본적으로 다르다고 생각하지 않았다. 그들은 지식이란 원래부터 갈라짐이 없는 전체이고, 모든 것은 다른 모든 것과 연관된다고 상정했다. 그들은 어디선가 한 부분의 지식이 드러나면 (계시되면) 그것이 일차적 토대(primary foundation)가 되어 그 위에서 새로운 성찰이 생겨날 수 있다고 생각했다. 이런 관점에서 아퀴나스 같은 사상가는 신학이 "학문들의 여왕"이라고 여겼다.

이번 장에서 우리는 오늘날 진행 중인 과학과 종교 사이의 열띤 대화를 살펴볼 것이다. 우리의 고찰은 당연히 그런 대화의 과거 역사로부터 정보를 얻을 것이다. 여기서 주지해야 할 점은 종교와 과학이 과거에는 서로 다른 범주의 지식이 아니었다는 사실이다. 과거 사상가들에게는 현대에 와서 지식이 여러 분야로 쪼개진 상황이 오히려 부적절할뿐더러 이상하게 보이기까지 할 것이다.

과학과 종교는 꼭
공통부분을 가져야 할까?

우리는 과학의 **대다수** 영역이 종교의 **대다수** 영역과 의미 있는 방식으로 연결되는 경우가 거의 없다는 사실을 먼저 인식해야 한다. 과학과 종교가 늘 싸우고 있다는 잘못된 인식은 갈등을 좋아하는 미디어가 만들어낸 것에 불과하다. 진화, 줄기세포, 유전학, 혹은 우주론에 관한 논란이 터질 때마다 언론들은 과학이 또다시 종교에 도전하고 있다는 식으로 떠들어댄다. 그들의 이야기 속에서 과학은 늘 그래왔던 것처럼 새로운 지식을 탐구하며 발전해가고, 종교는 평소처럼 방어적으로 반응하며 과거의 통찰들을 보호하려는 것처럼 보인다. 하지만 이는 잘못된 묘사다. 과학계의 연구 결과를 보고하는 수천 개의 과학 저널은 어떤 종교와도 관련 없는 난해한 내용으로 가득 차 있다. 물론 다행스럽게도 미디어나 대다수 보통 사람들은 그런 것들을 대수롭지 않게 여긴다.

과학 저널은 빛의 속도 혹은 기본입자들의 질량 등이 새로운 수준의 정확도로 측정되어 다시 결정되었다고 보고하곤 한다. 거기서 우리는 다양한 질병의 원인, 계속되는 나노 기술의 진전, 지구나 태양계의 다른 행성이 보이는 흥미로운 지질학적 특징 등에 관한 통찰을 접한다. 이런 지식들을 종교와 연관시키는 것은 거의 불가능하고, 그렇게 하려고 노력할 이유도 없다. 왜냐하면 그런 연결은 어떤 중요성도 없기 때문이다. 더구나 성경은 그와 같은 주제나 다른 주제들에 대해 완전히 침묵하고 있다.

기독교인들은 그와 같은 주제나 그 밖의 과학적 주제들을 굳이 신앙과 연관시켜야 한다는 부담 없이 탐구할 수 있다. 물론 어떤 주제들을 다루면서 성경이 자연계와 관련된 일상적 진술이나 문학적 진술을 하는 경우가 있다. 예를 들어 하나님이 천둥, 회오리바람, 구름, 푸른 초장, 사자와 연관되실 때다. 그런 암시적인 언급들도 염려거리가 될 수는 없다.

그런데 성경이 자연계에 관해 매우 분명하게 말하는 경우가 있다. 문제가 발생하는 곳은 바로 그런 경우다. 시편 93:1의 후반부는 "세계도 견고히 서서 흔들리지 아니하는도다"라고 말한다. 이는 문학적 기교로 단정하고 쉽게 넘길 수 있는 구절이 아니다. 사실 이 구절은 17세기에 갈릴레이가 동료 기독교인들에게 지구가 고정된 것이 아니라 태양 주위를 공전한다는 사실을 설명하려 했을 때 사람들을 상당히 당황하게 했다. 아우구스티누스와 아퀴나스가 그러했듯이 갈릴레이도 새로운 천문학적 발견과 지구는 절대 움직이지 않는다는 이 성경 구절을 조화시키기 위해 무척 애를 먹었다. 모두가 성경을 존중하는 상황에서 나온 그의 재치 있는 발언은 널리 알려졌다. 그는 "성경은 우리가 천국에 가는 방법(how to go to heaven)을 가르쳐주지만, 어떻게 천체들이 움직이는지(how the heavens go)는 가르쳐주지 않는다"고 말했다. 이는 우리가 앞서 말한 내용을 미리 예견한 것이었다. 즉 과학과 종교 간의 갈등은 이 둘을 분리함으로써 피할 수 있다는 말이다.

17세기에 갈릴레이에게 주어졌던 과제는 21세기에 우리가 맞닥뜨린 과제와 같다. 다만 우리는 지동설 대신 생물 진화론이나 빅뱅과 같은 새로운 주제를 놓고 씨름할 뿐이다. 그러나 "과학과 종교는 서로 독립적이다"라는 단순한 공식은 갈릴레이의 시대에는 통하지 않았다. 그와 달리 오늘날 사려 깊은 기독교인들은 성경 구절을 과학적 진술로 취급하지 않도록 조심해야 한다는 사실을 잘 알고 있다.

과학과 종교의 관계에서 소위 "독립 모델"은 한두 해 전에, (지금은 작고한) 하버드 대학교의 고생물학자인 스티븐 제이 굴드(Stephen Jay Gould)가 두 영역 사이의 평화를 유지할 방법으로 제시했으며 많은 사람의 열렬한 지지를 끌어냈다. 여러 해 동안 미국의 과학자 그룹 가운데서 대중을 위한 목소리를 대표했던 굴드에 따르면, 과학과 종교는 완전히 다르며 전혀 관련 없이 분리된 별개의 지식체로 보아야 한다. 과학은 세계에 대한 임상적·실제적 지식 및 세계의 작동 방식을 밝혀주고, 종교는 가치와 목적에 관한 질문에 대답한다. 단순히 말해 둘 사이에는 서로 겹치는 부분이 전혀 없다.

굴드는 의도적으로 확연히 종교적인 용어를 빌려 그런 관점을 "겹치지 않는 교도권"(non-overlapping magisteria, NOMA)이라고 명명했다.

각 과목은 합법적 교도권 혹은 가르칠 수 있는 권위적 영역을 가지고 있으며 그 교도권은 서로 겹치지 않는다. 나는 이 원칙을 NOMA라고 부르려 한다. 과학의 그물망은 경험적 우주를 관할한다. 과학은 우주가 무엇으로 구성되어 있는가(사실)와 왜 현재와 같은 방식으로 작동하는가(이론)를 다룬다. 종교의 그물망은 도덕적 의미와 가치의 질문들 위에 펼쳐진다. 이런 두 가지 관할구역은 서로 겹치지 않으며 모든 질문을 다 다룰 수도 없다. (초보자들은

예를 들어 예술이나 아름다움의 의미가 관장하는 영역을 생각해보라.)[1]

굴드의 진술에 따르면 NOMA의 원칙은 과학과 종교의 관계에 관련된 주제 대다수를 정리할 지도를 그려준다. 그래서 그것이 양자의 관계에 관한 모든 토론의 출발점이 되어야 한다. 우리는 출발점에서 먼저 현대 과학의 모든 신비한 모서리나 주름에다 일일이 종교적 의미를 부여해야 할 의무가 우리에게 있지 않다는 사실부터 이해해야 한다. 자연계의 모든 사실이 마치 종교적 의미를 적은 작은 쪽지를 내부에 감춘 포춘쿠키인 양 생각해서는 안 된다는 것이다.

왜 그렇게도 많은 사람은
과학과 종교가
전쟁 중이라고 생각하는가?

겹치지 않는 교도권(NOMA)의 원칙은 과학과 종교가 영원한 갈등 관계에 있다는 신화와 정면으로 부딪친다. 그 신화는 꽤 오래되었지만 이제는 신뢰를 잃었다. "전쟁 비유"로도 알려진 이 관점은 19세기에 많이 읽히고 영향력을 미쳤던 두 권의 책으로부터 유래한다. 곧 앤드류 화이트(Andrew D. White)의 『과학이 기독교 신학과 벌인 전쟁의 역사』(*A History of Warfare of Science with Theology in Christendom*)와 윌리엄 드레이퍼(William Draper)의 『종교와 과학의 갈등의 역사』(*History of the Conflict between Religion and Science*)다. 이 두 권의 책이 등장하기 전까지 과학

---

1   Stephen J. Gould, "Nonoverlapping Magisteria," *Natural History* 106(1997): 16-22. 다음 저서도 보라. Stephen Jay Gould, *Rocks of Ages: Science and Religion in the Fullness of Life*(New York: Ballantine Books, 1999), 88.

과 종교는—가끔 있는 갈릴레이 사건 같은 드문 충돌을 제외한다면—서로 관계가 좋았고 최근의 연구 결과가 분명히 보여주듯이 사실은 서로를 두둔하는 관계였다.[2] 심지어 악명 높은 갈릴레이 사건 같은 경우도 오늘날 퍼져 있는 소문과는 꽤 차이가 있었다. 갈릴레이는 고문을 받지 않았다. 그가 감금되었다는 곳도 자기 집이었다. 물론 비극적 갈등이 진짜 있었다는 것은 사실이지만, 논쟁을 부추기는 화이트나 드레이퍼가 묘사하는 것과 같은 성격의 상황은 아니었다.

현재 진화와 관련해서 미디어에 등장하는 많은 논란만 생각하고 미디어의 레이더망에 포착되지 않는 모든 일을 망각한다면 전쟁 비유가 매우 그럴듯해 보일 수도 있다. 하지만 전체 그림을 보면 과학과 종교의 싸움은 둘 사이의 다양한 상호작용 가운데 작은 한 면에 지나지 않는다. 불행하게도 바로 이런 측면이 신문에 날 때 사람들이 가장 흥미를 느끼는 지점이다. 가장 친숙한 예를 들자면 창조와 진화가 법정에서 부닥치면 일간신문들은 과학과 종교 간의 갈등을 예상하는 기사로 도배된다. 신문사 창고에 한동안 방치되었던 "여기 또 갈릴레이 사건이 터졌다!"라는 활판이 먼지를 털어내고, 이번 쟁점의 의미를 만천하에 알리기 위해 당당하게 앞으로 나선다.

반면에 NOMA에 해당하는 측면은 별 뉴스거리가 되지 않는다. 유감이지만 그건 더 이상 뉴스(새로운 사실)가 아니기 때문이다. 예를 들어 다음과 같은 저녁 뉴스를 상상할 수 있을까? "예일 대학교의 과학자들은 오늘 암흑물질의 기원을 발견했다고 발표했습니다. 다른 한편 예일 대학교의 신학자들은 이 발견이 종교와 아무 관계가 없다고 보고했습니다." 반면에

---

2   John Hedley Brooke, *Science and Religion: Some Historical Perspectives*(Cambridge: Cambridge University Press, 1991).

우리는 다음과 같은 기사는 자주 접한다. "캔자스시티의 종교 지도자들은 지역 고등학교에서 진화론을 가르치는 것에 항의하기 위해 지역 학교 이 사회가 참여하는 공청회를 요구했습니다."

과학자 대부분이 종교와 관련되지 않은 주제를 연구하듯이, 신학자들이나 성서학자들도 대체로 과학과 무관한 분야를 연구한다. 예를 들어 성경의 기원과 발달, 악의 문제에 대한 철학적 해법, 영원한 생명에 대한 약속 등이다. 이런 주제들은 과학과 전혀 관련되어 있지 않다. NOMA 원칙은 과학과 종교 사이에 겹치는 공통 부분이 없음을 두루 강조함으로써 갈등이 없음을 명확히 밝힌다.

그러나 NOMA의 원칙은 과학을 사실적 지식으로 치부하는 반면 종교는 가치 혹은 의견과 동일시한다. 이런 구분은 극단적으로 단순화한 결과로서 과도한 구획화를 불러일으킨다. 이 경우에 양자가 추구하는 영역 사이에 겹치는 부분은 전혀 없다. 그러나 이는 과학과 종교에 관한 지나치게 좁고 제한적인 정의를 받아들일 때만 그렇다.

과학만이 사실 진술의 유일한 토대가 아니다. 과학의 중요한 진술 중에도 순전히 사실과만 연관되지 않는 경우가 있다. 예를 들어 우주과학자들은 다른 우주의 존재(다중우주)에 관해 꽤 의미 있는 방식으로 말하지만 그런 진술들이 마치 다른 행성의 존재에 관한 것처럼 사실 진술이라고 볼 수는 없다. 마찬가지로 종교도 가치와 도덕의 영역 너머로 나아갈 때가 있다. "하나님은 존재하신다" 혹은 "아동 학대는 나쁜 것이다"라는 진술이 현실에 관한 사실적 주장이라고 할 때, NOMA의 원칙을 따르면 이 진술들은 더 이상 종교적 진술이 될 수 없다. 반면에 그것을 과학적 진술로 보는 과학자는 거의 없을 것이다. 그렇다면 그 진술들은 도대체 어느 영역에 속하는가? NOMA 원칙은 이런 주장들을 다룰 수 있는 능력이 부족한데 이는 그 원칙이 보편적으로 적용되는 모델이 될 수 없다는 한계를 드러낸다.

굴드는 NOMA가 현실에 관한 부분적 그림밖에 제공하지 못한다는 사실을 인정했다. NOMA는 과학을 제한하면서 과학이 오직 세상의 물리적 작동 방식에 관한 사실적 주장만 하는 것으로 보기 때문이다. 그러나 많은 사람이 과학의 성공에 홀려 과학이 세상의 모든 사실을 발견해낼 수 있다고 전제한다. 위대한 천문학자 아서 에딩턴 경(Sir. Arthur Eddington)은 그런 전제에 관해 다음과 같이 매력적인 비유를 생각해냈다. "어떤 사람이 심해 생태계를 연구하기 위해 나섰는데, 그가 사용한 그물눈의 크기는 3인치였다. 심해로부터 많은 놀라운 야생 생물들을 포획한 다음, 그 사람은 심해에 3인치보다 더 작은 물고기는 없다고 결론 내렸다!"[3]

　　NOMA의 원칙은 유용하고 널리 적용될 수 있지만 다른 한편으로는 너무 제한적이다. 이 원칙에 따른 과학의 정의는 관찰이 불가능한 영역과 이론적 경계선이 모호한 분야에서 무너져 버린다. 예를 들어 앞서 언급했던 다른 우주의 존재에 관한 주장 같은 것이 그런 분야다. 비슷한 맥락에서 많은 경우를 고려할 때 종교도 단지 가치판단과 도덕적 지침들의 집합에 그치지 않으며 그 이상이라 할 수 있다. 종교도 종종 "사물들의 존재 방식"에 대해 진술하기 때문이다.

3　Eddington의 이 비유는 Francis S. Collins, *The Language of God: A Scientist Presents Evidence for Belief*(New York: Free Press, 2006), 229에서 재인용했다. Eddington의 책도 확인해보라. Arthur Stanley Eddington, *The Philosophy of Physical Science*(New York: Macmillan, 1939).

종교가 과학에
기여할 수 있을까?

　　　　　　　　　종교는 수 세기 동안 과학과 의미 있는 대화를 나눠왔다. 근대과학의 발전 과정이 바로 좋은 예다. 사상사를 잘 알지 못하고 종교와 과학 사이의 "전쟁" 비유에 사로잡힌 많은 학자를 포함한 보통 사람들은 종교적 믿음이 과학의 초기 발전을 방해했다고 믿고 있다. 교회와 갈릴레이 사이의 불화가 바로 이런 주장의 근거로 거론되지만, 이는 상당히 특이한 경우로서 멀찌감치서라도 그 당시를 대표하는 경우가 전혀 아니다.

　　　대부분 비종교적 연구 기관에서 진행된 근래의 연구 결과는 종교적 믿음이 과학의 발전과 갈등을 일으키지 않았고, 오히려 많은 경우에 과학을 격려했다는 사실을 확증해주었다.

　　　예를 들어 17세기 유럽에서 근대과학이 모습을 드러낼 무렵에 저명했던 52명의 자연철학자들이 가졌던 종교적 신념을 조사한 결과를 살펴보자. 그들 중 62%는 독실한 기독교인, 35%는 관습적 기독교인이었고, 단지 2명의 과학자(3.8%)만 신앙에 대한 회의론자였다.[4] 이 사상가들이 근대과학의 기초를 마련했다는 사실을 고려할 때, 과학의 발전과 기독교 사상이 상충한다고 생각할 여지는 거의 없다. 더 나아가 다수의 학자가 오히려 기독교 세계관이 근대과학의 발전을 이끄는 데 중요한 역할을 했다고 주장한다.

　　　하나님을 믿는 그들의 믿음은 물리 세계가 매우 복잡하고 광대하더라도 반

4　　Rodney Stark, *For the Glory of God: How Monotheism Led to Reformations, Science, Witch-Hunts, and the End of Slavery*(Princeton, N. J.: Princeton University Press, 2003), 160–63.

3장　과학과 종교는 어떤 관계에 있을까? | 121

드시 이해될 수 있는 것이라는 확신을 가져다주었다.…역사적 사실은 이렇다. 근대과학은 세계가 하나님이 질서를 부여하신 창조물이며, 그 자체 안에 합리성이 내재한다는 이해로부터 발전했다.[5]

20세기의 위대한 철학자인 알프레드 화이트헤드(Alfred North Whitehead)도 비슷한 논증을 펼쳤다. 그는 근대과학의 씨앗이 "하나님의 합리성에 대한 중세기적 주장"에 놓여 있었다고 보았다. 세계가 단일한 합리적 정신성의 산물임을 확신했기에 초기 과학의 선구자들—이들은 모두 기독교인들이었다—은 세계가 질서로 짜여 있고 법칙에 의해 움직인다는 직감으로 가득 차 있었다는 것이다.[6]

물론 이는 종교적 믿음의 도움이 없었다면 근대과학이 절대로 발전할 수 없었을 것이라는 주장은 아니다. 사실 그런 주장에 관해 활발한 토론이 벌어지고 있기는 하다. 여하튼 그 당시 유럽의 세계관 속에 깊이 심겨 있던 종교적 믿음이 과학의 탄생 과정에 자양분을 공급하는 큰 틀로 기능했다면, 그렇지 않다고 증명해야 할 의무는 종교가 과학의 발전을 저해했다고 주장하는 사람들에게 있는 것이다.

종교는 과학적 발견들을 진전시키는 데 도움을 줄 뿐만 아니라 그 발견들을 현실에 적용하는 문제와 관련해서도 중요한 영향력을 행사한다. 기술과 의학—정신질환자들의 성격을 바꾸는 약들, 생식에 관계된 문제들을 해결하는 기술들, 새로운 무기 체계, 도청 기술 등이 있다—이 계속 발전하는 가운데 이런 기술들을 어떻게 사용하는 것이 윤리적으로 용납

---

5   Roger Trigg, "Does Science Need Religion?" *Faraday Papers*, no. 2(April 2007)〈www.st-edmunds.cam.ac.uk/faraday/Papers.plip〉. 참고. John Hedley Brooke, *Science and Religion: Some Historical Perspectives*(New York: Cambridge University Press, 1991).

6   Alfred North Whitehead, *Science and the Modern World*(New York: Free Press, 1967), 13.

될 수 있는지에 관해 새로운 질문들이 계속해서 제기된다.[7] 과학적 방법만으로는 이런 도덕적 질문에 답할 수 없다. 과학이 할 수 있는 일은 가능한 대안들의 목록을 정리해주는 정도일 것이다. 이런 윤리적 문제들은 종교적 관점에서 좀 더 자연스럽게 다루어질 수 있다.

과학은 종교에게
유용한 정보를
제공할 수 있을까?

앞서 언급한 갈릴레이 사건은 과학과 종교가 상호작용하는 사례들 가운데 역사적으로 가장 잘 알려진 사례다. 비록 과학과 종교 사이 있었던 갈등의 예로 자주 인용되지만, 그와 동시에 그것은 과학이 어떻게 종교적 믿음에 기여할 수 있는지 알려주는 매우 좋은 예이기도 하다. 갈릴레이 시대에 시편의 한두 구절을 둘러싼 뜨거운 논쟁이 벌어졌다. 성경의 그런 구절들이 고대의 과학이라는 관점이나 시라는 문학적 장르를 통해서가 아니라 근대과학의 내용으로 읽혀야 한다고 가정하면 그 구절들은 지구가 고정되어 있다고 말하는 것으로 해석될 것이다. 그러나 갈릴레이는 이것이 불가능하다는 코페르니쿠스의 주장을 설득력 있게 받아들였기 때문에, 동료 기독교인들을 그 오류로부터 구해내고 싶었다. 그래서 갈릴레이는 자기 시대의 새로운 과학적 발견을 이용해서 지구의 운동에 관한 성경 진술에 대한 오해를 제거하는 과제를 떠맡았다.

죽을 때까지 독실한 가톨릭 신자였던 갈릴레이는 토스카나 대공작의

---

7   예를 들어 Collins, *Language of God*, 235의 부록을 보라.

부인에게 보내는 편지에서 자기 입장을 분명히 밝혔다.

> 아우구스티누스의 글에서 우리는 이런 내용을 읽을 수 있습니다. "만약 누구든지 성경의 권위가 분명하고 확고한 이성에 반대된다고 결정한다면, 그는 자신이 무슨 일을 하는지 알지 못하는 것이다. 왜냐하면 그는 성경의 의미가 아니라 성경의 진리에 반대하고 있기 때문이다. 성경의 의미는 그 사람의 이해력 너머에 있다. 그가 생각하는 성경의 의미는 실제로 성경에 있는 것이 아니라 그 자신의 해석일 뿐이다. 그것은 사실 그 사람 자신 안에 있는 것인데 그것이 성경 안에 있다고 상상하는 것이다."
>
> 이런 상황을 인정하는 동시에 두 개의 진리가 서로 상충할 수 없다는 것이 사실이라면 성경 주석가들의 역할은 성경 본문의 진정한 의미를 찾아내는 일이 될 것입니다. 성경의 진정한 의미들은 물리적 결론들, 곧 이치에 닿는다고 밝혀졌고 필요한 사례들이 이미 우리에게 확실하다고 알려준 그 결론들과 의심의 여지 없이 일치할 것입니다.[8]

갈릴레이는 자신의 발견이 성경과 모순된다고 생각하지 않았고, 오히려 과학이 성경 구절들의 바른 이해를 위해 적절하게 개선된 정보를 제공한다고 보았다. 이 책과 같은 프로젝트도─특히 창세기 1장의 해석에 있어─오늘날에 여전히 그 당시와 비슷한 안내가 필요하다는 믿음을 통해 동기를 부여받았다.

도널드 맥케이(Donald Mackay)는 과학이 종교에 관여하는 건강한 관점을 다음과 같이 제시한다.

---

8 Galileo Galilei, *Discoveries and Opinions of Galileo: Including The Starry, Messenger*(1610), *Letter to the Grand Duchess Christina*(1615), *Excerpts from Letters on Sunspots*(1613), *The Assayer*(1623), trans. Stillman Drake(New York: Anchor Books, 1990), 186.

많은 성경 구절들의 표면적 의미가 고고학적 발견 등에 비추어 검증될 수 있고, 다른 구절들의 의미는 과학이나 역사적 지식을 통해 더욱 풍부해질 수 있음은 분명하다. 그러나 나는 그런 분야에서 과학적 질문이 갖는 가장 주된 기능이 영감을 받은 그 "그림"의 진위를 확인하거나 그 의미를 더하는 것이 아니라 그 구절을 잘못 읽는 부적절한 관점을 제거하는 것이라고 본다. 비유를 조금 더 끌고 나가자면 하나님이 우리에게 선사하신 그런 과학적 데이터는 우리가 그 "그림"에 너무 가까이 다가서거나 잘못된 각도 혹은 잘못된 기대감 속에서 바라볼 때 그분 나름의 방식으로 우리에게 경고하기 위해 주어졌다고 볼 수 있다. 우리에게 영감으로 주어진 그 그림의 패턴은 경고를 통해 그분이 의도하신 대로 전달된다.[9]

지금은 다윈의 진화론이 웬만한 의심은 다 잠재우고 과학적으로 증명되었기 때문에 우리는 그 이론이 창세기의 창조 이야기를 이해하는 데 있어 갈릴레이의 연구 결과가 그 시대의 사람들에게 지구의 운동에 관한 시편의 구절들을 바르게 이해하도록 도움을 주었던 것과 똑같은 종류의 도움을 준다고 말하고 싶다.[10]

과학과 종교는 우리가 살펴본 것과 같이 많은 점에서 서로 관계가 있지만 한편에서는 서로 무관하기도 하다. 이 둘이 서로 독립적인 경우가 많다는 사실은 틀림없으며 그것이 기본 토대가 되어야 한다. 둘 사이에 의

---

9   Donald MacKay, *The Open Mind, and Other Essays*(Leicester, U. K.: InterVarsity Press, 1988), 151-52. 이는 다음 글에서 인용되었다. Ernest Lucas, "Interpreting Genesis in the 21st Century," *Faraday Papers*, no. 11(April 2007)〈www.st-edmunds.cam.ac.uk/faraday/Papers.php〉.

10   성경을 기록한 사람들에게는 행성으로서의 지구라는 개념이 아예 없었다는 점을 지적할 수밖에 없다. 구약성경에서 "지구"를 가리키는 히브리어는 "육지"나 "흙"이라는 뜻이었지 "행성"이라는 뜻이 아니었다.

미 있는 상호작용이 있다는 것이 확실할 때도 그 상호작용은 부정적일 수도, 긍정적일 수도 있으며 둘 다일 수도 있다.

우리는 갈릴레이의 사례를 생각하면서 너무나 자주 "과학이 이기고 종교는 졌다"고 가정한다. 그러나 그건 얼토당토않은 결론이다. 왜냐하면 갈릴레이는 당시 **자신들이 속한** 교회를 개혁하기 위해 일했던 영향력 있는 가톨릭 천문학자 그룹을 대변하기 때문이다. 갈등은 가톨릭 교회 내부의 두 그룹 사이에 있었다. 물론 문화적 측면에서 교회가 졌다고 볼 수 있는 이유는 결과적으로 교회가 민망한 상황을 맞고 공개적인 조롱을 당했기 때문이다. 여러 학자가 그것은 잘못된 판단의 당연한 결과였다고 말한다. 반대로 교회가 이겼다고 볼 수 있는 이유는 궁극적으로 갈릴레이의 관점이 훗날 기독교인 과학자들에 의해 확증되었고, 교회는 관련된 성경 구절들에 관한 잘못된 해석을 극복했기 때문이다. 그 이전에 교회는 지구가 정지해 있다고 잘못 해석했었다.[11]

오늘날 기독교인들이 진화라는 주제와 씨름할 때 그와 같은 양상이 역동적으로 펼쳐진다. 많은 기독교인이 다윈주의에 반대함으로써 세상 사람들과 과학 교육을 받은 기독교인 그룹으로부터 조롱을 받는다. 다윈주의에 반대하는 많은 이들은 소수의 성경 구절에 관해 특정한 문자주의적 해석을 고집하며 다윈주의에 대해 마음의 문을 닫아버린다.[12] 그러나 그런 해석들은 해당 구절의 원어에 대한 해석과도 어울리지 않는다. 그런 소통 방식은 매우 부정적이다. 그러나 진화에 대한 증거가 점점 더 설득력을 얻기 시작하면서 더 많은 기독교인이 창세기에 대한 다른 해석을 수용

---

11 William R. Shea and Mariano Artigas, *Galileo in Rome*(New York: Oxford University Press, 2003).

12 Peter Enns, "'Hey, Get Away from My Bible!' Christian Appropriation of a Jewish Bible," *A Time to Tear Down A Time to Build*⟨http://peterennsonline.com/articles-and-essays/"hey-get-away-from-my-bible"-christian-appropriation-of-a-jewish-bible⟩.

하는 동시에 잘못된 성경 해석의 오류를 멀리하고 있다.

분명히 어떤 경우에는 과학과 종교가 공유하는 부분이 있기 마련이지만, 어느 한쪽도 다른 쪽을 모두 덮어버릴 만큼 포괄적 진리의 근원은 되지 못한다. 과학만이 답할 수 있는 질문들이 여전히 있고, 종교는 그 부분에 대해 소박하게 인정해야 할 것이다. 반면에 과학도 삶의 목적이라든지 하나님의 존재에 대해서는 답할 수 없다. 공적 영역에 발을 담그고 있는 과학자들은 이런 주제에 관해 갑자기 과학이 종교가 된 것처럼 거들먹거리며 말하는 태도를 삼가야 한다. 한 가지 명심해야 할 사실은 과학도 실수를─그것도 때로는 큰 실수를─할 때가 있다는 것이다. 물론 과학은 시간이 흐르면 자신의 오류를 바로잡는 능력이 있다. 이 점은 역사가 확실히 보여준다.

여기서 우리가 배워야 할 역사적 교훈은 기독교인들이 성경을 과학 교과서처럼 사용하지 않도록 조심해야 한다는 점이다. 어느 시대든지 그 시대의 과학적 발견은 성경이 이미 가르친 것이라고 우겼던 "현자"들이 매번 있었다. 그래서 기독교인들은 확신 속에서 자신들의 신앙과 과학을 결혼시켰는데, 과학이 새로운 사상으로 옮겨가면서 고통스러운 이혼을 경험해야 했다. 오늘날 수많은 기독교인의 신앙은 다윈 이전의 시대, 심지어 지질학이 발전하기 이전의 시대인 19세기 초의 과학과 결혼한 상태다. 그리고 지금 그 결혼 관계는 매우 심각한 위기에 봉착해 있다.

성경에 관한 극적이고 새로운 이해를 발전시켜야 하는 과제는 과학이 발전함에 따라 가장 도전적인 프로젝트가 되었다. 이를 결코 가볍게 생각하면 안 될 것이다.

성경에 관한 새로운 이해로
나아가야 할 시점은
어떻게 알 수 있을까?

성경 해석은 결코 만만한 작업이 아니다. 유명한 작가이자 존경받는 문학가였던 C. S. 루이스(C. S. Lewis)는 이렇게 조언했다. "어떤 학문의 어떤 작품이라 해도 그것이 우리에게 가장 먼저 요구하는 것은 바로 겸손하게 엎드리라는 것(surrender)이다. 보라. 들으라. 수용하라."[13] 성경을 이해한다는 것은 오늘날의 언어로 번역된 본문을 급하게 읽는 행위를 훨씬 넘어서는 발견의 과정이다. 우리는 우리 자신의 의미를 성경 본문에 투사하면 안 된다. 오히려 성경의 저자가 의도하는 의미를 연구하고 추구해야 한다. 이런 작업을 해석이라고 한다. 해석은 거의 모든 이해의 작업에 있어 아주 중요한 부분이다.

성경을 책임 있게 읽기 위해서 우리는 역사의 교훈을 참고해야 한다. 그리고 더 나아가 루카스가 "아우구스티누스와 초기 교부들의 시대 이래로 잘 확립된 성경 해석의 표준적인 방법"이라고 부른 것을 사용해야 한다.[14] 생화학과 신학의 두 분야에서 박사학위를 받은 루카스는 표준적인 성경 해석 방법이란 다음과 같은 다섯 가지 물음을 내포한다고 설명한다. ① 어떤 유형의 언어가 사용되는가? ② 어떤 장르인가? ③ 본문이 염두에 둔 독자층은 누구인가? ④ 글을 쓴 목적은 무엇인가? ⑤ 본문과 관련된 외부의 지식에는 어떤 것이 있는가?[15]

17세기에 갈릴레이가 대공작 부인에게 보냈던 편지도 바로 이 질문

---

13 C. S. Lewis, *An Experiment in Criticism* (Cambridge: Cambridge University Press, 1961), 19.
14 Lucas, "Interpreting Genesis in the 21st Century."
15 같은 곳, 2.

들을 다루고 있었다. 즉 지동설을 지지하는 성경 외적인 특정 지식 및 주장을 사용한 것이다. 이제부터 다섯 가지 질문을 차례로 살펴보자. 이 과정에서 종의 기원에 관한 논란과 관련이 없는 성경 구절들이 예시로 등장할 것이다. 이를 통해 우리는 이런 접근 방법이 단지 진화론과 연관된 부분만이 아니라 성경 전체를 다루는 데 있어 본질적이라는 사실을 확인할 수 있다.

어떤 유형의 언어가 사용되는가?

어떤 글을 이해하려면 우리는 먼저 어떤 언어가 그 글에서 사용되는지를 파악해야 한다. 성경 해석의 맥락이라면 우리는 본문의 글이 비유적, 상징적, 역사적, 과학적, 혹은 직설적 언어 가운데 어디에 속하는지 살펴보아야 하는 것이다. 이때 조심해야 하는 흔한 실수가 하나 있다. 그것은 독자들이 자신이 평소에 자주 접하는 본문의 지배적 유형에 기초한 **해석의 패턴**을 발전시키는 경우다. 역사학자들은 역사적으로, 과학자들은 과학적으로, 문학가들은 문학적으로 본문을 읽는 경향이 있다. 성경을 읽을 때 어떤 본문의 언어가 지니는 특성을 파악하는 문제는 직관적으로 해결할 수 없다. 오히려 학자들의 논문 혹은 전문가들이 작성한 적절한 주석의 도움을 받아야 한다.

예를 들어, 익숙하지만 혼동을 불러일으킬 때도 있는 예수의 말씀을 한번 살펴보자.

다시 너희에게 말하노니 낙타가 바늘귀로 들어가는 것이 부자가 하나님의 나라에 들어가는 것보다 쉬우니라(마 19:24; 막 10:25; 눅 18:25).

여기서 예수는 일상적이고 문학적이며 매우 적당한 문체인 **과장법**을 사용한다. "너무 피곤해서 일주일 동안 잘 수 있을 것 같다"고 말하거나 "그의 생각은 빛의 속도로 달린다"고 말할 때가 과장법에 해당한다. 그런 말을 듣는 사람들은 문자적인 진실이 아니라는 이유로 그런 말이 거짓말이라고 생각하지 않는다. 앞의 인용문에서 예수가 사용한 비유를 문자적으로 받아들인다면 부자가 천국에 들어가는 것은 분명히 불가능하다. 그러나 성경의 더 큰 범주의 가르침은 이런 추론과 상충할 것이다. 더구나 예수는 이 말씀에 이어 "사람으로는 할 수 없으나 하나님으로서는 다 하실 수 있느니라"(마 19:26; 막 10:27; 눅 18:27)고 덧붙였다. 그러므로 낙타와 바늘귀의 비유는 문자적으로가 아니라 과장법으로 받아들이도록 의도되었을 가능성이 크다.

그러나 불행히도 본문을 둘러싼 구절들—맥락—이 그 문장의 본래 의미를 밝히는 데 항상 도움이 되는 것은 아니다. 몇몇 문자주의자는 예수의 과장법 사용을 불편하게 생각했다. 그들은 "바늘귀"(eye of the needle)가 예루살렘에 있었던 "바늘귀"(Eye of the Needle)라는 이름의 성문을 문자 그대로 가리킨다고 주장했다. 이 문을 통과하려면 낙타는—실제로 힘들고 상징적으로는 겸손한 태도인—무릎을 꿇는 자세를 취해야만 했다는 것이다. 그러나 성서학자들은 이 주장을 지지해줄 역사적 증거가 없다는 것을 입증했다.[16] 또 다른 학자들은 이 구절이 과장법이 아니고 번역 과정에서 "낙타"와 "밧줄"을 혼동한 결과라고 주장한다.[17] 그러나 초기의 성경 사본을 자세히 검토한 결과 밧줄이 아니라 낙타가 맞았고, 오히려 좀 더 후대의 사본에 밧줄이라고 적힌 경우가 있었다. 그러므로 본래의 성경에

---

16 Abraham Mitrie Rihbany, *The Syrian Christ*(Boston: Houghton Mifflin, 1916), 131-32.
17 Jonathan Went, "Biblical Hebrew"(2003)〈www.biblicalhebrew.com/nt/camelneedle.htm〉.

따르면 우리는 예수가 이 구절에서 과장법을 사용했다는 결론을 내릴 수밖에 없다.[18] 이런 예를 통해 알 수 있는 것은 학문적 통찰을 추구하는 본질적 노력이 본문에 대한 풍부한 이해를 가능하게 한다는 사실이다.

어떤 장르인가?

　　　　　　　　　문학적 장르도 매우 중요하다. 물론 우리는 성경이 기록된 시대에는 우리가 사용하는 현대적 분류 방법이 존재하지 않았다는 사실을 서둘러 덧붙여야 한다. 성경의 어떤 부분들은 본래 문자가 만들어지기 수백 년 전부터 구전의 형태로 먼저 존재했다. 창세기의 창조 기사를 포함해서 그런 본문들은 암기를 도와주는 문학적 요소들을 포함하고 있다. 예를 들면 평행구조(parallel structures), 수치적 기법(numerical devices), 운율(rhyming), 두운법(alliteration) 등이다. 성경이 다른 언어로 번역될 때 거의 흔적을 남기지 않는 그런 문학적 기법들은 본문의 성격과 의미에 관한 중요한 단서를 제공한다.

　　이런 어려움을 옆으로 미뤄놓더라도 성경 구절들은 반드시 자신이 해당하는 문학적 유형에 대한 단서를 제공한다. 현대를 살아가는 우리는 완전히 다른 장르의 다양한 글―법률 계약서로부터 과학 논문이나 영웅적 서사시, 그리고 테러나 지구온난화 등을 다룬 최신 소설에 이르기까지―을 필요로 한다. 이는 성경 시대의 고대 문화 속에서도 마찬가지였다.

　　각각의 구절, 문장, 문단에서 어떤 장르의 언어가 사용되는지 식별하는 것이 중요하듯이, 우리는 본문 전체에 접근할 때 어떤 장르를, 예를 들

18　Rory C. Foster, *Studies in the Life of Christ: Introduction, the Early Period, the Middle Period, the Final Week*(Joplin, Mo.: College Press, 1995), 1387.

어 비유적, 역사적, 과학적, 신학적 장르 가운데 어떤 유형을 상정하며 접근하는 것이 최선인지를 반드시 질문해야 한다. 본문은 노래, 시, 편지글, 혹은 1인칭 이야기 중 어느 것인가? 실제로 성경의 문학적 장르는 역사적 서술(예. 열왕기, 사도행전), 극적 서사(예. 욥기), 법(예. 신명기), 시(예. 시편), 지혜서(예. 잠언), 복음서(예. 누가복음), 묵시문학(예. 다니엘서, 요한계시록) 등으로 분류된다.[19] 그런데 이런 문학적 장르들에 어울리는 해석 방식은 이미 어느 정도 결정되어 있다. 이 점에서 볼 때 본문의 메시지를 파악하기에 앞서 그 본문의 문학적 형태를 먼저 결정하는 것은 필수적이다.

수많은 기독교인이 성경을 읽을 때 성경도 여느 책처럼 암묵적으로 통일성을 지닌 한 권의 책이라고 간주하는 실수를 저지른다. 즉 한 사람의 저자, 한 가지 언어, 하나의 문화, 같은 시대, 한 부류의 독자(청중)로 성경에 잘못된 틀을 지우는 것이다. 그러나 우리는 성경이 실제로는 방대한 범위의 문헌들과 구전을 받아 적은 기록들의 **모음집**(collection)이라는 사실을 반드시 기억해야 한다. 존 폴킹혼(John Polkinghorne)은 성경을 한 권의 책이라기보다는 하나의 도서관으로 보기를 권장한다. 성경에 그렇게 접근할 때 독자들은 더 책임감 있는 독서를 하게 된다. 예를 들어 성경 본문에 비추어 볼 때 전혀 정당화되지 않는 메시지임에도 성경의 서로 다른 여러 부분으로부터 듬성듬성 인용해서 결론을 짜깁기해내는, 이른바 "인용-채굴"(quote-mining)과 같은 잘못을 저지르지 않게 된다는 것이다.[20]

---

19 Bernard Ramm, *Protestant Biblical Interpretation: A Textbook of Hermeneutics*, 3rd ed.(Grand Rapids: Baker, 1970), 11.

20 John Polkinghorne, *Science and the Trinity: The Christian Encounter with Reality*(New Haven, Conn.: Yale University Press, 2006), 44.

본문이 염두에 둔
독자층은 누구인가?

제2차 세계대전 중에 연합군은 독일 상공에서 전단지를 살포했다. 하지만 성경은 그런 것에 비유될 수 없다. 성경은 미국의 중심가에 사는 거주민들을 향해 하늘로부터 살포하는 영어 메시지가 아니다. 성경의 저자들은 본문을 기록할 때 우리를 염두에 두지 않았다. 그러므로 우리는 성경 안에서 만나게 되는 소통의 성격을 신중하게 검토해야 한다.

문화적 규범, 상징주의, 기존 성경(구약 등)에 대한 독자들의 친숙도, 다른 문헌들과 전통들 등은 모두 성경이 본래 저자들과 청중에 의해 기록되고 이해되는 방식에 이바지한다. 한 가지 흥미로운 예를 들자면 성서학자들은 구약성경에 나오는 족장들의 나이가 현대인들이 생각하는 것보다 고대 히브리인들에게 훨씬 더 큰 상징적 의미를 가졌다는 사실을 지적한다.[21] 그들의 모든 나이는 5의 배수이며 가끔 거기에 7이나 14를 더한 것으로서 상징적 의미를 암시한다. 즉 구약 시대 족장들의 나이는 실제 나이가 아니라 당시의 문화적 맥락 안에서 저자들이 염두에 둔 독자들에게 구체적 정보를 전달하기 위한 문학적 기법임이 분명하다.

많은 기독교인은, 어쩌면 지금 이 내용을 읽고 있는 독자들 역시 그런 주장에 대해 염려할지 모른다. 성경이 거짓말을 한다는 비난이 나올 수 있기 때문이다. 그러나 그런 불안은 적절한 해석학적 원리를 사용함으로써 완화될 수 있다. 문학적 기법은 오늘날 별 어려움 없이 언제나 사용되고 있다. 예를 들어 어떤 큰일을 성취했을 때 그것은 흔히 "홈런"에 비유된다. 그 성취자가 야구를 전혀 해본 적이 없거나 심지어 휠체어를 타고 다니더

---

21   Lucas, "Interpreting Genesis in the 21st Century," 3.

라도 그렇게 이야기하는 게 어색하지 않다. 또한 인색한 사람은 실제 이름이 프레드여도 "스크루지"라고 불린다. 언어 기능에 장애가 있는 작가도 "강력한 목소리"로 말한다고 묘사될 수 있다. 우리가 살아가는 문화를 배경으로 하는 이런 문학적 기법들을 만날 때 우리는 아무런 곤란도 겪지 않는다. 그렇다면 고대의 문화를 배경으로 그 문화에 상응하는 문학적 기법들을 당시의 글에서 사용하는 것을 볼 때 우리는 동요하지 말아야 한다. 성경에 나오는 숫자들에는 대부분 중요한 의미가 있다. 족장들의 나이도 오늘 우리로서는 이해하기 어려운 이유에서 흥미로운 계산법을 거쳐 산정되었다. 거꾸로 성경의 저자들이 오늘 우리의 문학적 관습들을 대한다면 어리둥절하기는 마찬가지일 것이다.

문화적 맥락(context)은 **의미**만 명확히 드러내주는 것이 아니라 **메시지** 자체를 훨씬 더 풍부하게 확장해서 전달해준다. 누가복음에 나오는 탕자 이야기를 예로 들어보자. 그냥 직설적으로 읽으면 그 이야기는 우리에게 아들을 향한 아버지의 용서와 사랑, 궁극적으로는 당신의 자녀들에 대한 하나님의 사랑에 관해 가르쳐준다. 그러나 문화적 테두리 안에서 고려될 때 그 이야기의 의미는 훨씬 심오해진다.

그 지역의 문화를 고려할 때 탕자는 아버지께 유산을 미리 달라고 요구하는 수치스러운 행동을 했을 뿐만 아니라 그 유산을 탕진함으로써 자기 가치를 추락시켰다. 그런 행동의 결과로 그는 돌아오는 즉시 "케자자"(kezazah)의 대상이 되어야 마땅했다. 히브리어인 "케자자"는 유대인 공동체에서 단절되는 의식을 말한다. 이 의식은 마을에서 거부당하는 것과 화난 아버지를 대면하는 일을 포함했을 것이다. 또한 그는 근처의 다른 마을에서 직업 훈련을 받을 수 있도록 허락해달라고 빌어야 했을 것이다. 하지만 그 아들을 기다리는 것은 그런 가혹하고 냉담한 반응이 아니라 사랑 넘치고 은혜가 충만한—문화적으로는 예외적인—귀가 환영회였다. 아들이 돌아오는 모습을 보자마자 아버지는 그를 향해 달려나간다. 이는 매우 중요한 세부 묘사다. 왜냐하면 중동의 문화에서 그 아버지의 나이와 지위 정도의 사람이라면 반드시 위엄 있는 태도로 천천히 걸어야 했기 때문이다. 그러나 달려나감으로써 아버지는 방탕한 아들이 받아야 할 수치와 모욕을 스스로 뒤집어썼다. 그다음에 아버지는 아들에게 입 맞추고 자신의 가장 좋은 옷을 꺼내주었다. 그것도 모자라 살진 송아지를 잡아 잔치를 벌였다. 이 모두는 문화적으로 부적절한 반응들이었는데, 그 문화에 익숙하지 않은 영어권 독자들은 이 점을 놓치기 쉽다.

예수가 이 이야기를 그 당시 중동의 청중에게 들려주었을 때 그들은 매우 섬세하고 심오한 방식으로 그 아버지의 사랑을 이해했을 것이다. 이는 현대의 독자들이 빠르게 이 이야기를 읽어내리면서 느끼는 감흥과는 전혀 비교할 수 없다. 이런 유형의 이야기를 원래 청중의 의식과 문화의 관점에서 읽는 태도는 그 이야기에 관한 우리의 이해를 크게 넓혀주고 적합하지 않은 해석을 멈추게 해준다.[22]

글을 쓴 목적은 무엇인가?

문학적 장르, 언어의 유형, 원래 기대한 청중을 점검함으로써 우리는 ④ "글을 쓴 목적"에 대한 단서를 얻게 된다. 본문은 새로운 교훈을 주기 위한 것인가, 아니면 옛 교훈을 새롭게 조명하기 위한 것인가? 본문은 어떤 가문의 계보를 서술하면서 가장 중요한 인물들을 그 문화의 특유한 방식으로 강조하는가? 본문은 남녀 간의 사랑을

---

22   Kenneth E. Bailey, *The Cross and the Prodigal: Luke 15 Through the Eyes of Middle Eastern Peasants*(Downers Grove, Ill.: InterVarsity Press, 2005), 66-74.

시를 통해 묘사하는가? 본문의 목적은 어떤 청중이 현실에 안주하려는 것을 뒤흔들어놓거나 흔히 퍼진 잘못된 개념을 바로잡으려고 하는가? 물론 본문은 한 가지 이상의 목적을 가질 수도 있다. 그러나 그것의 언어, 장르, 청중을 파악하면 왜 본문이 어떤 특정한 방식으로 쓰였는지도 밝혀낼 수 있게 된다.

예를 들어 이 글의 목적은 우선 진화와 관련된 많은 논쟁의 초점이 되고 있는 창세기의 창조 기사를 이해하는 것이다. 우리는 지금까지 창세기가 아닌 다른 본문들의, 예를 들어 지금 사용하는 접근 방법이 단지 종의 기원이라는 문제를 해결하기 위해 고안해낸 것이 아니라는 사실을 확인했다. 이제 창세기에 접근할 때도 우리가 다른 본문들에 접근할 때 사용했던 것과 똑같은 기법들을 사용해야 한다는 점은 매우 중요하다.

구약학자들은 창세기가 독자들에게 이미 친숙한 다른 관점들에 도전하는 **논쟁적** 본문일 것이라고 말한다. 창세기는 그것이 기록될 당시에 히브리인들 주변에 살았던 메소포타미아 사람들의 **다신론**과 뚜렷이 대조되는 강력한 유일신 사상을 담고 있다.[23] 그런 사상과 비교할 때 창세기 본문은 그 주변 부족들이 세계를 이해하는 방식에 대담한 도전장을 던지는 글로서 놀라울 정도의 활기와 자신감을 보여준다. 다른 민족들의 관련 전통에 관해 잘 알지 못하는 독자들은 이런 중요한 통찰을 놓칠 수밖에 없다.

이와 같은 문화적 맥락에서 창세기가 천체의 창조를 다루면서 섬어로 이방신의 이름이기도 한 해나 달이 아니라 **빛**(lights)을 먼저 등장시킨 것은 우연이 아닐 것이다. 그런 명칭들을 사용하지 않음으로써 창세기는 천체를 비인격화하고, 해와 달이 본질적으로는 하늘에 떠 있는 빛에 불과하고 높은 곳에서 세상을 내려다보는 신들이 아니라고 주장한다. 같은 맥

---

23   Lucas, "Interpreting Genesis in the 21st Century," 3-4.

락에서 근대과학을 주창한 저술가들은 금성(Venus)과 화성(Mars)을 "둘째 그리고 넷째 행성"으로 명명하면서 의도적으로 점성술사들을 모욕했을 가능성이 크다. 그런 객관적 명칭은 행성들이 인간의 운명을 결정한다고 생각하는 사람들의 마음에 너무도 친근하고 소중한 이름을 완전히 무시하는 것이었기 때문이다.

히브리인들이 문자를 갖게 된 시기보다 수백 년 전부터 구전으로 전해져온 창세기 본문은, 히브리인들을 둘러싼 인근의 기성 신앙 체계와는 극명하게 대조되는 면을 나타냈다. 물론 이것이 창세기가 쓰인 유일한 이유는 아닐 것이다. 왜냐하면 창세기는 그 밖에도 하나님, 창조, 예배, 더 나아가 신앙과 삶의 다른 요소들에 관한 독특한 내용도 담고 있기 때문이다. 하지만 창세기에 실린 창조 기사의 이와 같은 논쟁적 목적에 관한 이해는 그 본문을 올바로 해석하게 해주면서 풍부한 정보를 더해준다.

본문과 관련된 외부의
지식에는 어떤 것이 있는가?

언어, 독자층, 본문 자체 외에도 종종 어떤 단락의 이해를 심화시켜주는 연관된 정보들이 있다. 예를 들어 어떤 바울 서신을 이해할 때는 바울이 감옥에 있었다는 사실을 고려해야 그 맥락을 올바로 짚을 수 있다.[24] 또 다른 본문들은 원래 구전으로부터 유래했을 가능성이 크다는 지식이 매우 유용하게 적용될 수 있다.

본문 외부의 지식은 번역 과정에서 매우 중요하다. 지금은 성경의 언어가 실제로 사용되지는 않는다. 그렇기에 성경의 어휘들이 본래 무엇을

---

24 같은 곳, 2.

의미했는지 알아내야 하는 과제가 생기게 된다. 이는 상당히 중요한 문제다. 성경 히브리어는 오늘의 영어와 비교될 만큼의 어휘를 갖고 있지 않았다. 성경에 사용된 히브리어 단어는 8,000개를 약간 넘는데, 이는 그 당시 이스라엘 사람들이 사용했던 히브리어 단어의 일부였을 것이다. 이와 대조적으로 옥스퍼드 영어 사전 2판은 현재 쓰는 17만 1,476개의 단어와 더는 사용되지 않는 4만 7156개의 단어를 수록하고 있다. 그런데 성경 본문과 비교해볼 수 있는 성경 밖의 추가적인 히브리 문서는 거의 없는 실정이다. 그래서 저자가 원래 의도했던 의미를 찾는 일은 종종 어려운 과제가 된다. 또한 성경에 사용되는 히브리어는 원래 모음이 없이 기록되었다. 그 결과 전혀 다른 의미의 단어들이 똑같은 형태를 띠는 경우가 생긴다. 예를 들어 "bag", "beg", "big", "bog", "bug"라는 5개의 단어는 서로 다르고 쉽게 구분된다. 그러나 모음을 빼면 동일한 형태의 자음(bg)만 남게 되고, 이것을 출력한다면 5개의 의미를 지닌 하나의 단어만 보일 것이다. 히브리어 성경에 사용된 단어의 상당수가 이런 식으로 같은 철자에 여러 의미를 담는다. 심지어 때에 따라서 번역자는 오직 성경에만 사용된 단어를 다루어야 한다. 히브리어로 쓰인 성경에 나오는 단어들의 절반은 대략 3회 정도 사용되었고, 단 1회만 나오는 경우도 적지 않다. 그 결과 많은 경우에 똑같은 히브리어가 여러 개의 영어 단어로 번역된다. 이때 히브리어의 본래 의미에 맞는 최선의 단어를 결정하기란 굉장히 어렵다. 그러므로 어떤 성경 본문이 특정한 의미로 해석되어야 한다고 주장할 때는 매우 신중해야 한다.

　이런 문제가 성경의 첫 구절에서부터 발생한다. "태초에 하나님이 하늘(the heavens)과 땅(the earth)을 창조하셨다." 여기서 "하늘"로 번역된 히브리어를 로마자 알파벳으로 적어보면—이 과정을 음역이라고 부른다—"shamayim"(샤마임)이 된다. 이 단어에는 "창공"(sky)이라는 뜻도 있다. 예를 들어 번역자들은 창세기 1:9을 "하늘(sky, *shamayim*) 아래의 물이 한 곳에 모일지어다"라고 번역한다. 그리고 샤마임은 "공기"(air)라는 의미로도 쓰인다(예. 삼상 17:44; 왕상 16:4).

성경의 첫째 구절에서 영어 "earth"(지구)로 번역된 "에레츠('*erets*)는 신명기 1:27에서 번역자의 선택에 의해 "land"(땅)으로 번역되었다. "장막 중에서 원망하여 이르기를 '여호와께서 우리를 미워하시므로…우리를 애굽 땅('*erets*)에서 인도하여내셨도다.'" 그러므로 창조 기사는 다음과 같이 시작될 수도 있었다. "태초에 하나님이 **땅**(land)과 **창공**(sky)을 창조하셨다." 사실 이 번역이 이 구절에 대한 고대 히브리인들의 해석에 더 가까울지도 모른다. 행성이라는 개념을 아직 몰랐던 그들로서는 "지구라는 행성"을 따로 가리키는 별개의 단어를 갖고 있을 필요가 없었기 때문이다. 같은 맥락에서 그들은 창공(sky)이라는 개념을 넘어서는 우주적 하늘(heavens)에 대한 개념도 없었다. 그들이 생각하는 우주 전체는 사면이 물로 둘러싸인 땅, 별들이 매달린 딱딱한 돔 형 지붕 같은 하늘, 그리고 그 위에 비와 눈을 저장하고 있는 창고들로 구성되어 있었다. 창세기 1:1을 쓴 저자나 그의 독자들 모두는 우주 공간(heavens)의 한가운데 떠 있으면서 수많은 별과 은하계로 둘러싸인 "지구"(earth)라는 행성에 대한 개념을 갖고 있지 않았다. 창세기 1장의 "에레츠"라는 단어가 **행성**인 지구를 가리킨다고 가정한다면, 그것은 그 히브리어에 당대의 저자나 독자 모두가 도저히 이해할 수 없는 낯선 의미를 부여하는 셈이 될 것이다. 이런 해석은 해석학의 규범(canon)을 위반하는 것에 가깝다고 할 수 있다.[25]

이와 같은 통찰은 갈릴레이 시대의 성서학자들에게 도움이 되었을

---

25 Karen Strand Winslow, "Understanding Earth," Science and the Sacred, September 25, 2009〈http://blog.beliefnet.com/scienceandthesacred/2009/09/understanding-earth. html〉.

것이다. 시편 기자가 "세계는 굳게 서서 움직일 수 없다"고 썼을 때, 그들은 그것 때문에 걱정하는 대신에 시편 기자가 우주 공간에 떠 있으면서 태양 주위를 공전하는 지구라는 행성이 아니라 단지 자신의 발밑에 놓인 땅—그 위에 서 있는 사람이 볼 때는 언제나 견고한 땅—을 가리킨 것이라고 이해할 수 있다.

본문 밖의 지식은 성경 본문을 **번역**하고 **이해**하는 데 필수적이다. 과학, 역사, 언어 분야에서 일어난 지식의 발전은 그와 관련된 새로운 발견의 빛 아래서 우리의 성경 해석에 필요한 통찰을 지속적으로 제공한다.

이와 같은 접근 방식은 어떻게
창세기의 이해를 돕는가?

어떤 본문이 성경 전체의 맥락에서 어떤 의미를 지니는지 고려하는 작업은 매우 중요하다. 지금까지 설명한 5개의 질문 외에도 독자들은 본문에 대한 자신의 해석이 성경의 나머지 전체와 부합하는지를 점검해야 한다. 좀 더 구체적으로는 다음과 같은 질문에 답해야 한다. 본문의 주제들은 성경이 밝히는 하나님의 성품, 인간의 본성, 그리고 예수의 인격과 어떤 관계에 있는가? 뒤따르는 본문들은 그 앞의 본문들을 어떻게 활용하는가? 이런 접근 방법에 따르면 창세기 1-11장이 죄와 은혜라는 주제를 제시하고, 그 주제가 성경 전체에 걸쳐 신약에 이르기까지 계속된다는 사실이 명확해질 것이다.[26]

독자들은 창세기의 창조 기사를 수 세기 동안 다양한 방법으로 해석해왔다. 창세기 1-2장에 관한 오늘날 너무 흔해진 문자주의적 해석은 오

---

26 Lucas, "Interpreting Genesis in the 21st Century," 1.

리게네스, 아우구스티누스, 아퀴나스를 포함한 초기 교부의 해석과는 전혀 다르다. 진화론이 나오기 한참 전부터 이미 기독교 신학자들은 창세기 1-2장의 비문자적 해석에 관해 열린 자세를 지니고 있었기 때문이다.

여기서 분명히 강조하고 싶은 사항이 있다. 창세기를 여는 1-2장에는 문자주의적 해석을 경고하는 표지가 포함되어 있다는 사실이다. 창조 기사는 하나가 아니라 둘이다. 두 가지 창조 기사의 중요한 세부 사항은 크게 차이가 난다. 2개로 존재하는 창조 기사는 단순한 역사적 기록보다 더 깊은 곳에서 흐르는 진실에 관해 마음을 열게 하고, 거기에 쓰인 모든 단어가 문자적인 과학 기록이라고 해석하지 않게끔 독자들을 이끈다. 첫 번째 창조 기사에서 하나님은 다양한 종류의 식물, 해양 동물, 조류, 육상 동물, 그리고 남자와 여자를 만드신다(창 1:1-2:3). 그러나 두 번째 창조 기사에서 하나님은 남자를 먼저 만드시고 그다음에 식물, 육상 동물, 조류를 지으신다. 그리고 마지막에 아담의 갈빗대를 취해 여자를 창조하신다(창 2:4-25). 이처럼 두 가지 창조 기사에서 창조의 순서는 분명히 다르다. 그렇기에 문자주의적 방식이 아닌 다른 방식의 해석만이 그 차이를 해결해 줄 수 있다. 두 가지 창조 기사 사이의 차이는 그 본문들이 결코 오늘 우리가 이해하는 역사적 방식으로 이해되지 않았다는 사실을 보여준다. 그 당시 사람들은 그 본문을 우리와는 다른 렌즈를 통해 읽었음이 틀림없다.

우리가 앞으로 나아갈 수 있으려면 창세기 1, 2장을 현대적·역사적 관점과 유사한 기사로 취급해야 한다는 주장, 곧 오늘날의 주요 학문에 따라 두 창조 기사가 마치 어떤 범죄 사건에 관한 두 목격자의 증언처럼 세부 사항까지 전부 일치해야 한다는 주장을 잠시 옆으로 밀쳐놔야 한다. 그 대신 두 본문의 신학적 의미에 관해서라면 우리는 아무런 불일치점도 발견할 수 없다. 두 본문은 우리에게 하나님이 누구시고 세상이란 무엇이며 인간은 어떤 존재인지를 가르쳐준다. 그리고 하나님이 피조물들과 관계를 맺고 싶어 하신다는 사실을 보여준다. 더 나아가 이 본문들을 통해 우리는 하나님이 세상을 초월해 계시지만 동시에 세상과 상호작용하신다는 것을 알 수 있다. 한편 우리는 우주가 서로 다투는 신들 사이에 벌어진 어떤 우주적 전쟁을 통해 창조된 것이 아니라는 사실도 알게 된다. 그런 주장은 당시에 다른 창조 신화들에 의해 뒷받침되는 것이었다. 하나님은 추상적 개념이 아니라 인격적 존재시다. 그의 영은 피조물들의 활동에 대한 사랑 넘치는 관심과 함께 물 위로 불어 덮으신다(창 1:2). 하나님은 추함에서 아름다움을 이끌어내고 무질서를 질서로 바꾸는 예술가시다. 창조세계는 발견과 탐험에 열려 있는 질서의 세계다. 다양성과 아름다움이 있는 그곳은 보기에 좋은 세계다(창 1:31). 그리고 그 좋음(선함)의 최고봉은 하나님의 형상대로 창조되고 하나님이 창조세계의 관리자로 임명하신 인간이다.

또한 성경 해석은 신적 영감의 이해 없이는 완성될 수 없다. 그래서 우리는 성경이 단순히 해석되어야 할 하나의 책이라고 말하지 않는다. 만일 우리가 영감의 의미를 단순히 사실적 정확성으로 축소해버린다면, 영감(inspiration)의 개념과 능력에 관해 큰 실례를 범하는 셈이 된다. 그것은 마치 하나님의 역할을 축소해 단지 그런 영감을 받은 성경 기자들의 오타를 확인하는 신적 문법 검사기 정도로 제한하는 것과 같다. 오히려 사실적 정확성은 전화번호부처럼 움직이지 않고 생명력이 없는 책이 훨씬 더 뛰어날 수 있다. 그러나 성경의 영감은 역동적이며, 그 영감은 독자들과의 상호작용을 통해 드러나게 된다.

그러므로 성경은 문학인 동시에 문학 그 이상이다. 성경은 깊은 묵상을 통해 그것을 읽는 사람을 하나님의 임재 가운데로 이끄는 도구다. 그래서 성경 읽기는 많은 경우에 기도를 동반한다. 기도는 하나님과의 대화로서 적절한 마음과 영의 상태에서 메시지를 받아들일 수 있게 해준다. 성경을 읽을 때 우리는 우리의 마음과 정신을, 수십 세기에 걸쳐 여러 대륙과 문화권 안에서 살았던 수십억 명의 기독교인들과—1세기 이후 기독교 예배를 정의해온 공통의 경험 안에서—결합하게 된다. 또한 우리는 미래에도 수십억의 기독교인이 성경을 읽게 되리라는 사실을 알고 있다. 우리는 이런 거대한 전통에 속한 일부일 뿐이다. 전통은 우리의 경험을 통과하여 미래로 이어질 과거의 지혜로부터 정보를 얻는다. 언제나 우리는 이렇게 살아 있고 풍요로운 전통을 의식해야 하며, 마치 우리가 앞서 살았던 조상들의 지혜를 필요로 하지 않는 것처럼, 다시 말해 우리만이 특권적인 통찰력을 가진 독특한 시대에 사는 것처럼 우리 자신을 그 전통과 단절해서는 안 된다. 우리는 우리가 지닌 견해의 상당 부분도 후손들의 비판에 의해 틀림없이 수정될 수밖에 없음을 겸손하게 인정해야 한다.

4장

과학의 진리와 성경의 진리는 조화될 수 있을까?

진리를 알지니
진리가 너희를
자유롭게 하리라(요 8:32).

아득한 과거 시대에는 진리가 매우 간단한 개념이었다. "저기 밖"에 세계가 있었고 그 세계의 실재에 부합하는 말을 했을 때 그 말은 진리로 여겨졌다. 이런 상식적 개념은 오늘날도 여전히 우리의 실제 이해를 이끈다. "태양은 매일 아침 떠오른다", "마라도나가 공격수로 뛰었다" 혹은 "여름보다 겨울이 더 춥다"라고 말할 때 우리는 그 말들이 "참(진리)인 사실들"이라고 인정한다. 왜냐하면 세계가 실제로 그렇다는 것을 알고 있기 때문이다. 태양은 **실제로** 매일 떠오른다. 마라도나는 **실제로** 공격 포지션에서 뛰었다. 그리고 **실제로** 겨울이 더 춥다. 그런 주장들을 참이라고 믿는 것이 무엇을 의미하는가에 관해 우리가 깊이 생각할 필요는 거의 없다.

그러나 진리라는 개념이 그보다 더 복잡해지는 영역들이 있다. 예를 들어 우리가 "서구 세계의 위대한 저서들"을 논하면서 "셰익스피어, 단테, 페트라르카, 플라톤은 위대한 저자들이다"라고 말한다면, 비평가들은 그런 주장이 문화적인 편견에 치우쳤다고 반응할 것이다. 그들은 서구 문화의 우월성을 확립했다고 주장되는 "권력자들"(power grabs)이며, 두 음절로 된 이름을 가진 백인 남성 혹은 유럽인들이라는 지적이 뒤따른다. 이런 주장들은 궁극적인 의미에서가 아니라 단지 특유한 가치를 가진 제한된 문화적 관점에서만 진리다. 종교적인 주장들도 비슷한 문제에 맞닥뜨리게 된다. "기독교는 진리다" 혹은 "개신교가 로마 가톨릭보다 우월하다"라고 말할 때, 우리는 반대로 주장하는 사람들의 도전에 직면할 수밖에 없다. 그 순간 우리는 진리로부터 오류를 걸러낼 수 있는 손쉬운 방법이 없다는 사실을 깨닫게 된다.

도덕과 양심에 관한 주장들도 비슷한 문제를 겪는다. "고문은 **잘못된** 것이다"라고 말하는 것은 어떤 의미가 있을까? 그런 주장은 진리일 수 있을까? 그렇다면 어떤 의미에서 실제로 **그러할까?**

진리 주장이 강력한 단순성을 갖는 것처럼 보이는 과학에서도 상황은 점점 더 복잡해지고 있다. 물론 "뜨거운 공기는 상승한다" 혹은 "얼음은 0°C에서 녹는다"와 같은 진술은 정말 단순하다. 하지만 진리성을 판단하기 어려운 과학적 진술들도 많다. 예를 들어 양자역학의 확률, 전기장들, 다중우주의 존재, 다른 행성의 생명체, 시간의 속성 등은 단순한 사실적 성격을 지니고 있지 않다.

이런저런 복잡성들은 일부 과학자들이 진리 개념 그 자체에 대해 도전해보는 동기로 작용했다. 그들은 진리란 어쩌면 환상에 불과한 것일 수 있다고 주장한다. 진리는 일련의 특정한 전제를 가진 특수한 상황이나 개인과 관련된 국지적 의미만 갖는다는 것이다. 이는 수많은 포스트모더니즘 사상가들의 관점과도 들어맞는다. 많은 이들이 이미 끝났다고 이야기하는 소위 현대 시대(modern period)에는 진리가 실재적이고 성취될 수 있는 목표로 받아들여졌고, 과학적 진리는 바로 그 모범적인 사례였다.

여기서 우리는 진리라는 것이 없다는 사상을 거부한다. 실제로 거의 모든 과학자가 포스트모더니즘의 중심 사상인 그런 주장을 거부한다. 그리고 이 문제에 관한 한 과학자 대다수는 마치 현대로부터 후기 현대(post modernity)로의 이행이란 있지도 않은 일인 것처럼 사고한다. 우리는 질량과 에너지의 관계에 관한 아인슈타인의 유명한 공식($E=mc^2$)처럼 세상을 설명하는, 제대로 검증된 과학적 주장들이 진리라고 주장한다. 그것은 아무런 조건에도 영향받지 않는, 그리고 어떤 의미에서도 결코 국지적이지 않은 진리이며 그래서 당연히 어떤 문화적 맥락에서만 진리인 것이 아니다. 모든 물리학자는 물리 우주에 관한 기초적인 진리가 다른 은하계에서도 진리일 것으로 믿는다. 비록 물리학자들은 다르게 표현하겠지만, 그들은 외계 행성에 물리학자가 있다면 그 외계인 물리학자도 똑같은 사실을 발견할 것으로 믿는다는 말이다.

세상에 관한 과학의 기초적인 주장들이 진리라는 단정은 일견 사소한 문제처럼 보일 수 있다. 하지만 현실에서 그런 단순한 사실을 수용한다는 것은 바로 진리란 존재하지 않는다는 포스트모더니즘 사상의 광범위한 주장에 정면으로 반박한다는 의미다. 더 나아가 진리란 우리가 발견할 수 있는 것이라는 사실 역시 진리로 받아들인다면, 그때 우리는 더욱 일반적인 의미에서 자유롭게 진리를 추구할 수 있게 된다. 즉 신학이나 윤리학과 같은 다른 분야에서도 진리를 추구하면서 그 추구 자체가 합리적이라는 확신을 가질 수 있는 것이다.

이번 장에서 우리는 과학, 신학, 성경의 진리들이 각각 어떻게 다른 분야의 진리들과 공유점을 갖는지, 그리고 다른 분야의 진리와 갈등이 생길 때 어떻게 해결할 수 있는지를 탐구하고 있다.

과학이 성경과 갈등을 일으킨다고 생각될 때
어떻게 해야 할까?

과학의 발전과 진보를 통해 우리는 계속해서 우주에 관한 더 많은 사실을 발견해간다. 그 발견들은 과학적 진리의 점진적인 축적에 이바지한다. 하나님을 믿는 사람들에게 이런 발견들은 궁극적으로 성경에 계시된 진리와 양립할 수 있어야 한다. 바로 이 양립이 가능한 동시에 바람직하다는 것이 우리의 확신이다. 그러나 포스트모더니즘 사상가들이 서둘러 상기시켜주는 것처럼, 과학과 종교의 진리를 포함해서 우리가 접근하려는 모든 형태의 진리들은 최선이라고 해도 부분적이며 언제나 문화적·개인적·지적 한계와 타협한 결과일 뿐이다.

성경은 과학 교과서가 아니다. 성경을 과학 교과서처럼 읽으면 안 된다. 500년 전만 해도 과학은 존재하지도 않았다. 과학 문헌들은 최근에 생긴 매우 전문화된 매개체다. 성경을 과학 교과서처럼 읽는 것이 일견 자연스럽게 보일 수도 있지만 그것은 성경 저자들이 특정한 시대의 특정한 장소에서 특정 언어를 사용하며 자신들만의 세계관을 가지고 살아간 실존 인물들이었다는 중요한 사실을 간과하는 처사다. 더구나 그들 모두는 과학이 존재하기 이전에 살았다. 만약 모세, 다윗, 사도 바울, 그리고 심지어 예수까지도 오늘날 우리가 정한 규칙에 따라 소통했다고 단정한다면 그것은 그들을 매우 무시하는 행태가 될 것이다. 반대로 우리는 그들이 자신들의 고유한 시대에 살았던 진정한 인간들이 되게끔 허락하고 나서 그다음에 그들의 말이 무엇을 의미하는지 이해하려고 노력해야 한다.

성경 저자들을 근대의 과학적 문헌의 사고방식을 가진 사상가나 작가로 치부하면 그 즉시 성경과 과학적으로 밝혀진 세계사 사이에 불일치점이 발생한다. 그러나 성경을 바른 맥락에서 읽는다면 그런 불일치점들은 사라진다. 그때 우리는 성경을 하나님이 계시하신 말씀으로 안전하게 받아들일 수 있다. 성경이 수많은 과학적 질문에 구체적으로 답하지 않고 그것이 쓰일 당시의 지식을 사용해서 자연계를 묘사하더라도 우리는 성경의 진술을 수용할 수 있게 된다.

과학과 종교 사이에 불거진 갈등을 다루는 첫 단계는 양자가 서로 다른 분야에 있다는 사실을 인식하는 것이다. 양자의 차이는 둘이 서로 다른 질문들에 대답하거나, 같은 질문에 서로 다른 방식으로 대답한다는 사실을 주목할 때 더욱 분명해진다.

과학과 종교의 접점을 연구하는 세계적인 학자 폴킹혼은 매력적인 비유를 들어 그 지점을 설명했다. 그는 "왜 주전자에 있는 물이 끓습니까?"라고 묻는다. 그리고 그는 이 질문에 대한 대답이 두 가지 이상임을 지적한다.[1] 과학적인 대답은 아마도 "주전자 아래의 가스 불이 물을 데우기 때문이다"일 것이다. 매우 이질적이고 비과학적이어도 받아들일 만한 또 하나의 대답은 "내가 차를 마시고 싶어서 물을 끓이고 있다"라는 것이다.[2] 물론 두 가지 대답은 모두 진리이고, 둘 다 물이 끓는 이유를—비록 관점은 달라도—정확하게 묘사한다. 후자는 목적을 설명하는 관점에서 질문에 응답하는데, 이는 대다수 사람이 어떤 설명을 요구할 때 가장 중요하게 생각하는 부분이다.

성경에서 발견되는 여러 종류의 대답은 보통 **비과학적**이다. 그러나 그 이유는 성경이 이제는 뒤집혀버린 옛날 과학을 가르치기 때문이 아니다. 그 이유는 애당초 성경이 과학을 가르치려고 하지 않았기 때문이다. 성경 전체의 그 어디서도 우리는 성경 저자가 과학을 가르치려고 시도한다는 암시를 발견할 수 없다. 그 대신 우리가 성경에서 발견하게 되는

---

1   John Polkinghorne, "Is Science Enough?" *Sewanee Theological Review* 39, no. 1(1995), 11-26⟨www.sewanee.edu/theology/str/strpapers.htnil#Polkinghorne⟩.

2   같은 곳. 이런 반응은 그 개인이 자유의지를 갖고 있음을 전제로 한다.

것은 사물이 왜 바로 지금의 방식으로 존재하는가에 관한, 목적과 이유에 관한 일관성 있는 논점이다.

이는 성경에 역사적, 객관적, 혹은 과학적 진리가 없다는 뜻이 아니다. 예를 들어 성경은 예수가 탄생할 때 큰 별이 관측되었다고 보고하고, 과학은 그 별이 무엇이었는지에 관한 개연성 있는 설명을 제공한다.[3] 예수의 부활은 또 다른 예시다. 부활에 관한 기사는 성경이 어떤 일이 왜 발생했는지에 관한 설명에서 멈추지 않고, 역사 속에서 일어난 사건 자체에 관해 진술한다는 사실을 보여준다. 성경은 비가 오고 무지개가 하늘에 뜨는 것에 관해서도 말한다. 그러나 이 모든 경우에 분명한 것은 성경의 저자들이 그 사건들의 의미에 집중한다는 사실이다. 그들의 초점은 그 사건들을 이해하는 데 연관된 역사나 과학에 맞춰지지 않았다.

폴킹혼은 과학과 종교 사이의 관계를 다음과 같이 요약한다.

[과학과 종교 중] 어느 것도 완전한 지식을 획득하지는 못한다. 왜냐하면 자연에 관한 탐구는 계속해서 새롭고 예상치 못한 통찰을 드러내고, 하나님의 무한하신 실재는 언제나 유한한 인간의 이해력을 초월하기 때문이다. 그러나 [과학과 종교는] 각자가 그럴듯한 지식을 획득하고 있다고 믿는다. 그 지식의 획득이란 모든 목적에 대해서는 아니겠지만 어떤 목적에 부합하는 지도, 곧 실재의 여러 측면으로 구성된 지도를 만드는 것과 같다.[4]

과학은 종교가 묻는 "왜?"라는 질문에 결코 충분히 대답할 수 없다.

---

3   Colin Humphreys, "The Star of Bethlehem," *Science and Christian Belief* 5(1995), 83–101.

4   John Polkinghorne, "The Science and Religion Debate: An Introduction," *Faraday Papers*, no. 1(April 2007)〈www.stedmunds.cam.ac.uk/faraday/ Papers.php〉.

과학은 단지 세상이 어떻게 **존재**하는지에 관해 말해줄 수 있을 뿐, 왜 그렇게 존재하는지의 이유와 목적은 알려주지 않는다. 더 나아가 인간이라는 신비한 존재에 관한 완전한 이해는 아마도 유한한 인간적 사고에 의해서는 결코 이루어지지 않을 것이다. 따라서 과학이 대답할 수 없는 진정한 과학적 질문들은 항상 존재할 수밖에 없다. 쉬운 예를 들자면 우리는 빅뱅 이전에 무슨 일이 있었는지, 혹은 그런 "이전"이라는 것이 있기는 했는지에 대해 결코 알 수 없다.

마지막으로 어떤 일이 어떻게 발생했는지를 묻는 과학의 질문에 대답하려면 어느 정도의 믿음이 필요하다는 사실을 지적해야 한다. 예들 들어 과학적 질문들에 대한 대답은 우주의 법칙들이 변하지 않는다고 가정하며, 최근에 등장한 학설들이 사실로 밝혀진다고 해도 현재의 법칙들은 미미한 영향밖에 받지 않는다고 전제한다.[5] 이런 전제는 자연이 질서 안에 구축되어 있다는 믿음을 필요로 한다. 창조자에 대한 궁극적인 믿음과는 별개로 우리는 우주의 질서가 실재이고 신뢰할 수 있으며 우리 인간의 제한된 사유 능력에 의해서도 이해될 수 있다는 사실을 믿어야 한다. 이 믿음이 없다면 과학은 그 무엇도 설명할 수 없을 것이다.

그런데 과학은 자연현상에 대한 설명을 계속 바꾸지 않는가?

과학을 포함한 인간의 모든 활동에서 실수는 본질적인 요소다. 인간의 기술은 불완전하며 어떤 현상을 측정할 때

---

5 John D. Barrow, *The Constants of Nature: From Alpha to Omega: The Numbers That Encode the Deepest Secrets of the Universe*(New York: Pantheon Books, 2002).

절대적 정확성을 주장하지는 못한다. 인간의 이해력 역시 불완전하며 개인적인 문제로 인해 오류가 많아지기도 한다. 이 모든 요인을 고려한다면 우리는 가장 명확한 과학적 진리조차도 단지 제한적으로만 이해하고 있다는 사실을 알 수 있다.

가끔 특정한 과학 사상(예를 들어 진화론이나 빅뱅 이론)을 좋아하지 않는 사람들은 "과학은 계속 변화한다"는 사실에 기초해서 그 사상을 거절하기도 한다. 그들은 근본적으로 과학계가 머지않아 그들이 좋아하는 일련의 새로운 아이디어에 집중하게 될 것이라는 희망을 품는다. 하지만 우리는 그런 희망에 대해 경고하고 싶다. 왜냐하면 과학이 역사적으로 몇 번의 혁명적 변화를 겪기는 했어도, 대부분의 중심 사상은 한 번 확립된 이후에 **바뀐 것**이 아니라 다만 **개선**되었기 때문이다.

예를 들어 1543년에 코페르니쿠스는 지구가 완벽한 원형 궤도를 그리며 태양 주위를 돈다고 말했다. 그의 주장은 반세기 뒤에 케플러(Johannes Kepler)가 그 궤도가 원이 아니고 타원이라고 말했을 때 개선되었다. 당시 많은 사람은 지구가 우주의 중심이 아니라는 생각에 언짢아하고 있었다. 그러나 케플러가 지구의 궤도를 아주 조금 수정해서 코페르니쿠스의 가설을 개선했을 때 사람들의 기분이 조금이라도 나아진 것은 아니었다.

그로부터 1세기 뒤에 지질학자들은 소위 "성경적 연대기"로 계산한 것보다 지구의 나이가 훨씬 많다는 것을 확신하게 되었다. 구약의 연대들을 문자주의적으로 해석한 성경적 연대기에 따르면 지구의 나이는 1만 년 미만으로 추정된다. 과학적으로 추정된 지구의 나이 가운데 하나는 뷔퐁의 백작이었던 프랑스의 자연주의자 조르주-루이 르클레르(Georges-Louis Leclerc, 1707-1788)가 계산했던 약 7만 5,000년이었다. 그보다 수십 년 후의 물리학자인 켈빈 경(William Thomson, 1st Baron Kelvin)은 지구의 나이를

1억 년으로 추정했다. 지금은 거의 모든 과학자가 지구의 나이가 약 45억 년이라는 사실에 동의한다. 이 숫자는 그 이후에 연대 측정의 기술이 상당히 발전했음에도 불구하고 변동이 없다. 그리고 이번에도 18세기에 성경에 기초해서 지구 나이를 계산했던 추정치가 몰락하는 과정에서 그 추종자들이 겪었던 좌절감은 별로 경감되지 않았다. 오히려 그와 반대로 측정된 지구 나이는 더 분명한 정확도를 가지고 소위 그들이 희망하는 "성경적" 지구 나이로부터 점점 멀어졌으며 그들의 좌절감은 더욱 심각해졌다.

때로 과학은 새로운 발견을 통해 과거의 과학을 뒤집는다. 하지만 실제로는 과학의 자체 수정이 일어난다. 특히 과학이 근대 문명의 중심 부분이 되었기 때문에 과학의 발견들은 계속해서 시험을 거치면서 업데이트되고 동료 과학자들에 의해 검증된다. 부정확한 점은 새로운 발견과 실험이 진실을 더욱 완전히 드러낼 때 바로잡힌다. 그러나 이는 진실이 바뀌었다는 뜻은 아니다. 오히려 진실을 찾는 데 사용된 과거의 도구들이 기술 수준, 부족한 이해력, 혹은 데이터에 대한 잘못된 해석으로 인한 한계를 드러냈다는 것을 의미한다. 그런 도구들이 개선됨에 따라 과학은 점점 더 우리를 진실에 가까운 곳으로 인도한다.

한 가지 유익한 비유를 들자면 과학 이론들의 발전은 **지도 그리기** 작업과 비슷하다. 지도는 위도와 경도, 고도, 수로와 같은 여러 종류의 자료를 수집해서 실재를 일관성 있게 표현하려는 시도의 결과물이다. 물론 지도는 실재 그 자체는 아니고 실재를 추상적으로 표현하는 **모형**이다. 그와 마찬가지로 실재에 대한 과학적 "지도"들—이론이라 불린다—은 새로운 발견이나 개선된 이해에 맞추어 업데이트될 필요가 있다. 그러나 새로운 지도들은 본질적으로 옛 지도들의 부정이 아니라 개선된 버전에 해당한다. 대부분의 새로운 과학 이론들 역시 과거 이론들의 부정이 아니라 개선이다.

이기적인 동기나 과학적 오류들도 과학의 발견 과정에서 일정한 역할을 맡는다. 자신을 내세우고 싶어 하는 개인들은 흔히 자신의 명성을 높여줄 결과물을 위해 분투한다. 특정 결과를 향한 욕구 혹은 사물의 존재 방식에 관한 어떤 가정은 자료 조작으로 이어지기도 한다. 이는 의도적일 수도 있고 그렇지 않을 수도 있다. 실제로 과학의 역사를 살펴보면 무시할 수 없는 자료 조작의 사례들이 있다.

그런 왜곡이 어떻게 빈번히 발생했는지를 보여주는 하나의 역사적인 저술은 굴드가 쓴 『인간의 측정 오류』(*The Mismesurement of Man*)다. 이 비극적인 저술은 한 시대를 풍미했던, 인종과 지능에 대한 편견을 다룬다. 19세기의 과학자들은 그 편견을 뒷받침한다고 알려졌던 자료의 진짜 정체를 찾아내어 폭로했다.[6] 또 다른 하나의 예는 "필트다운인"(Piltdown Man) 사건이다. 화석학자들은 인류의 가계도에서 잃어버린 고리(missing link)를 찾고자 하는 과도한 열정 때문에, 사실은 가짜였던 필트다운인이 현 인류 이전에 살았던 조상 인류의 화석이라고 굳게 믿었다.[7] 그러나 우리가 잊지 말아야 할 것은 이런 오류들이 계속되는 과학 연구를 통해 적발되고 바로잡혔다는 사실이다. 이런 과정에는 과학 바깥의 어떤 재판관이 개입해서 오류를 지적할 필요가 없었다. 역사를 돌아보면 과학계가 스스로 오류를 수정하면서 진실에 대한 더 나은 이해를 향해 꾸준히 진보해가는 작업을 꽤 잘 해내고 있다는 사실을 확연히 알 수 있다.

과학의 방법론은 실험자의 편향과 선입견을 표준화하고 최소화한다. 과학적 방법에서 가장 훌륭한 도구는 필수적 **반복가능성**이다. 만약 뉴욕의 어느 실험실에서 놀라운 발견이 일어나 그 실험을 담당했던 과학자들

---

6   Stephen Jay Gould, *The Mismeasure of Man*(New York: W. W. Norton, 1996).

7   Richard Harter, "Piltdown Man," Talk Origins Archive, October 30, 2000〈http://home. tiac.net/~cri_a/piltdown/piltdown.htnil〉.

이 명성을 얻었다면, 그 과학자들은 그 실험을 서울에서 했을 때도 정확하게 동일한 결과가 나온다는 것을 입증해야 한다.

그러나 어떤 오류들은 쉽게 제거할 수 없다. 그것은 모든 계측 장치에서 발생할 수 있는 임의의 오류들이다. 그 어떤 과학 실험도 완벽하게 정확할 수는 없으므로 우리는 늘 오류를 고려해야 한다. 그러나 매우 미세한 그런 종류의 오류가 세계에 대한 현재의 과학적 학설들을 기각시킬 수 있는 자격을 부여하는 경우는 거의 없다.

인간과 인간적 방법론의 불완전성은 과학의 결론들이 항상 불완전하다는 사실과 연결된다. 그러나 시간이 흐르며 과학이 발전하면서 오류들을 스스로 고쳐나간다면 불완전한 결론들은 틀림없이 개선될 것이다. 비판이나 과학적 진실의 자격은 우리가 고려해야 할 중요한 사항이지만, 그것들이 우리의 눈을 가려서 과학이 자연의 질서를 발견하는 데 있어 성취한 위대한 성공을 바라볼 수 없게 만들어서는 안 된다.

언젠가 우리는 어떤 것을 절대적으로 확실하게 알 수 있을까?

인간의 한계는 성경, 종교적 체험, 과학을 포함하는 우리 경험의 어느 한 부분에 대해서도 완전한 이해를 허락하지 않을지 모른다. 그래서 우리가 갈등이라고 느끼는 어떤 것이 실제로는 단순히 그 이상의 숙고를 요청하는 이해의 부족일 수도 있다. 다른 한편으로 하나님은 우리를 훨씬 넘어서는 초월적 존재시기 때문에, 항상 신비로 남을 궁극적 진리의 조각들―아마도 매우 큰 조각들―과 절대 풀리지 않을 모순들이 여전히 존재할 것이다. 로버트 트리그(Robert Trigg)는 이와 같은 제한된 이해력에 관해 다음과 같이 정리한다.

> 우리의 이성은 하나님의 지혜의 빛과 비교할 때 마치 창백하게 깜박이는 촛
> 불과 같다. 그럼에도 이성은 우리에게 어느 정도의 지식을 가져다주기에는
> 충분했다. 물론 오류와 불완전한 지식의 여지는 컸지만 우리는─이렇게 생
> 각되었다─하나님의 형상대로 창조되었기에 과학과 인간 정신의 다른 작용
> 들을 통해 희미한 빛과 같은 이해라도 포착할 수 있었다.[8]

이런 개념은 1660년에 영국 왕립학회(Royal Society)를 창립할 때 영
향력을 행사했던, 신학자들과 철학자들의 모임인 "케임브리지의 플라톤
주의자들"(Cambridge Platonists)이라는 학파의 구호에서도 찾아볼 수 있다.
"이성은 주님의 촛불이다."[9]

과학적 귀납법의 견고함에 관한 뛰어난 전문가로서 베이컨(Francis
Bacon)은 다음과 같이 말한다.

> 그러므로─결론을 내리자면─어떤 사람도 자신이 깨어 있다는 무력한 자만
> 심이나 잘못 적용된 절제력에 기초해서 인간이 하나님의 말씀이 기록된 책,
> 혹은 하나님의 사역이나 신성이나 철학에 관한 책을 매우 깊이 탐구할 수
> 있다거나 정통해 있다고 주장해서는 안 된다. 오히려 우리는 두 가지 분야에
> 서 끊임없이 정진하며 배워나가야 한다. 우리는 이 두 가지 분야를 다만 베
> 푸는 일에만 적용하고, 교만에 적용해서는 안 된다는 것을 알아야 한다. 그것
> 을 적용하면서 유용하게 사용할 수는 있지만, 과시하는 일에 이용해서는 안

---

8   Roger Trigg, "Does Science Need Religion?" *Faraday Papers*, no. 2(April 2007)〈www.
     stedmunds.cam.ac.uk/faraday/Papers.php〉.
9   같은 곳.

된다. 우리는 이 두 가지 배움을 어리석게도 섞거나 혼동하지 않도록 조심해야 한다.[10]

이제 우리는 과학이 종교와 만나는 접점과 관련된 핵심 사상들의 탐구에 있어 우리를 인도해줄 몇 가지 유용한 도구를 갖게 되었다. 앞서 우리는 성경이 과학 교과서가 아니라는 사실과 역사적·문화적 맥락을 고려할 때 성경을 바르게 이해할 수 있다는 점을 설명했다. 그리고 과학은 항상 진보하고 있지만 실제로는 변화한다기보다 개선되고 있다는 점도 살펴보았다. 그렇다면 이제 우리의 과제는 다음과 같은 두 가지 인식에서 출발한다. ① 잘 확립된 주류 과학 사상들은 신뢰할 만하다는 인식, ② 맥락에 따른 성경 이해가 진정한 의미에 도달하는 가장 올바른 길이라는 인식이다.

하나님은 진화 과정에서
어떤 역할을 담당하실까?

이 책에서 우리가 다루는 가장 넓고 일반적인 질문은 "어떻게 진화를 하나님이 생명을 창조하시는 방법으로 이해할 수 있을까?"다. 이 질문은 사실 이 책 전체의 토대를 이룬다.

진화가 현존하는 생명체들의 다양성을 설명한다는 주장은 많은 이에게 마치 하나님이 진화 과정에서 아무런 역할도 하지 않으신다는 암시를 주는 것처럼 보인다. 이것이 사실이라면 그 주장은 여러 종교의 중심 교리인 창조론과 모순된다. 기독교는 하나님이 창조에 적극적으로 개입

---

10   Francis Bacon, *The Advancement of Learning; Colours of Good and Evil; The Essays*(London: Adamant Media, 2005).

하셨다고 공언한다. 많은 종교가 이처럼 상호작용하는 신 개념을 공유하며, 이는 **유신론**(theism)으로 알려져 있다. 반면에 "태초에" 우주를 창조만 해놓고 그 후에 인간과 세상에 대해서는 무관심하고 간섭하지 않는 신을 믿는 신앙은 **이신론**(deism)이라고 불린다. 반면 신이 창조 질서와 어떻게 상호작용하는지를 이해하려는 것이 바로 신적 행위 혹은 **섭리** 연구의 과제다.

신적 행위 개념은 19세기 말 다윈의 이론에 관한 토론에서 두드러지게 나타났다. 어떤 신학자들은 하나님이 진화 과정의 각 단계에서 초자연적으로 개입하셨어야만 진화론이 유신론과 양립할 수 있다고 생각했다.[11] 예를 들어 그중 몇 명은 동식물은 진화를 통해 출현한 반면 아담과 하와는 그런 점진적·자연적 발전을 거치지 않고 하나님이 초자연적으로 창조하셨을 것이라고 제안했다. 반면에 다른 신학자들은 신적 간섭이 없는 진화 과정이 기독교 교리와 양립할 수 있다고 보았다. 그들은 진화가 "하나님이 조용히 규칙적으로 일하신 것"이라고 생각했고 "때가 차서 그분 자신의 음성을 그리스도와 십자가 안에서 발하셨다"고 믿었다.[12] 그러나 신학자 대다수―그리고 이 문제와 관련된 과학자들―는 진화에 관해 편안하게 생각하는 가운데 다윈의 자연선택설을 다른 과정들, 곧 신적 개입(divine intervention)이나 내부에 심긴 목적을 향한 궤도(built-in teleological trajectories)처럼 하나님이 예정하신 창조의 의도가 펼쳐짐을 보여주는 다른 과정들을 통해 보완했다.

우리는 하나님이 세상에 개입하신 사건을 이해하려는 열정적 갈망

---

11   David N. Livingstone, *Darwin's Forgotten Defenders: The Encounter Between Evangelical Theology and Evolutionary Thought*(Grand Rapids: Eerdmans, 1987), 118.

12   Livingstone, *Darwin's Forgotten Defenders*(Vancouver, B. C.: Regent College Publishing, 1987), 129에 인용된 A. H. Strong의 설명을 보라.

을 대체로 공유한다. 이는 과학과 종교의 대화에서 중심에 자리한 사상 가운데 하나다. 물론 우리는 하나님이 창조된 물리 법칙들을 벗어나 일하실 수 있다고 믿는다. 그러나 자연 법칙의 **외부에서** 일어나는 기적만이 하나님의 개입을 예시한다고 생각하지는 않는다. 우리는 하나님의 창조 사역이 단지 자연 법칙들을 **위반**하거나 **유예시키는** 방식으로만 이뤄지는 것이 아니라 오히려 자연 법칙을 **통해서** 성취될 수 있다고 목소리 높여 주장한다.

여기서 성육신 사건을 하나의 강력한 비유로 들 수 있다. 예수 안에서 나타나는 하나님의 목적은 하나님이 실제로 인간이 되시고 그에 따른 모든 한계를 받아들이심으로써 모두 성취되었다. 우리는 예수 안에서 하나님이 실제로 자연 질서 안으로 들어오시고, 피조물 가운데 하나의 형태를 취하시는 것을 본다. 이는 강력하고 깊이 있는 진리로서 매우 신비하지만 기독교의 중심에 놓여 있다. 우리는 그와 비슷하게 하나님의 창조 목적이 자연의 역사 속에 "성육신"함으로써 실현될 수 있다고 말하고 싶다. 예수가 초자연적인 개입을 통해 계속해서 "보완"될 필요가 없었듯이, 다양한 생명체를 출현시킨 후 지금도 자연 속에서 이어지는 창조 과정도 계속해서 초자연적으로 보완될 필요가 없는 것이다.

그러므로 우리가 지금 여기서 제안하는 모델, 곧 신적으로 인도되는 진화의 모델은 하나님의 창조 과정에 대한 설명에서 별도의 "외부 개입"을 요청하지 않는다. 단 하나의 예외는 그 과정을 인도하는 자연 법칙들이 만들어진 태초의 기원이다. 물론 그런 "외부 개입"을 배제하거나 그것들이 처음부터 불가능하다고 말하는 것은 아니다. 다만 우리는 "한 번 생명이 탄생한 후부터는 진화와 자연선택의 과정이 생물학적 다양성과 복잡성을 가능하게 했으며…인류의 출현도 그 과정의 일부"라고 주장한다. 더 나아가 우리는 "한 번 진화 과정이 시작된 이후로 특별한 초자연적 개입

은 필요하지 않았다"고 덧붙인다.[13]

　그리고 더는 변론할 필요 없이 우리는 그와 같은 견해를 지지한다는 사실을 행복하게 고백한다. 왜냐하면 이 견해는 과학이 세상에 관해 발견한 것들과 가장 일관성 있게 일치하기 때문이다.

　그렇다면 이런 사상들은 세상에 무관심한 이신론의 하나님 대신 어떻게 유신론적이고 상호행동적인 하나님과 조화될 수 있을까? 하나님이 다윈주의적인 세계 역사에 개입하셨다고 믿는 것이 합리적일까?

하나님은 장엄한 설명 중
어느 부분에 어울리실까?

　　　　　　　　　　신적 행위가 개입할 수 있는 어떤 공간이 자연 안에 있는지를 숙고하기 전에, 이런 사상이 어느 정도까지 수용되어야 하는지가 먼저 설명되어야 한다. 하나님이 어떤 사건들의 전개 과정에 개입하셨다는 사실을 이해하려고 노력할 때, 우리는 우주 역사 안의 모든 단일 사건마다 하나님이 직접 개입하신다고 주장하지 않는다. 만약 그렇다면 하나님은 사람들의 모든 생각, 모든 사건, 더 나아가 모든 자연재해에 대해서도 책임을 지셔야 할 것이다. 그런 하나님 개념은 우리가 가진 자유의지의 현실과 맞지 않고, 창조 과정을 단지 하나님이 혼자서 임의로 행하시는 일로 전락시킬 것이다.

　그렇게 하는 대신 우리는 유신론의 올바른 이해를 제안한다. 이것은 하나님이 자연에게 어느 정도의 자유를 선사하셨다는 이해다. 인간이 하

13　Francis S. Collins, *The Language of God: A Scientist Presents Evidence for Belief*(New York: Free Press, 2006), 200.

나님에 의해 강요당하는 일 없이 세상에서 자유롭게 행동할 수 있듯이, 자연도 그 안에 내재된 자유를 갖고 있다. 이 말의 뜻은 자연이 스스로 결정할 수 있는 마음을 가지고 있다는 것이 아니라, 전개되는 자연의 패턴이 기계적으로 미리 결정된 경로에 제한되지 않는다는 것이다. 폴킹혼은 다음과 같이 설명한다.

> 하나님이 세상과 상호작용하시는 방법 중 일부는 개체적 행위자들(agents) 혹은 상황들이 자신의 길을 스스로 선택할 수 있게 허용하는 것이다. 이 점에 대해서는 의심할 여지가 없다. 그렇지 않다면 진정한 자유는 있을 수 없기 때문이다. 창조세계에 주신 사랑의 선물은 자유가 틀림없다. [하나님은] 자유를 인간과 우주 자체에 주심으로써 그들이 진화 과정에서 스스로 자신의 내재적 잠재력을 탐구하게끔 하셨다.[14]

지난 수세기 동안 활동한 기독교 사상가들과 오늘의 사려 깊은 많은 신학자에게 동의하는 우리의 입장은 하나님이 어느 때는 창조 과정에 개입하시고 다른 때는 바라보기만 하신다는 생각을 거부한다. 가장 널리 받아들여진 유신론 사상과 조화를 이루면서 우리는 하나님이 "항상" 개입하시지만, 그럼에도 창조세계에 어느 정도의 자유를 허락하신다고 생각한다.

---

14   John C. Polkinghorne, *Science and Providence: God's Interaction with the World*(Philadelphia: Templeton Foundation Press, 2005), 11.

자연 법칙들은 자유로운가?

다윈이 생물학에 기여하는 일이 일어나기 훨씬 전에 물리학에서 일어난 과학 혁명―대부분 뉴턴의 업적에 의한 것이다―은 물리 세계에 관한 우리의 이해를 엄청나게 진보시켰다. 과학자들은 이 세상의 "행동"(behavior)이 물리 법칙들에 의해 상당히 정확하게 설명되거나 예측될 수 있음을 발견했다. 그 시대의 이해에 따르면 자연은 확실히 일련의 기초 법칙들을 따르고 있는 것으로 보였다. 예를 들어 행성들의 움직임은 중력 법칙에 따른 필연적 결과로 설명될 수 있었다. 세계에 관한 이런 방식의 이해는 합리적이고 일관성 있는 전통적인 창조자 개념을 지지했다.

그러나 폴킹혼이 묘사하듯이 이런 자연 법칙들은 그리스 사상(이성주의)의 선물이라는 인상을 줄 수 있다.[15] 그래서 다시 살펴보면 그 법칙들은 마치 유신론의 기본 전제에 도전하는 듯이 보인다. 왜냐하면 그 법칙들이 합리적 창조자를 표현하는 것처럼 보이는 만큼, 다른 한편으로 그 법칙들의 확실성은 하나님의 부재를 암시할 수도 있기 때문이다. 뉴턴 이전의 몇 세기 동안 일부 기독교인들은 천사들이 궤도에 따라 행성들을 밀고 있다고 믿었다. 하지만 뉴턴의 새로운 운동 법칙들이 그런 천사들을 필요 없게 만들었다. 자연현상이 자연 법칙을 통해 설명될 때 하나님께는 그 법칙들을 유지하시는 역할 외에 다른 어떤 역할이 남게 될까?

뉴턴의 연구가 영향력을 미치기 시작한 이후에 기독교인들은 하나님이 어떻게 사건들의 자연적인 경로를 깨뜨리지 않으시면서 우주 안에서 적극적 역할을 감당하실 수 있을지에 관해 점점 더 이해하기가 어려워졌다. 더구나 뉴턴에 의해 설명되는 자연현상들은 어떤 융통성이나 재량

---

15   같은 곳, 7.

도 남기지 않은 채 전적으로 결정론적인 것처럼 보였다. 세계는 내재적 본성의 자유를 갖지 않은 듯했고, 이는 인간의 자유의지에 대한 의문도 생기게 했다. 자유란 자연 법칙이 어느 정도 개방되어 있거나 융통성이 있는 세계에서만 존재할 것이다. 진정한 자유가 있다면 세상의 미래는 어떤 한 시점에 전적으로 결정되어 있지 않을 것이며, 예측될 수도 없을 것이다. 이런 염려들이 적지 않은 사람들을 상당히 불안하게 했다.

다행히 뉴턴의 과학 혁명이 초래한 기계적 세계관은 이제 과거의 유물이 되었다. 현대 물리학은 양자역학적 불확실성(Quantum Mechanical Uncertainty)과 잘못 이름 지어진 "카오스" 이론 덕분에 그것을 혁신적으로 다른 세계관으로 대체했다.

대다수 물리학자가 이해하는 양자역학의 불확실성은 매우 작은—전자와 같은—입자들의 세계가 결정론적 패턴으로 구성되지 않는다는 사실을 보여준다. 전자들은 놀라울 정도로 "자기 자신의 일을 스스로 행하면서" 어떤 법칙이 결정하는 경로를 엄격하게 따라가지 않는다. 이 점은 행성들과 크게 대조된다. 그러므로 전자들의 행동에 의존하는 어떤 현상은 매우 작은 정도이지만 예측 불가능성이 있고, 좀 이상한 방식이기는 해도 "자유로워" 보인다.

카오스는 복잡계(complex system) 안의 혼란스러운 예측 불가능성을 뜻한다. 카오스는 날씨와 같은 어떤 현상은 측정할 수 없을 만큼 미세한 양으로 입력된 초기 에너지에 의존하기 때문에 그 체계의 행동은 예측될 수 없다는 사실을 표현한다. 예측될 수 없는 이유는 초기 조건을 충분히 정확하게 알 수 없기 때문이다. 카오스 이론의 고전적인 예는 나비효과로서 뉴욕에 있는 나비 한 마리의 날갯짓이 결과적으로 도쿄에 태풍을 일으킨다는 것이다. 좀 이상하게 들리겠지만 정확하게 그와 같은 현상이 자연 안에서 실제로 관측되어왔다.

카오스 이론과 양자역학적 불확실성은 이제 세계를 결정론적으로 볼 수 없다는 것을 말해준다. 미래는 단순히 현재의 외삽법적 추론 결과가 아니다. 현재에 대한 아무리 완전한 지식이라 해도 미래를 예측하는 데는 충분치 않다. 이제 세계는 우리가 자유로운 것과 비슷한 방식으로 자유로워 보인다.

자연의 행동에 대한 완전하고 상세한 설명은 간단히 말해 더 주어질 수 없다. 이는 과학 혁명 이후의 세계관과 정확하게 반대된다. 뉴턴의 역학은 과학이 원칙적으로 어떤 자연 사건 내지는 모든 자연 사건에 관한 완전한 설명을 제공할 수 있다는 충분한 암시를 주었다. 그러나 이제 우리는 자연 법칙과 관련해서 과학적 예측과 설명이란 궁극적으로 제한되어 있다는 사실을 깨닫게 되었다. 물론 그 제한이 이 우주가 전혀 아무런 법칙도 없이 "제멋대로"라는 뜻은 아니다. 예를 들어 갑자기 달이 공전 방향을 바꾼다거나 화성의 궤도로 도약해서 화성의 달처럼 한동안 공전하는 일은 있을 수 없다. 비가 갑자기 하늘 위로 올라간다거나 얼음이 물에 뜨는 대신 가라앉는 일도 없다. 그러나 이 질서정연한 세계의 좁은 틈새에 아주 작은 자유의 조각들이 숨어 있다.

그러므로 과학적 관측이 눈치채지 못하는 미세한 방식으로 하나님이 창조세계에 영향을 미치시는 일은 얼마든지 가능하다. 이런 방법으로 현대 과학은 자연 법칙을 어기는 기적 없이도 신적 행위가 가능한 영역의 문을 열었다. 완벽한 예측과 설명의 불가능성을 감안할 때 자연 법칙들은 더 이상 이 세계 안에서 일어나는 하나님의 행동을 배제할 수 없다. 그래서 세계에 대한 우리의 인식은 다시 한번 신적 상호작용의 가능성을 향해 개방된다.

하나님이 이 세계와 주고받으시는 상호작용은 매우 신비하다. 지금까지 그 누구도 그것을 어떻게 생각할 수 있을지에 대한 그림을 그려내지 못했다. 그러나 서둘러 지적하고 싶은 것—이 점이 매우 중요하다—은 우리가 세계에서 일어나는 **인간들의** 행동조차도 아직 제대로 이해하지 못한다는 사실이다. 우리는 매일 계획을 세운다. 입을 옷, 아침에 먹을 음식, 직장으로 가는 길, 오늘 가장 먼저 해야 할 일 등을 선택한다. 이런 인간의 의도들은 정작 우리가 이해하지 못하는 과정을 통해 우리 마음속에 떠오른다. 그다음에 우리는 주변 세계를 재배열해서 그 의도들을 실현시킨다. 우리가 개입하지 않는다면 일어나지 않을 일을 일어나게 하는 것이다. 그러나 우리는 이런 일을 자연 법칙을 어기지 않으면서 행한다. 이런 과정은 매우 흔하기에 우리는 당연한 것으로 여기고 거기서 어떤 신비한 일도 일어나지 않는다고 생각한다. 하지만 그것은 사실이 아니다. 우리가 세상에 불러일으키는 변화들은 우리 마음속의 깊고 찾아갈 수 없는 구석진 틈새에서 유래하는 과정으로부터 도출되고 있다.

하나님이 이 세계와 주고받으시는 상호작용도 우리가 이 세계와 행하는 상호작용과 비슷한데, 다만 하나님의 것이 더 실질적(substantial)이라고 볼 수 있다. 기독교인들은 하나님이 어떤 의도를 가지고 계신다는 것, 그리고 역사의 섭리적인 경로는 하나님이 그 의도를 실현시키시는 방식에 따라 영향을 받는다는 것을 언제나 확언해왔다. 그러므로 인간들이 세상과 상호작용하는 것처럼 하나님이 행하시는 세상과의 상호작용도 자연 법칙의 "위반"을 항상 필요로 하지는 않는다고 추론하게 된다.

세계의 불확실성과 예측 불가능성이 앞서 이해했던 일관성 있고 안정적인 하나님의 창조를 거부해야 한다고 강요하는 것은 아니다. 어쨌든 세계는 과거 수 세기 동안 신앙심 있는 과학자들에게 깊은 영감을 주었던 동일하고 질서 있는 모습을 여전히 보여주기 때문이다. 양자역학, 복잡계, 카오스계의 예측 불가능성에도 불구하고 태양은 여전히 뜨고 지고, 밀물과 썰물은 밀려 들어오고 나가며, 물체들도 변함없이 땅 위로 떨어진다.

자연은 하나님의 신실하심을 반영할 만큼 충분히 신뢰할 수 있는 안정성을 갖고 있다. 그럼에도 하나님의 개입을 허락할 만큼 유연하다. 인간과 다른 피조물의 개입을 허락하듯이.

하나님과 시간의 관계는
어떨까?

한 가지 중요한 전제가 이 논의의 근저에 놓여 있다. 하나님의 행동이 우리 자신의 행동과 비교될 수 있다는 전제다. 우리는 이 진술에 자만심이 실려 있는 것처럼 보일 수 있다는 점에 유의해야 한다. 그러나 우리가 진정 의도하는 것은 우리는 우리가 이해할 수 있는 **어떤 것**을 필요로 한다는 것, 더 나아가 우리의 이해를 넘어선 것에 대해서도 **생각해야** 한다는 입장이다. "하나님에 관한 이야기"는 늘 비유적이다. 특히 성경에서 하나님은 아버지, 창조자, 목자, "세미한 음성" 등으로 묘사된다. 하나님에 관하여 어떤 말을 하려 할 때 우리는 익숙한 의미를 가진 단어들로 구성된 언어를 사용해야 한다.

우리는 신적 행위의 가능성을 제시할 때 하나님이 자연 법칙들 사이에 열려 있는 어떤 틈새(opening)와 같은 것을 필요로 하신다고 가정하게 된다. 이 틈새는 우리 인간에게도 사건들이 전개되는 경로에 영향을 미치기 위해서는 마찬가지로 필요한 것이다. 이는 이런 주제에 관하여 숙고하려 할 때 매우 중요한 한 가지 방법이다. 그러나 우리는 신적 행위가 다른 한편으로 인간의 행위와는 심원하게 그리고 필연적으로 다르다는 점을 덧붙여야 한다.

예를 들어 하나님과 시간 사이의 관계, 곧 심오하면서도 지속적인 신학적 화두였던 그 관계는 신적 행위에 큰 영향을 미친다. 만약 하나님이 우주 전체의 창조자시라면—그리고 시간도 우주의 일부라면—하나님과 시간 사이의 관계는 우리 인간의 행위처럼 단지 현재 시점에만 국한되지 않는다. 예를 들어 우리는 하나님이, 어떤 자유로운 사건들이 발생하지만 그럼에도 그 사건들이 고도의 예측 가능성을 갖는 경로를 따라 발생하는 세계를 창조하셨다고 추측해볼 수 있다. 비유를 들자면 나이아가라강의 물은 모두 다 분명히 폭포로 떨어지지만 우리는 그 물줄기의 궤적을 정확하게 그릴 수 없다. 어쩌면 하나님은 자신의 예지적 지식을 통해 역사가 전개되는 경로들을 미리 보실 수 있지만 임의의 작은 세부 사항을 통제하거나 알 필요조차 없는 세계를 창조하셨을 수도 있다. 혹은 하나님은 모든 세부 사항을 다 아시지만 그것들을 실제로 결정하지 않으시는지도 모른다. 우리는 모두 벽돌을 발가락 위에 떨어뜨리면 어떤 일이 일어날지 아는 예지를 가지고 있다. 그러나 예지 자체가 실제로 벽돌을 떨어뜨리거나 고통을 야기하지는 않는다.

하나님의 시간 인지는 우리의 것과 다르기에, 시간 속에서 일어나는 신적 행위 역시 우리의 행동과는 매우 주요한 방식으로 다를 것이다. 우리는 시간의 외부에 계신 하나님의 존재를 이해할 수 없다. 왜냐하면 우리에게는 그런 이해를 도와줄 수 있는 개념이 없기 때문이다. 그러므로 우리는 신적 행위를 이해하는 데 있어 확연한 제약 아래 있다.

결론

우리는 이렇게 생각한다. 물리 법칙에 대한 근대적 이해가 하나님이 (아마도) 시간과 관계하시는 복잡한 방법에 대한 평가와 합쳐진다면, 그 이해는 매우 탄탄한 유신론적 세계관 안으로 통합될 수 있다. 포크는 다음과 같은 전망을 제시한다.

성경은 하나님이 창조하셨다는 사실을 알려주지만 어떻게 창조하셨는지는 말해주지 않는다. 그러므로 우리는 우주를 만드신 하나님을 인간적 틀에 억지로 맞추어 넣지 않도록 조심해야 한다. 우리가 만약 하나님이었다면 일했을 법한 방식 안으로 실제로 하나님이 행하신 일을 제한시켜서는 안 된다….

성경은 이렇게 말한다. 하나님이 창조 명령을 내리셨고, 그 결과 다양한 종류들이 각각 생겨났다. 하나님이 명령하신 결과로서 그분이 현재하시는 가운데 수십 종의 코끼리 류가 창조되었다는 것은 분명하다. 그러나 성경은 새로운 종이 하나씩 만들어질 때마다 매번 하나님이 각기 다른 명령을 내리셨다고 말하지는 않는다. 하나님께서 이스라엘 민족에게 자유를 주셨고 또 오늘 우리의 삶 가운데 자유를 주시는 것과 마찬가지로, 자유는 하나님이 지으신 생물계의 중심적 구성 요소일 수 있다. 이는 하나님이 창조세계 안에서 감독자 역할—나와 당신의 삶 속에서 행하시는 그 역할—을 하지 않으신다는 뜻이 아니다. 그러나 우주를 지으신 하나님이 새로운 종을 원하실 때마다 "창조의 개시 버튼을 눌러서" 그 결과 생물계가 창조되었다는 가설을 뒷받침해줄 그 어떤 선험적인 설명도 성경에 제시되지 않았다. 감사하게도 하나님은 나의 일상의 삶 속에서도 그렇게 하지 않으신다. 그런데 그분이 생물계에서는 그렇게 행하신다고 전제할 어떤—성경적이든지 아니든지 관계없이—이성적 근거는 없다. 하나님의 영은 생명의 진행을 인도하신다. 하나님의 현재는 창조세계로부터 멀리 떨어져 있지 않다. 그것은 그분이 나의 삶의 일상사로부터 멀리 계시지 않은 것과 마찬가지다. 그럼에도 하나님은 나의 자유를 존중해주시며, (추측건대) 나머지 피조물들의 자유도 똑같이 소중하게 생각하실 것이다.[16]

---

16 Darrel R. Falk, *Coming to Peace with Science: Bridging the Worlds Between Faith and Biology*(Downers Grove, Ill.: InterVarsity Press, 2004), 101-3.

우리는 이 주제를 지나치게 단순화해서는 안 되지만 동시에 하나님이 물질세계와 상호작용하시는 방법에 관해 지나치게 복잡하거나 정교한 모델을 만들지 않도록 조심해야 한다. 물론 이 주제는 우리의 상상력이 허락하는 가장 심층적인 질문이기에 단순한 답을 기대할 수 없다. 기독교 전통은 하나님이 **사랑하시고 아시고 행동하신다**는 사실을 언제나 단언해 왔다. 그러나 우리는 하나님이 그 모든 일을 어떻게 행하시는지에 관해 아무런 "이론"도 가지고 있지 않다. 우리의 목표는 우리가 고안해낸 박스 안에 하나님을 욱여넣음으로써 가능성의 범위를 축소하는 일을 회피하는 것이다. 또한 우리는 믿음이 여기서 아무런 역할도 하지 않는다는 부주의한 추정도 피해야 한다. 수많은 헌신적인 기독교인들이 아무런 불편 없이 자연의 역사 패턴이 전개되는 것을 믿음의 눈으로 바라보며 그 안에서 하나님의 의도가 실현되는 중이라고―비록 그것이 어떤 방식으로 일어나는지에 대한 정확한 모델은 가지고 있지는 않아도―확증한다. 비록 과학이 우리를 어떤 선택을 향해 몰고 감으로써 토론의 장을 마련한다고 해도 이 주제들은 과학적 이슈가 아니다. 최종 분석에 이르면 그 주제들은 늘 그랬던 것처럼 믿음의 문제로 남을 것이다.

5장

과학과 하나님의 존재

어리석은 자는
그의 마음에 이르기를
"하나님이 없다" 하는도다(시 14:1).

하나님의 존재는 잘 알려진 철학적 주제다. 이 주제는 오랜 역사 동안 인간 경험의 다양한 면과 얽혀왔다. 이번 장에서 우리는 그 점을 살펴볼 것이다. 수 세기에 걸쳐 하나님의 존재를 증명하려는 많은 논증이 있었고 그 가운데는 자연계의 어떤 측면들—예를 들어 생명의 탄생을 위한 놀라운 미세조정이나 초월적인 도덕법—에 기초한 것도 있었다. 그러나 하나님의 존재에 관해 그보다 더 일반적인 주장도 있다. 예를 들어 세계 자체의 기원이다. 다시 말해 아무것도 없는 것이 아니라 무엇인가가 있다는 사실이 하나님의 존재를 입증한다는 것이다.

하나님의 존재를 **부정**하려는 시도도 있었다. 이 세상은 종종 잔인하고 무의미하게 보인다. 그래서 어떤 이는 기독교의 하나님과 비슷한 어떤 존재가 세계를 창조했다는 이야기를 정면으로 부정한다. 그러나 하나님의 존재를 부정하는 일은 일반적으로 처음에 생각했던 것보다 매우 복잡한 과제다. 그 이유는 실재의 세부 사항보다는 논리와 연관된다.

지구 어딘가에 검은 백조가 **있다**는 증명은 그런 백조가 **없다**는 증명보다 얼마나 쉬운지 생각해보자. 검은 백조가 있다는 **증명**을 위해서는 단 하나의 예만 찾으면 된다. 그러나 검은 백조의 존재를 부정하기 위해서는 먼저 지구 위를 샅샅이 조사해야 하고, 이에 더해 그 조사가 빠짐 없이 이루어졌다는 사실도 증명해야 한다. 체스터턴(G. K. Chesterton)이 특유의 간결한 통찰로 이에 관해 이야기했다. 즉 "무신론은 진정 모든 교리 가운데 가장 대담한 것이다. … 왜냐하면 그것은 보편 부정(a universal negative, 전칭 부정)이기 때문이다."[1]

신의 존재를 주장하는 유명한 논증들은 다양한 형태로 이어져 왔다. 그중 상당수가 기독교보다 긴 역사가 있으며, 어떤 것들은 과학적 세계관과 흥미로운 방식으로 상호작용을 이루었다.

- **우주론적 논증**(cosmological argument): 이는 기원전 4세기에 활동한 아리스토텔레스(Aristoteles)에게로 거슬러 올라간다. 이는 우주 전체의 인과율을 시작하게 한 제1원인(신)이 틀림없이 존재한다는 주장과 연관된다.
- **목적론적 논증**(teleological argument) 혹은 **설계 논증**(argument from design): 우주는 신이 아니라면 결코 창조할 수 없는, 고도로 복잡한 수준의 질서를 가지고 있기에 신이 창조한 것이 틀림없다는 주장이다. 다윈 직전에 페일리가 주장했던 이 논증의 다양한 버전들은 오늘날 지적 설계 운동(ID)을 통해 열정적으로 옹호되고 있다.
- **존재론적 논증**(ontological argument)은 "존재는 존재한다고 생각될 수 없는 것보다 더 크다"라는 영리하지만 다른 한편으로 모호한 주장에 기초한다. 이 주장은 단순히 하나님 개념으로부터 출발한다. 11세기 캔터베리의 안셀무스(Anselmus)와 현대 철학자인 앨

---

1   G. K. Chesterton, *Twelve Types*(Middlesex, U. K.: Echo Library, 2008), 27.

빈 플랜팅가(Alvin Plantinga)가 이 논증 형식을 만들었는데, 만약 하나님이 존재한다는 것이 논리적으로 가능하다면 실제로 하나님은 존재하신다는 것을 보여주기 위해서였다. 하지만 사람들은 대부분 이 논증의 설득력을 확신하지 못한다.

• 우주 안에서 관찰되는 비물질적 특성들—예를 들어 도덕, 미, 사랑 혹은 종교적 경험 등—이 진정한 실재(real)이고 환상이 아니라는 사실은 모든 것이 순전히 물질주의적인 방식으로 설명될 수 있다는 가설에 대한 반박이라는 논증이 있다. 이 논증은 물질세계 너머의 실재를 주장한다.

• **초월적 논증**(transcendental argument): 하나님이 없다면, 우리가 진지하게 받아들이는 논리학, 과학, 윤리학 등이 아무런 의미도 가질 수 없다는 점과 무신론적 주장들은 엄격하고 일관적인 논리로 압박한다면 결국 스스로를 반박하는 모순에 빠질 수밖에 없다는 점을 지적한다. 무신론의 주장은 자기 외부의 논리에 근거해 있지 않기 때문이다.

여기서 말한 논증들은 각기 특정한 유형의 창조자에 관한 특정한 유형의 믿음을 지지한다. 어떤 논증은 자연계의 특성을 활용하고 다른 것은 좀 더 순수한 논리에 근거한다. 예를 들어 존재론적 논증은 어떤 과학적 세계관과도 무관하다. 하지만 그 가운데 어느 것도 최종적 확실성을 갖지는 못한다. 그러나 이 논증들은 최소한 하나님이 없다는 주장, 악의 문제, 혹은 하나님과 관련해서 그 어떤 유형의 관찰될 수 있는 증거도 없다는 주장 등을 반박하는 일에는 함께 힘을 합칠 수 있다.

이런 논증들에 대한 비평가들의 반응은 다음과 같다. "하나님이 세계를 창조하셨다면, 하나님은 누가 창조했을까?"

하나님의 존재를 명제로서 상정하는 것이 실제로 뭔가를 설명할 수 있는가? 우리는 단순히 그 질문을 뒤로 퇴보시킨 것은 아닐까? "어떻게 아이폰이 달까지 갔지?"라는 질문에 "저기 있는 근사한 박스에 담겨서"라는 대답은 좋은 설명이 될 수 없다. 그런 대답은 단지 질문을 "그 박스는 어떻게 거기까지 갔을까?"로 바꿀 뿐이다. 만약 어떤 존재가 하나님 안에 기초하고 있다는 것을 설명하고 싶다면, 우리는 그 설명 이전에 하나님의 존재에 대한 설명이 우리가 설명하려고 시도하는 그것보다 덜 난해하다는 것을 바르게 제시할 수 있어야 한다.

이 문제에 대해서는 깊은 숙고가 필요하다. 하나님의 존재를 지지하는 논증들은 종종 논리적인 도미노 게임에 지나지 않는 것처럼 보인다. 질문에 대한 답을 주기보다 그저 그다음 질문을 야기하는 것만 같고, 혹은 답을 해줘도 계속해서 "왜요?"를 연발하는 귀찮은 꼬마와 같이 그 대답들은 실제로 어떤 결론에도 도달하지 못하는 듯하다. 우리는 하나님의 존재를 먼저 증명하지 않은 채 단순히 "하나님이 그것을 창조하셨다"라고 말함으로써 뭔가를 설명할 수 있으리라고 순진하게 가정해서는 안 된다.

이번 장에서 우리는 최종적으로 이렇게 말하고 싶다. 하나님의 존재를 긍정하거나 부정하려는 위대한 과제는 오늘의 우리보다는 인간 이성을 더 많이 신뢰했던 과거 세대의 과제였다. 그러나 **절대적** 증거가 유효하지 않다는 사실이 하나님께 대한 믿음을 긍정하거나 부정하는 이유들이 의미 있게 논의될 수 없다거나 그 이유를 증거로 받아들일 수 없다는 뜻은 아니다.

과학은 신 존재를 긍정하거나 부정하는 논증과 중요한 두 가지 장소에서 만난다. 가장 흥미로운 장소는 우주의 미세조정이라는 주제다. 우리는 이 문제의 논의를 위해 7장을 할애했다. 그것은 과학과 신앙의 교차점에 관한 토론을 마무리하는 가장 만족스러운 방법이다. 하지만 우리는 이번 장에서 하나님의 존재를 **반박**하는 데 흔히 사용되는 다른 논증을 계속해서 소개하려고 한다. 이 논증은 이 세상이 너무 악하고 맹목적이어서 기독교의 하나님과 같은 어떤 창조자가 세계의 배후에 존재한다고 생각할 수 없다고 주장한다. 우리의 과제는 하나님의 존재를 반박하는 이런 오래되고 강력한 주장을 쓰러뜨리는 것이다.

진화는 악의 문제를
더욱 악화시키지 않았을까?

악의 문제는 하나님의 존재에 대한 가장 오래되고 끈질긴 반대 논거다. 신앙에 대한 모든 도전 중 악의 문제만큼 강력하고 많은 신자를 믿음에서 떠나게 한 것도 없을 것이다. 이 문제만 아니었으면 훨씬 더 많은 사람이 신앙을 가졌을 것으로 생각된다. 어떻게 사랑이 많고 전능하신 하나님이 세상 안에 그토록 많은 악과 고통을 허락하실 수 있다는 말인가?

믿는 자와 믿지 않는 자 모두는―매우 다른 방법이기는 하지만―이 문제를 놓고 각각 씨름한다. 믿지 않는 사람 가운데 생각이 깊은 사람들은 악의 실재(reality of evil)를 믿을 수밖에 없기에 이 문제로 고민한다. 홀로코스트 사건이나 노예 제도와 같은 것은 단순히 목적이 없는 자연이 우연히 일으킨 패턴에 그치는 것으로 보이지 않는다. 믿지 않는 사람들도 종종 도덕은 허상이며 진화가 만들어낸 근거 없는 인공물이라는 결론에 대해 발끈하며 반대한다. 그런 결론에 따르면 가장 불공평한 고통에 대해서도 불평할 근거가 없기 때문이다. 이와 대조적으로 믿는 자들은 하나님의 선하심과 세상에 존재하는 고통 사이의 모순으로 인해 고민한다. 사랑이 많으신 하나님이 창조하고 감독하시는 세상은 홀로코스트와 같은 참극을 허용해서는 안 되는 것처럼 보이기 때문이다.

악의 문제에 대해서는 간단한 답이 없다. 또한 복잡한 답도 없다. 거기에는 도무지 어떤 답도 없는 것이다. 만약 있다면 과거의 똑똑한 철학자들이나 신학자들이 벌써 문제를 해결했을 것이다. 답이 없음에도 불구하고 수많은 사상가가 이 문제를 다양하게 바라볼 수 있는 유익한 통찰을 제공해주었다. 놀랍게도 세상에 대한 진화론적 그림이 그런 도움의 일부를 제공한다. 이번 장에서 우리는 기원(origins)에 대한 전망이 사실상 다른 대안들보다 자연 안에 광범위하게 퍼져 있는 악의 문제를 신앙에 덜 위협적이게 만든다는 사실을 보게 될 것이다.

우리가 악의 문제로 씨름할 때 깨달아야 할 것은 전부는 아니라도 악의 상당 부분이 사람에 의해 야기된다는 사실이다. 하나님이 아니라 사람이 살인하고 고문하고 중상모략하고 박해하고 횡령하고 겁탈한다. 사람은 진짜 자유의지를 사용하기 때문에 극악무도하고 부도덕한 일도 저지를 수 있다. 그러나 세계가 의미를 지니려면 자유의지가 필수적이다. 로봇은 물론 자유의지가 없지만 어떤 공상과학 시나리오에서는 인간처럼 많은 일을 해낸다. 다른 이야기에서는 인간을 너무 닮아 인간과 구분할 수 없는 로봇들도 나온다. 그렇다고 해서 그런 로봇의 활동이 의미 있다고 생각하는 사람은 드물 것이다. 그들은 차를 운전하고 아이들과 대화하고 심지어 곤경에 처한 여자들을 구하며 악당들을 죽이기도 한다("터미네이터 II: 심판의 날"에서처럼). 그러나 그들은 자유의지가 아니라 프로그램에 따라 작동하기 때문에, 우리는 궁극적으로 그런 행동이 아무런 의미도 없다고 결론을 내린다. 그들은 용감하거나 비겁할 수 없고, 도덕적이거나 비도덕적일 수 없으며 행복하거나 슬플 수도 없다. 왜냐하면 그들은 단지 프로그램에 따라 움직이기 때문이다. 그들은 컴퓨터를 탑재한 잔디 깎는 기계에 불과하거나 애니메이션 작가들의 의지를 실현하는 3D 만화 캐릭터에 그칠 뿐이다. 피조물이 진정으로 의미 있는 활동을 하기 위해서는 먼저 그 일을 선택하거나 선택하지 않을 자유를 가져야 한다.

이런 이해와 함께 기독교인들은 자유의지가 하나님으로부터 오는 선물이라고 생각한다. 그것은 삶에 의미를 부여하는 선물이다. 또한 자유의지는 인간이 하나님과 의미 있는 관계를 맺으려 할 때도 필수적이다. 인간이 하나님, 이웃, 자신을 진정으로 사랑하기 위해서는 그 사랑을 선택하거나 거절할 수 있는 자유를 가져야 하는 것이 당연하다.

우리는 **자유롭기** 때문에 실재하는 선택지에서 하나를 고를 수 있다. **죄의 성향**이 있기에 우리는 악을 택할 수도 있다. 하나님이 원칙적으로 그런 선택을 막을 수 있었다고 생각할 수도 있다. 그러나 하나님이 인간들이 이 세상에서 저지르는 모든 악을 다 저지하신다면 우리의 자유는 제거되고, 동시에 진정으로 사랑할 수 있는 능력도 함께 사라질 것이다. 이런 빛을 비추면서 살펴본다면 우리는 하나님이 우리에게 자유의지를 줌과 동시에 우리의 악행을 저지하시는 일은 불가능하다는 사실을 알 수 있게 된다. 자유의지와 악을 선택하는 자유는 패키지 상품인 것이다.[2]

자연 속의 악은
어떻게 이해해야 할까?

하나님을 믿는 자들은 또 다른 유형의 악과 씨름한다. 그것은 **자연의** 악이다. 화산이 분출해서 마을들을 덮어버린다. 쓰나미가 해변 도시를 덮쳐 거주민들을 수장시킨다. 아이들이 절벽

---

2   Francis S. Collins, *The Language of God: A Scientist Presents Evidence for Belief*(New York: Free Press, 2006), 43.

에서 떨어지기도 하며 독사가 아기를 물기도 한다. 해마다 치명적인 바이러스와 박테리아가 무고한 수많은 사람을 죽인다. 수천 년 동안 전염병은 인간 사회를 황폐화시키고 수백만 명의 사람들을 죽였는데, 그런 대규모의 재앙은 종종 하나님의 심판으로 해석되었다.

자연으로 인한 악의 문제는 흥미로운 방식으로 진화론과 관계된다. 오늘날 우리가 매우 잘 이해하게 된 자연계 안에는 몇몇 끔찍한 생물들도 있는데, 하나님이 그런 못된 것들을 의도적으로 설계하거나 창조하셨다고 상상하기는 어렵다. 우리 중 많은 이는 우리 팔에 내려앉는 모기를 보며 그렇게 성가신 것들이 과연 존재할 필요가 있을까 궁금했을 것이다. 종종 우리 팔에 앉은 것들은 실제로 더는 존재하지 않게 되기도 한다! 그러나 이에 관해 조금만 생각해보아도, 하나님이 그런 피조물을 먼저 고안하신 다음에 그것의 창조를 결정하셨다고 상상하기란 어렵다.

1860년에 다윈은 이런 일반적인 관심사를 적은 편지를 미국의 생물학자인 아사 그레이(Asa Gray)에게 보냈다.

> 자비롭고 전능하신 하나님이 확실한 의도를 가지고 말벌로 하여금 살아 있는 송충이의 살을 파먹고 살도록 설계하셨다거나, 혹은 고양이가 쥐를 죽을 때까지 괴롭히며 가지고 놀아도 된다고 정하신 다음에 그것들을 창조하셨다고 나 자신을 설득하기가 매우 힘들다네.[3]

다윈을 괴롭혔던 말벌들은 실제로 굉장하다. 그것들은 알을 송충이의 체내에 낳고, 알에서 깬 애벌레 말벌들은 송충이의 내장을 먹어 영양분

3　Michael Ruse, *Darwin and Design*(Cambridge, Mass.: Harvard University Press, 2003), 127에 인용된 Charles Darwin의 편지.

을 섭취한다. 그러나—사실 이 점이 특히 마음을 상하게 한다—그것들은 세상에 태어날 때부터 본능적으로 숙주의 내장을 먹도록 프로그램화되어 있고, 그래서 그런 질서 안에서 자신들의 숙주가 가능한 한 오래 살도록 한다. 이런 일은 어머니에 비유되는 자연(Mother Nature)이 아니라 공포영화의 소재처럼 보인다. 우리의 생활과 더욱 친근한 예를 들자면—실제로 실내에서 이런 일이 벌어지기도 한다—고양이들이 비슷한 문제를 야기한다. 왜 고양이들은 먹잇감을 죽이기 전에 고문하는가? 우리는 쥐를 잡아먹을 때 효과적으로 빨리 죽여주는 대신에 쥐에게 상상할 수 있는 가장 잔인한 죽음을 선사하는 본능을 하나님이 고양이들에게 주셨다고 생각해야 하는가?

어떤 기독교인들은 세상의 불쾌한 측면은 인간의 죄의 결과라고 주장함으로써 이런 특별한 갈고리에서 벗어나 보려고 몸부림친다. 그것이 타락의 부산물이라는 것이다. 이런 주장은 자연의 모든 좋은 것(예를 들어 새들의 노랫소리나 꽃들의 아름다움)은 다 하나님 덕분이고, 모든 나쁜 것(예를 들어 뱀의 독이나 벌의 침)은 인간의 죄 때문이라고 설명할 수 있기에 일견 매력적인 주장처럼 보인다. 그러나 불행히도 그런 흥미로운 관점은 우리가 알고 있는 생명의 역사와 조화되지 않는다.

젊은지구창조론의 옹호자들은 자신들의 입장이 자연 속 악의 문제를 해결한다고 주장한다. 그러나 그 주장을 위하여 몇 가지 신뢰할 수 없는 가설을 설정해야만 했다. 그중 하나는 타락 이전에는 육식 동물이 없었다는 것이다. 그러나 우리가 앞서 언급했듯이 이런 견해는 창세기의 합리적 해석도 아니고 과학과 일치하는 것도 아니다. 설사 그런 가설들이 어떻게든 검증된다고 가정해도, 그들이 제시하는 해법은 타락에 대한 성경적 설명으로부터 너무 벗어나는 상당량의 상상과 믿기지 않는 추측을 필요로한다. 예를 들어 우리는 지구상의 거의 모든 동물이 타락의 저주에 의해

한순간에 극적으로 변형되었다고 전제해야 할 것이다. 날카로운 이빨과 독의 분비샘, 또한 그런 것을 만들어낼 새로운 유전자 코드가 갑자기 튀어나와 존재하기 시작했다는 것도 전제해야 한다. 왜냐하면 동물들은 그 시점에 처음으로 서로 죽이기 시작해야 하기 때문이다. 또한 덤불에 갑자기 가시가 생겼다고 전제해야 할 것이다. 엄청난 비율의 초식동물이 갑자기 육식동물이 되었다고 말해야 할 것이다. 이에 더하여 그 모든 현상은 어떤 화석 기록도 전혀 남기지 않은 채 일어나야 한다. 하지만 치아는 화석으로 매우 잘 보존된다. 만약 한 때 모든 동물이 초식동물이었다면, 화석 기록에 그런 증거가 약간이라도 있어야 한다.

더 나아가 타락 이전의 세계가 어떤 종류의 육체적 죽음도 없는 곳이었다면, 그것은 질서의 측면에서는 전혀 자유로운 곳이 아닐 것이다. 그런 해석에 따르면 아담과 하와가 죄를 짓기 전까지는 어떤 동물도 절벽에서 떨어질 수 없었다는 셈이 된다. 나뭇가지가 가만히 있는 토끼 위에 떨어지는 일이나 새 둥지 위에 떨어져 새끼 새들이 튕겨 나가는 일도 전혀 없어야 한다. 단 한 마리의 얼룩다람쥐도 시냇물에 떨어져 익사하면 안 되고, 메뚜기도 다른 동물의 발굽에 밟혀 죽으면 안 되는데, 그런 세계를 상상한다는 것은 한마디로 불가능하다.

그러나 우리는 그런 가능성을 더 생각할 필요가 없다. 왜냐하면 그것은 지구 나이의 신중한 측정에 의해 제거되었기 때문이다. 측정된 나이는 수십억 년의 세월을 보여주면서 인류가 출현하기 이전에 이미 헤아릴 수 없이 많은 생명 형태들이 출현했었다는 사실을 밝혀주었다. 한 가지 확실한 예는 공룡이며, 그것들은 인류가 등장한 때보다 약 6,500만 년 전에 멸종되었다.

이처럼 인류가 출현하기 이전의 (글자 그대로) 수십억 년 동안 죽음과 고통이 있었다는 사실은 너무나도 명백하다. 그렇다면 어떻게 인간의 죄가 죽음과 고통의 원인이 될 수 있겠는가? 그런 주장은 무너질 수밖에 없다. 무너지지 않기 위해 유일하게 남은 필사적인 조치는 나중 사건이 과거 사건의 원인이 될 수 있다는 극단적 주장을 펼치는 것이다. 하지만 놀랍게도 세상에는 인간의 죄가 자연사 안에 존재하는 모든 악의 원인이라고 너무도 열렬히 설명하는 사람들이 있다. 그들은 실제로 그런 역설적인 주장을 한다. 뎀스키도 『기독교의 종말』에서 이런 논쟁을 다루었다.[4]

인간의 죄가 세상의 모든 악의 원인이 아니라면 다른 무엇이 그 원인일까? 왜 동물들은 서로 잡아먹을까? 하나님이 거의 모든 종(species)의 숙명이 멸종뿐인 세상을 만들기로 작정하셨을까? 하나님이 정말 무시무시한 생물들을 상상하고 설계하신 후에 창조하셨을까?

다윈을 괴롭혔던 말벌들은 아주 인상적으로 악한 본능을 가지고 있다. 하나님이 세상과 맺으시는 관계를 이해하려고 노력한다면, 자연에 그토록 잘 설계되어 건재하는 악은 심각하게 고려되어야 한다. 어떻게 선하신 하나님이 그런 것들을 창조하셨을까 하고 생각해보는 것은 악의 문제를 한층 더 새로워진 힘으로 부각할 것이다.

악의 문제에 관한 이런 시각은 지적 설계론에 특별히 도전한다. 지적 설계론자들은 자연의 놀라운 측면을 강조하며, 그것을 설계자가 존재한다는 논증의 근거로 삼는다. 그런데 자연 속에는 매우 지능적으로 설계된 **사악한** 피조물들도 있다. 그렇다면 그 설계자는 사람들을 해치고 심지어 죽이도록 영리하게 고안된 정교한 세포 기계들을 대단한 창의력을 발휘해서 제작했다는 셈이 된다. 예를 들어 에이즈 바이러스는 기가 막히게 잘 설계되어 있어서 매출이 10억 달러에 달하는 제약업계가 그것을 박

---

4   William Dembski, *The End of Christianity: Finding a Good God in an Evil World*(Nashville: B & H Publishing, 2009), 142-55.

멸하려고 덤벼도 성공하기가 쉽지 않다. 14세기에 유럽을 휩쓸며 인구의 1/3을 죽음으로 몬 흑사병 박테리아도 대단히 훌륭하게 설계되어 있다.

　　지적 설계와 관련된 문헌에 익숙한 독자들은 환원 불가능한 복잡성 (irreducibly complex)의 다양한 구조들이 자연 안에 있다는 진술을 기억할 것이다. 그것들은 뭇 사람들의 시선을 끌며 인간에게 유익하든지(예를 들어 피를 응고시키는 기제) 혹은 즐겁고 귀여운 것(예를 들어 박테리아에 장착되어 회전을 통해 추진력을 내는 작은 모터와 같은 편모)이다. 물론 이것들은 설계자에 대한 믿음을 고양하는 효과적인 사례들이다. 그러나 우리에게 필요한 것은 **따뜻하고 부드러운 털**이 난 생물만이 아니라 고통을 가하고 죽일 수 있도록 설계된 것으로 보이는 생명체들도 포함하는 자연의 복잡성에 대한 광범위한 성찰이다.

　　물론 우리는 자연계 안의 사악한 측면들의 근원이 하나님이라고 말할 수 없다. 성경의 하나님이라면, 잔인하게 갖고 놀기 위해 쥐들을 고문하는 고양이를 디자인(설계)하지 않으셨을 것이다(쥐들이 무슨 짓을 해서 그런 일을 당해야 한다는 말인가). 또한 성경의 하나님이 흑사병을 일으키는 박테리아에 기가 막히게 잘 설계된 능력을 부여해서 지난 2,000년 동안 약 2억 명―그중 다수는 어린이들이다―을 죽게 하지는 않으셨을 것이다.

　　그래서 우리는 계속 암시되어왔던 질문으로 되돌아간다. 이런 사악한 설계의 근원은 무엇인가? 어떤 이는 매우 성급하게 사탄이라고 대답한다. 그러나 그것은 기독교적 관점에서 볼 때도 지나치게 헤픈 대답이다. 자연계 안의 **어떤 것**을 사탄이 만들었다고 치부하는 것은 사탄을 **피조물**의 지위로부터 하나님과 동등한 세상의 공동 창조자로 승격시키는 것이다. 그런 주장은 기술적인 관점에서 볼 때 상당히 이단적이다. 아무리 기독교 신학을 왜곡한다 해도 사탄이 세상의 일부분을 창조했다는 사상은 받아들여질 수 없다. 그런 주장은 아우구스티누스가 젊은 시절에 잠시

가지고 놀았던 마니교라는 유명한 이단을 수용하는 셈이 된다.

유전학자인 포크는 이 문제를 다음과 같이 요약했다. "우리가 기독교 신학으로부터 알고 있는 사탄은 생명 기계(life's machinery)의 설계자가 아니다. 물론 그렇게 믿고 싶은 사람은 그렇게 할 자유가 있다. 그러나 그렇게 할 때 그들은 과학적 환상, 혹은 더 나아가 신학적 이단의 섬으로 이주한 셈이 된다."[5]

이제 사악한 설계의 책임을 인간의 죄나 사탄이나 하나님께 지울 수 없다면 우리는 어떻게 해야 할까? 여기서 진화론이 기독교 신학에 소중한 공헌을 할 수 있다. 우리는 진화론이 선사하는 매우 긍정적이고 건설적인 통찰을 발견하는데, 이것은 전통적인 신앙―우리는 이것을 폄훼할 의도가 전혀 없다―에 관해 진화론이 던졌던 도전과 대비되는 것이다.

어떻게 진화론이
믿음을 도울 수 있을까?

과학은 자연이 그 자체에 내재하는 창조 능력을 지니고 있다는 사실을 놀라울 만큼 명확하게 보여주었다. 예를 들어 빅뱅 이후 아무것도 없고 오직 소립자들만이 엄청난 속도로 날아다니는 우주의 상태를 상상해보자. 무심하게 끌어당기는 중력은 점차 그 입자들을 모아 흥미로운 계층 구조를 형성한다. 그것들은 별, 은하, 은하 무리(clusters), 초은하 집단(super clusters) 등을 이룬다. 우리는 중력이 원자들을 모아 별을 만들어낼 수 있는 창조 능력(power)을 가지고 있다고 말할 수

---

5   Darrel Falk, "On Reducing Irreducible Complexity, Part II," Science and the Sacred, September 21, 2009〈http://blog.beliefnet.com/scienceandthesacred/author/darrel-falk-1 /2009/09/index.html〉.

있다. 물론 우리는 기독교인으로서 이런 능력—훌륭하거나 지루한, 단순하거나 복잡한, 경이롭거나 끔찍한 것을 모두 창조할 수 있는 능력—이 하나님으로부터 왔다고 단언한다. 그러나 그 힘을 실제로 행사하는 것은 자연이다. 방금 중력의 예가 그것을 보여준다. 물론 이것은 자연이 인격이나 의도를 지니고 있다는 뜻은 아니다. 예를 들어 중력이 원자들이 모인 구름을 보고서 "내가 이것으로 별을 만들어야겠다"고 생각하지는 않는다. 그러나 중력의 사례는 자연이 외부의 도움 없이도 어떤 일—때로는 놀라울 정도로 훌륭한 일—을 행하는 현실을 나타내준다.

예를 들어 바위 표면에 형상을 조각하는 밀물과 썰물을 생각해보자. 물이 하루에 두 번씩 수천 년을 밀려왔다가 밀려 나가면서 기가 막힌 광경의 자연 예술품을 만들어낸다. 이와 마찬가지로 돌연변이와 자연선택도 수천 년에 걸쳐서 종의 특성들을 조각한다. 비버 같은 종은 나무들을 넘어뜨려 댐을 지으면서 그 지역의 땅 모양을 극적으로 바꾸어놓는다. 자연에 대한 이런 관점은 하나님이 근원적 원인 외에 부수적 원인을 통해서도 일하신다고 이해하는 전통적인 신학 개념과 일치한다.

이런 그림은 자연 속의 많은 과정이 흡사 **자유**처럼 보이는 어떤 순수한 예측 불가능성을 드러낸다는 것을 알아차릴 때 한층 더 흥미로워진다. 원자들의 안과 밖에서 일어나는 전자들의 행동은 그것들이 외부 영향력 혹은 과거 역사의 결과가 아니라는 점에서 정말로 자유롭다. 예를 들어 원자의 바깥쪽 궤도를 도는 전자는 몇 개의 안쪽 궤도 중 하나로 뛰어들 수 있고, 이때 그 원자가 어떤 행동을 선택하도록 결정하는 것은 아무것도 없다. 우리는 핵물리학으로부터 수소 원자 속의 전자가 최종적으로는 가장 안쪽의 첫 번째 궤도로 이동한다는 것을 안다. 이것이 안정적이고 "정상적인" 위치다. 그러나 이 전자를 자극해서 더 큰 바깥 궤도로 점프하게 만들 수 있다. 그래도 그 전자는 항상 "정상적인" 위치로 되돌아올 것이다.

이것은 공중으로 쏜 화살이 땅에 떨어질 수밖에 없다는 속담과 같다.

예를 들어 그 전자가 원자의 9번 궤도에 있다고 가정해보자. 그리고 불쌍한 토성이 현재 궤도로부터 좌천되어 9번 궤도에서 돌고 있다고 비유해보자. 원자가 태양계와 다른 점 가운데 한 가지는 전자들이 기회만 생기면 당장 더 안쪽의 궤도로 점프한다는 것이다. 전자들은 가장 안쪽의 궤도로 점프할 때까지 그 시도를 멈추지 않을 것이다. 9번 궤도에 있는 전자가 가장 안쪽의 궤도로 직접 가로질러 점프할 수도 있다. 아니면 3번 궤도에 먼저 착륙한 다음에 1번 궤도로 다시 점프해도 된다. 혹은 7번 궤도로 먼저 뛰고 그다음에 6번, 마지막으로 1번 궤도에 도착할 수도 있다. 가능성은 정말 다양하다.

양자물리학이 준 큰 충격은 동일한 원자들 안의 동일한 전자들이 각기 서로 다른 행동을 "선택"한다는 발견이었다. 혹은 같은 전자가 때에 따라 다른 행동을 할 수도 있다. 전자들은 마치 층계를 뛰어 내려가는 아이들처럼 자유롭게 행동하는 것처럼 보인다. 나이가 다소 많은 용감한 남자아이는 층계 바닥까지 단번에 뛰어내린다. 그러나 그 아이의 여동생은 한 계단씩만 내려간다. 다른 아이들도 서로 다른 높이로 뛰어내리는데, 그것은 자유롭게 선택된 것처럼 보이고 예측될 수 없다. 아이들은 모두 층계의 바닥까지 내려오지만, 거기까지 도달하기 위한 경로는 제각기 자유롭게 선택된 것이다.

전자들이 가진 자유는 공중으로 던져진 동전의 앞뒤가 나오는 자유와 완전히 다르다. 던져진 동전의 소위 "자유"는 사실은 자유가 아니고, 단순히 그 결과를 결정하는 관련 요인을 전부 알지 못한다는 우리의 무지를 나타낼 뿐이다. 만약 관련 요인들에 관한 완전한 정보가 있다면 우리는 동전이 던져진 결과를 확실히 알 수 있을 것이다. 그 확실성은 헬륨 풍선을 아이가 놓치면 그것이 하늘로 올라간다는 것을 예측할 수 있는 정도와 같을 것이다.

그러나 전자들의 자유는 진짜다. 아인슈타인을 포함한 20세기의 가장 명석한 과학자 중 다수가 자연이 정말로 그렇게 행동할 수 있다는 사실을 깊이 의심했다. 그들은 가능한 모든 반론을 제기했다. 아인슈타인은 자신의 심증을 "신은 주사위를 던지지 않는다"라는 표현으로 나타냈다. 그런데 이는 세상이 진실로 자유롭고 예측 불가능하다는 사실에 대한 믿음을 거부하는 것이었다. 그러나 이런 모든 반론은 단숨에 쓸려가 사라져버렸다. 새로운 양자물리학 이론이 자연이 진정한 자유를 소유한다는 사실을 거의 모두를 만족시킬 만큼 놀랍도록 성공적으로 증명한 것이다.

이런 그리고 그와 관련된 다른 상황들은 자연에 관한 새로운 시각을 우리에게 요청한다. 우리는 이제 18세기 물리학자들이 흔히 생각했던 것처럼 미래가 이미 결정되어 있다고 가정할 수 없다. 실제 미래는 열려 있는 것이다. 그것은 단순히 현재 과정들의 예측 가능한 연장선에서 알려지는 것이 아니다. 다른 한편으로 자연의 자유는 세계가 안정적 상태를 유지하도록 보장할 수 있는 방식으로 제한되어 있다. 지구라는 행성은 갑자기 태양 속으로 떨어지지 않을 것이고, 에베레스트산이 갑자기 땅에서 분리되어 공중에 둥둥 떠도는 일도 없을 것이다.

자연이 자유를 갖고 있다는 사실은 매우 도발적이며 신학적으로도 암시하는 바가 크다. 하나님은 새로움을 탐구할 수 있고 새로운 일들을 시도해볼 수 있는 능력이 내재된 세계를 창조하셨다. 그러나 그 모든 자유는 전반적인 규칙성의 틀 안에 놓여 있다. 이것이 바로 지금 존재하는 이 세상의 속성이다.

여기서 핵심은 하나님이 창조세계에 수여하신 창조성이 그분이 우리 인간에게 주신 자유와 신학적 유비를 이룬다는 사실이다. 인간과 마찬가지로 창조된 모든 세계도 자유를 소유한다. 자유는 그것을 합당하게 사용해야 하는 책임과 함께 온다. 하지만 그것은 우리가 끔찍한 일을 행하지 못하도록 막아주지는 못한다. 하나님이 인간에게 주신 자유는 아우슈비츠나 다하우에 있는 가스실을 지을 때, 그리고 2001년 9월 11일에 세계무역센터를 파괴할 때도 사용되었다. 그러나 우리에게는 자유가 있기에 가스실을 만든 책임이 하나님께 있다고 말하지는 않는다. 그런 악에 관해 하나님은 책임이 없으시다.

똑같은 이유로—도덕적 차원을 벗어나서—자연의 자유가 흑사병과 같은 치명적인 살인 병기로 가는 진화를 이끌 때도 하나님께는 책임이 없다. 하나님이 자연의 미세한 사건에 간섭해서 자연계의 자율성을 파괴하지 않는 한 그런 일은 발생하기 마련이다. 마찬가지로 하나님이 인간의 모든 의사 결정에 강제적으로 간섭하시지 않는 한 우리는 자주 우리의 자유를 남용하게 될 것이다.

포크와 그의 동료 유전학자 프란시스코 아얄라(Francisco Ayala)에 따르면 하나님이 "직접 개입하면서 창조하셨다면, 하나님은 세상의 모든 나쁜 설계에 대해 책임을 지셔야 할 것이다." 그런데 그들은 "하나님이 진화가 자연선택을 통해 나쁜 설계들을 발생시키도록 세상을 조성하셨다"라고 제안함으로써 진화가 그 문제를 해소해준다고 주장한다.[6] 이는 매우 미묘한 핵심이며 많은 사람이 이를 간과한다.

예를 들어 지적 설계 운동의 리더인 뎀스키는 그런 구분에 반대한다. 한쪽에는 창조하고 그 결과에 관해 책임지셔야 하는 하나님의 자유가 있다. 다른 쪽에는 자연이—하나님의 자유와는 별개로—스스로의 자유를 조금 가질 수 있도록 허용하실 수 있는 하나님의 자유도 있다. 이는 대부

6   Karl W. Giberson, "Evolution and the Problem of Evil," Science and the Sacred, cred, September 28, 2009⟨http://blog.beliefnet.com/scienceandthesacred/ author/karl-giberson-1/2009/09/index.html⟩.

분의 신학 전통에서 말하는 대로 우리가 자유의지를 가진 것과 비슷하다. 후자의 경우에 하나님은 그 결과에 대해 책임이 없으시다. 하지만 뎀스키는 양자가 실제로 다르지 않다고 지적하며 이렇게 말한다. "하나의 경우에는 하나님이 직접적으로, 다른 경우에는 간접적으로 행동하신다.…그러나 창조자 하나님은 모든 존재의 근원이시기에 이 경우에나 저 경우에나 모두 책임이 있으시다."[7]

뎀스키는 하나님이 책임지셔야 하는 일과 그럴 필요가 없는 일들이 구별된다는 주장에 반박하기 위해 다음과 같은 비유를 든다.

우리는 다른 중요한 문제에서는 그런 책임 전가를 인정하지 않는데 왜 여기서만 그렇게 하는가? 만약에 강도가 어떤 사람을 자기 손(직접적 방법)으로 때리든지, 혹은 줄에 묶인 맹견(간접적 방법)을 시켜서 그렇게 하든지 무슨 차이가 있는가? 강도는 두 가지 경우 모두에 똑같이 책임을 져야 한다. 같은 논리가 창조자 하나님께—직접 개입을 통해 창조하신 경우와 진화를 통해 간접적으로 창조하신 경우 모두에서—적용된다.[8]

하지만 이 비유는 그 논쟁의 중심에 자리한 신학적 요점을 놓치고 있다. 그것은 **자유**라는 요점이다. 하나님이 사랑의 창조자로서 피조물에 대한 완전한 주권적 통제를 **피하시고** 그들에게 자유를 허락하신다면, 이것은—보통은 이해하기 힘든 방식으로—피조물들이 하나님으로부터 독립된 행동을 할 수 있다는 것을 의미한다. 그들은 로봇, 꼭두각시 인형, 혹

---

7   William Dembski, "Darrel Falk's Misshapen Theology of Evolution," Uncommon common Descent, September 22, 2009⟨www.uncommondescent.com/ intelligent-design/darrell-falks-misshapen-theology-of-evolution⟩.

8   같은 곳.

은 훈련된 맹견이 되지 않을 자유를 갖고 있다. 인류가 행한 악의 전형인 홀로코스트의 경우에 우리는 뎀스키가 **결코** 하지 않을 것이라고 말하는 바로 그것을 **항상** 하고 있다. 그 악에 대한 책임을 하나님으로부터 나치에게로 옮기는 것이다. 이런 구분은 악의 문제에 관한 기독교적 사고의 특성을 오랫동안 규정해왔다. 이제 우리가 해야 할 일은 단지 그런 일반적 개념을 확장해서 자연이 스스로 행하는 일을 그 개념 안에 포함시키는 것이다.

물론 자연이 자유를 갖고 있다는 생각을 모든 기독교인이 편안하게 받아들이는 것은 아니다. 뎀스키를 포함해서 개혁신학 전통에 깊이 뿌리를 내리고 있는 사람들에게는 하나님의 주권성을 손상하면서 얻는 악의 문제에 대한 모든 해결책은 단지 또 다른 신학적 문제를 만들어낼 뿐이다. 반면에 하나님의 주권성을 개혁신학만큼 강조하지 않는 다른 신학 전통들은 이런 탐구를 덜 위협적인 것으로 생각한다.

우리는 악의 문제를 해결했을까?

서둘러 지적해야 할 것은 여기서 제시된 가정들이 악의 문제를 **해결**하지 못했다는 사실이다. 여전히 우리는 왜 하나님이 직접 개입해서 홀로코스트나 흑사병과 같은 거대한 악을 막지 않으셨는지를 물어야 한다. 그런데 이런 질문을 할 때 우리는 이미 하나님이 사건들―하나님 안에 기원을 두고 있지 않은 사건들―이 전개되는 과정에 개입하셔서야만 악을 막을 수 있다고 전제하고 있다. 만약 하나님의 계획이 사람들에 대한 진정한 자유―그것이 선을 위해 행사되든 악을 위해 행사하든 관계없이―의 수여를 포함하고 있다는 사실을 받아들인다면 우리는 홀로코스트―그것이 얼마나 끔찍하더라도―와 같은 것도 하나님의 창조 목적의 큰 틀 안에서 일어날 수 있는 일이라고 인정할 수 있다.

이 주장은 새로운 것이 아니다. 이는 전통적인 주장을 다르게 제시함으로써 진화가 믿음의 친구가 될 수 있음을 볼 수 있게 해주려는 것이다. 물론 우리는 이것이 악의 문제를 경감시키는 데 얼마나 도움이 될지에 관해 의견을 달리할 수 있다. 앞서 말한 것처럼 악의 문제는 해결되지 않았다. 그러나 진화가 악의 문제를 덜 심각하게 만든다고 확실히 주장하고 싶다. 고양이가 쥐를 고문하도록 만드는 본능은 진화 과정에서 자연적으로 그리고 자유롭게 출현할 수 있다. 그런 본능이 하나님의 마음으로부터 출발할 필요는 없는 것이다.

회의론적 유신론자인 마틴 가드너(Martin Gardner)는 "악: 우리가 그 이유를 알지 못하는 이유"라는 자신의 논평에서 비슷한 주장을 편다. 가드너는 하나님을 믿는 믿음 안에서 악은 풀 수 없는 문제이며, 우리 존재에 대한 신비의 일부로서 단순히 받아들여야만 하는 것이라고 간주한다.[9] 케임브리지 대학교의 신학자 프레드릭 테넌트(Frederick Robert Tennant)는 다음과 같이 묘사한다. "악은 우리가 존재하기 위해 반드시 지불해야 하는 대가다." 그는 덧붙인다. "도덕적인 악은 자유의지의 필수 동반자다. 물리적인 악은 구조적 세계의 필수 동반자다."[10]

17세기의 위대한 철학자이자 수학자인 라이프니츠(Gottfried Leibniz)는 가드너의 진술에 변화를 준다. 세상에 많은 끔찍한 일들이 있지만 이 세계는 여전히 "모든 가능한 것들 가운데 최선의 세계"라는 것이다. 라이프니츠는 아마도 현재의 상태가 현재 세계처럼 흥미롭고 의미 있는 세계를 창조하기 위한 최선의 방법이라고 주장하는 듯이 보인다. 재앙의 가능

---

9   Martin Gardner, *The Whys of a Philosophical Scrivener*(New York: William Morrow, 1999).

10 Frederick Robert Tennant. 앞의 책에서 재인용.

성이 전혀 없는 싱거운 세상, 혹은 하나님이 항시 개입해서 재앙을 막는 세계는 라이프니츠에 따르면 현재 우리의 세계보다 열등하다.[11]

하지만 앞서 언급한 주장 중에 그 어느 것도 사랑의 하나님이 자연재해나 질병 혹은 자연선택을 통해 진화한 기생충으로부터 오는 고통을 허용하시는 이유를 완전히 이해할 수 있게 하거나 쉽게 수용하도록 해주지는 못한다. 폴킹혼은 진화의 이런 불행한 부산물을 물리적 악의 결과라고 부른다.[12] 그것들은 파괴와 고통을 야기한다. 그러나 인간이 그것을 야기하는 것은 아니다.

하나님이 인간을 창조하기 위해 사용하신 바로 그 기제에서도 세포의 자기 복제 과정에서 일어나는 유전자 정보의 "오류"(misspelling)가 있고 그것이 암을 유발하면 고통과 괴로움을 야기할 수 있다. 이와 마찬가지로 물리, 화학, 기후, 지표 지질학의 법칙을 포함하여 행성의 생명을 보존시키는 힘들이 다른 한편에서는 자연재해를 일으킬 수 있다. 인간에게 허락된 자유의지와 마찬가지로 하나님은 지속적으로 이런 영역들에 개입하지 않으신다. 그렇게 하신다면 창조세계에 본질적으로 내재하는 자유를 방해하게 되고, 우주 안의 모든 물질과 에너지에 대한 하나님 자신의 일관성 있는 유지 원칙을 깨뜨리시게 될 것이다. 그런 일관성이 없다면 과학은 불가능하게 되고 도덕적 선택은 와해될 것이며 이 세계는 지금처럼 의미와 기회로 가득한 풍성한 실재가 되지 못했을 것이다.

만약 하나님이 인간들의 도덕적 선택(예를 들어 자살 시도)과 자연 사건들(예를 들어 쓰나미)이 악한 결과를 초래할 때마다 개입하여 막으신다면 도

---

11 1770년 Leibniz의 이런 고전적 논쟁에 대해 Gottfried Leibniz, *Essais de Théodicée sur la bonté de Dieu, to liberté de l'homme et l'origine du mal 1710*(or *Essays on the Justice of God and the Freedom of Man in the Origin of Evil*)을 보라.

12 John C. Polkinghorne, *The Faith of a Physicist: Reflections of a Bottom-Up Thinker*(Princeton, N. J.: Princeton University Press, 1996), 83.

덕적 책임은 사라질 것이고 자연계는 일관성을 잃을 것이다. 우리가 운전 중에 이성을 잃고 극도의 분노가 치밀어 무단 횡단하는 10대 청소년들을 마구 차로 들이받아도 괜찮을 정도로—그들이 차에 치이기 일보 직전에 하나님이 그들을 안전하게 낚아채서 우리가 그들을 해치지 못하게 하실 것을 확신하기 때문에—완전히 자유롭다는 어떤 세계를 한번 상상해보면 도움이 될 것이다.

선과 악의 실재는 하나님의 존재에 대한
논란을 일으킬까?

앞서 말한 것처럼 악은 선하고 사랑이 많으신 하나님의 존재에 도전한다. 동시에 악은 하나님의 존재를 부정하는 사람들에게도 도전이 된다. 왜냐하면 악의 **불공평함**이 하나님의 존재를 가리키는 것으로 해석될 수 있기 때문이다.

불의, 곧 행복과 고통의 불평등한 분배에 대해 불평하는 사람은 마땅히 실현되었어야 했을 정의를 유지하고 일종의 질서를 제공할 책임이 있는 더 큰 초월적 구조에 호소한다. 가난한 나라의 어린이들은 굶는 반면에 부유한 나라들은 돈과 자원을 낭비하는 걸 보면 우리 대부분은 뭔가 잘못되었음에 동의한다. 그러나 그 주장의 근거는 무엇인가? 순전히 물질주의적인 세계에서 생명이란 단지 분자들의 복잡한 집합체로 여겨질 뿐인데, 하나의 분자 집합체가 다른 집합체에 관해 무슨 의무를 질 수 있을까? 우리는 어떤 나무에게 햇빛을 저 혼자만 받고 그것이 그늘진 덤불을 햇빛을 찾아 몸부림치다 시들게 만든다고 책망하지 않는다. 마찬가지로 우리는 배부른 은행가가 집 없는 가정의 아이들이 가질 수 없는 것을 풍성히 갖고 있다고 해서 그를 야단칠 수 있을까?

공평하게 말하자면 많은 무신론자와 불가지론자들은 자비를 격려하고 공평함을 선전하는 윤리 체계를 만들었다.[13] 그중 많은 이는 정직한 인격을 갖추었으며 그들의 삶은 개인적 도덕의 합당한 토대를 제공할 만큼 훌륭했다. 이와 대조적으로 많은 기독교인은 방종적이고 남과 나눌 생각이 없는 굉장한 부를 누리고 있다. 생각이 깊은 사람들이 세계의 의미를 이해하고자 시도하는 상아탑 안에서는 하나님이 계신 도덕적 질서가 그분이 없는 경우의 질서보다 더 탄탄한 듯이 보이기는 한다.[14] 그러나 이런 정서에 동의한다고 해도 우리는 그들의 주장을 너무 과대평가하지 않도록 조심해야 한다.

도덕적 기준의 존재와 같은 실재의 한 측면을 설명하기 위해 하나님을 끌어들이는 것은 최선의 경우라 해도 애매한 시도에 그친다. 물론 그렇게 주장하는 비판가들에게도 어느 정도의 정당성은 있다. 그들은 그런 설명이 단지 "틈새의 하나님"(god-of-gaps) 전략—적절한 과학적 설명으로 채워지지 않는 모든 빈틈을 하나님을 언급하여 메우려는 전략—이라고 비난한다. 다윈은 그런 틈새 가운데 가장 큰 것을 진화론으로 메웠다. 그러나 다윈의 이론이 도덕의 의미를 적절하게 설명할 수 있을 것이라고는 일반적으로 동의하지 않는다.

자연선택이 협력과 기초적 이타주의를 지지한다는 증거는 많다. 그러나 진화로 설명될 수 있는 경계를 훨씬 넘어서는 강력한 형태의 이타주의—예를 들어 테레사 수녀(Mother Teresa)나 오스카 쉰들러(Oskar

---

13 예를 들어 Greg Epstein, *Good Without God: What a Billion NonReligious People Believe*(New York: William Morrow, 2009)를 보라.

14 John Polkinghorne, *Belief in God in an Age of Science*(New Haven, Conn.: Yale University Press, 1998), 이정배 옮김, 『과학시대의 신론』(동명사, 1998). 또한 참고. Tim Keller, *The Reason for God*(New York: Penguin Group, 2008), 권기대 옮김, 『살아있는 신』(베가북스, 2010).

Schindler)—도 있다. 이런 예외들은 우리의 과학적 세계관에 틈을 만드는데, 그 틈새는 하나님에 대한 언급으로 일단 메워질 수 있다. 그러나 이는 페일리가 제시한 역사적 예시가 분명히 보여주듯이 위태로운 일이다.

다윈보다 앞선 시대에 사람들이 널리 믿었던 신념이 있었다. 그것은 자연의 복잡한 물리적 국면들(physical features)을 설명하기 위해서는 하나님이 요청된다는 신념이었는데 젊은 과학도 시절의 다윈도 그것을 열렬히 지지했다. 이 관점은 1802년에 출간된 페일리의 유명한 저서『자연신학, 혹은 자연현상에서 수집된 신의 존재와 속성에 대한 증거』(*Natural Theology, or Evidences of the Existence and Attributes of the Deity collected from the Appearances of Nature*)에서 명료하게 표현되었다. 다윈도 기억하고 있었던 그 책의 유명한 구절에서 페일리는 다음과 같이 말한다.

> 황야를 가로질러 가는 중에 발이 돌에 부딪혔는데, 누가 내게 어떻게 돌이 거기 있게 되었냐고 물었다고 가정해보자. 아마도 나는…돌이 거기에 거의 영원히 놓여 있었다고…대답할 것이다. 그러나 이번에 내가 땅에서 시계를 발견했고, 누가 시계가 어떻게 거기 있게 되었냐고 물었다고 생각해보자. 여기서 나는—내가 아는 모든 것으로 미루어 볼 때—방금 말했던 대답 곧 시계가 과거부터 항상 거기 놓여 있었다는 대답을 거의 고려할 수 없다.[15]

자주 인용되는 페일리의 이 구절은 그 시계를 설명하려면 시계의 제조자가 반드시 존재해야 한다는 논리적 추론으로 이어진다. 그 시계는 지적 설계의 명확한 증거라는 이유에서다.

논란의 여지가 있기는 해도 다윈의 업적은 바로 그런 놀랍도록 정교

---

15 William Paley, *Natural Theology*(Cary, N.C.: Oxford University Press, 2006), 7.

한 자연의 국면이 형성될 수 있는 기제를 제시한 데 있다. 몇몇 사람들은 다윈의 이론이 신앙에 대한 모욕이라고 생각했다. 그러나 그것은 단지 페일리가 제시한 유의 주장을 하나님의 존재에 대한 합당한 증거로 받아들였기 때문이다. 어떤 변증론적 주장이 종교적 신앙(belief)의 토대인 믿음(faith)의 **대안**으로 형성되고 제시될 때, 훗날 지식이 진보함에 따라 그 논증의 토대가 허물어질 수 있다는 위험이 언제나 따라온다. 이런 지식의 진보는 믿음을 부식시키는 것처럼 **보일 수 있지만**, 사실은 하나님의 존재에 관한 미심쩍었던 신학적 주장을 적합한 틀로 구성하여 개선한 것이다.

19세기 빅토리아 여왕 시대의 사람들이 페일리와 같은 주장들을 신뢰했던 만큼, 그 믿음은 다윈 이론의 도전을 받을 수밖에 없는 숙명에 이르렀다. 이에 관해 리처드 도킨스(Richard Dawkins)는 특유의 뻔뻔함을 가지고 자신의 저서 『눈먼 시계공: 진화의 증거가 설계 없는 세계를 드러내는 이유』(*The Blind Watchmaker: Why the Evidence of Evolution reveals a Universe without Design,* 사이언스북스 역간)에서 다음과 같이 말한다.

> 다윈 이전의 무신론자는 흄을 따르며 이렇게 말할 수밖에 없었을 것이다. "복잡한 생물학적 설계에 관해 나는 설명할 수 없다. 다만 내가 아는 것은 하나님이 좋은 설명이 될 수 없다는 것이다. 그러므로 우리는 기다리면서 누군가 미래에 더 나은 설명을 해주기를 희망하는 수밖에 없다." 비록 논리적으로는 건전해 보이지만, 이런 관점은 그 사람에게 매우 불만족스러운 느낌을 주었을 것이라고 나는 생각한다. 다윈 이전의 무신론은 논리적으로만 방어될 수 있는 주장이었지만, 다윈은 이제 무신론자도 지적으로 충분히 만족할 수 있게 해주었다.[16]

---

16 Richard Dawkins, *The Blind Watchmaker*(New York: W. W. Norton, 1987), 6.

여기서 도킨스는 페일리의 유신론적 논증이 무신론에 대한 주된 장애물이며, 이 장애물만 제거되면 무신론이 무난히 낙승할 것으로 예상한다. 물론 하나님을 믿는 믿음은 그보다 훨씬 복잡하기 때문에 도킨스 같은 아마추어 신학자가 우리를 위해 신학을 대신 연구해줄 수는 없다. 그러나 그의 주장에 담긴 요점은 좋은 참고가 된다.

도덕(morality)의 문제는 어떻게 될까? 도덕적 기준의 존재도 시계의 존재와 비슷할까? 즉 시계처럼 우리가 발견한 그대로의 모습 안에서 그것을 만드신 창조자를 가리킬까, 아니면 도덕적 기준은 인류의 큰 두뇌처럼 진화를 통해 설명될 수 있을까? 여기서 우리가 제시하는 관점이 유익한 이유는 우리는 하나님이 자연 과정들을 통해 도덕적 기준을 만드실 수 있다고 보기 때문이다. 그러나 현재 이것을 지지해주는 설득력 있는 이론은 없다. 다만 로버트 라이트(Robert Wright)가 자신의 저서 『하나님의 진화』(*The Evolution of God*)에서 흥미로운 가설을 만들어냈다. 인류가 자연적으로 발전한 높은 수준의 도덕감(ethical sense)을 가지게 된 것은 세상 자체가 타인에 대한 연민과 관심에 관해 더 크게 보상하는 구조를 갖고 있기 때문이라는 것이다. 그래서 그는 하나님이 세상을 현재와 같은 상태로 진화하도록 창조하셨다는 가설은 합리적 설명이라고 주장한다.[17]

신학적으로 말하자면 하나님이 인내심을 가지고 오랜 기간에 걸쳐 특정한 결과를 낳기 위해 꾸준히 일하신다는 생각은 상당히 합리적이다. 그러나 과학은 이런 주장에 크게 기여하기가 어렵다.

물론 지금까지 이해한 것에 기초해서 이렇게 말할 수 있다. 도덕적 기준의 편재와 보편성은 하나님의 존재와 전적으로 **일치**하며, 더 나아가 하나님을 가리키는 지표가 될 수도 있다. 기독교인들은 자신의 세계관이 자

---

17 Robert Wright, *The Evolution of God* (New York: Little, Brown, 2009).

신의 경험과 일관성 있게 일치하는지 마땅히 확증해야 한다. 그러나 너무 조급하게 하나님의 존재에 대한 논리적 논증을 그 토대 위에 세워서는 안 된다. 왜냐하면 그 토대는 나중에 언제든지 무너질 수 있기 때문이다. 반면에 만일 하나님이 도덕적 질서를 지지하지 않으신다면, 그것을 도덕적 질서라고 생각할 이유가 전혀 없다. 왜냐하면 도덕이 원자와 분자에 토대를 둘 수는 없기 때문이다.

우리가 인간의 도덕적 본능을 어느 정도 실재하는 것으로 받아들인다면—즉 인종 청소 혹은 아동 성폭행 등에 대해 몸으로 우러나는 본능적 반응이 단순한 정서적 반작용 이상의 것이라면—우리는 자연 질서를 초월하는 어떤 실재(reality)와 대면하는 셈이다.[18] 과학은 단지 세계가 어떤 존재 상태에 있는지만 말해줄 수 있다. 예를 들어 우리는 대부분의 사람이 아동 성폭행에 대해 강한 반작용을 보인다는 사실만을 제시할 수 있다. 그러나 그런 행동이 잘못되었다는 강력한 느낌은 진화의 역사에 근거를 두지 못한다. 그런 도덕법의 실재성을 받아들인다면, 그때 우리는 그 법의 근원을 질문해야 한다. 하나님은 바로 그런 탐구에 관해 합당한 결론이 되신다.

하나님의 존재는 신적 본성의 한 부분이 아닐까?

많은 종교에서 신의 근원(origin)은 간단한 문제로 미리 앞서 간주되기 때문에 따로 입증할 필요가 없다. 기독교는 하나님이 영원하시기에 신적 존재의 시작은 없다고 가르친다. 시편은 하나

---

18 James Franklin, *What Science Knows and How It Knows It*(New York: Encounter Books, 2009), 249-50.

님의 영원한 본성에 관해 명확히 말하면서 하나님의 존재를 확증하지만 논쟁을 위해 그것을 변호하지는 않는다.

> 산이 생기기 전, 땅과 세계도 주께서 조성하시기 전 곧 영원부터 영원까지 주는 하나님이시니이다(시 90:2).

이 구절 및 이와 비슷한 구절들은 하나님과 시간의 복잡한 관계를 적어도 성경적 관점에서 부각시킨다. 수백 년 동안 신학자들은 하나님과 시간의 관계에 관해 토론했지만, 어떤 합의된 결론에 이르지 못했다. 의심할 바 없이 그들은 앞으로 계속 토론할 것인데, 왜냐하면 이 문제는 아마도 우리가 대답할 수 있는 수준 너머에 있기 때문이다. 특별히 물리학자들도 시간에 관해 많이 숙고했지만 그것이 정확히 무엇인지 알지 못한다.[19]

한편으로 하나님은 시간 그 자체의 창조자이기 때문에 시간의 외부에 존재하시며 역사 전체를 동시적으로 보신다. 시편 90:2 같은 구절은 이 관점을 지지한다. 다른 한편으로 이 관점은 클라크 피노크(Clark Pinnock), 존 샌더스(John Sanders), 그레고리 보이드(Gregory Boyd)를 포함하는 성서학자들의 비판을 받는다. 이들은 성경에서 하나님이 시간 **안에서**(in) 행동하시는 분으로 묘사된다고 지적한다. 하나님은 모든 사건이 전개되는 경로의 외부에서 바라보기만 하시는 분이 아니라는 것이다.[20] 예를 들어 소돔과 고모라의 운명에 관해 아브라함과 협상하실 때(창 18:16-33), 혹은 노

---

19 Stephen Hawking, *A Brief History of Time*(New York: Bantam Books, 1988), 『쉽게 풀어 쓴 시간의 역사』(청림출판, 2000).

20 Clark Pinnock et al., *The Openness of God: A Biblical Challenge to the Traditional Understanding of God*(Downers Grove, Ill.: InterVarsity Press, 1994); Gregory Boyd, *God of the Possible: A Biblical Introduction to the Open View of God*(Grand Rapids: Baker, 2007).

아 시대에 사람들을 지으신 것을 후회하며 탄식하실 때(창 6:5-8) 하나님은 시간 속에 완전히 들어와 계시고 사건들의 시간적 발생에 따라 응답하신다. 그러나 우리는 시간이나 하나님의 본성에 관해 아는 것이 거의 없다. 그래서 하나님이 시간 밖에 계시기도 하고 그와 동시에 시간 속에서 행동하실 수도 있다는 가정을 강하게 거부해야 할 이유도 없다. 이 경우에 하나님이 시간을 포함한 만물의 창조자이신 동시에 창조 과정들 안으로 개입하시는 것은 얼마든지 가능하다.

물론 종교적 교리에 기초한 논증은 종교가 없는 사람들에게는 적절한 것이 될 수 없다. 사실 많은 기독교인은 하나님의 무시간성에 기초한 논증들을 거부한다. 왜냐하면 무시간적인 존재라도 그들이 어떻게 존재하게 되었는지에 대한 설명이 필요할 것이기 때문이다. 많은 기독교인은 다른 근거에 기초해서 하나님의 존재를 증명하려는 시도들을 거부하면서도 하나님을 믿는 신앙(belief)을 단순히 개인적 **신념**(faith)의 문제로 확증한다. 우리는 하나님의 존재에 대한 특별한 논증들을 확신하지 못한다고 해도 하나님을 믿을 수 있는 것이다.

어쨌든 하나님이 모든 것의 창조자이신데도 여전히 하나님의 존재에 대한 원인(cause)을 요구한다면, 우리는 원인의 원인의 원인…을 무한히 역추적해야 하는 "논리적 도미노"의 문제와 직면하게 된다. 이런 무한한 역추적 문제를 피하는 유일한 길은—기독교 신학이 언제나 그렇게 해왔듯이—하나님이 제1원인이시고 전적으로 스스로 존재하신다(self-existent)고 말하는 것이다. 이것은 하나님의 존재의 원인은 바로 그 하나님이란 말의 정의(definition) 안에 포함되어 있다는 뜻이다.

이 관점은 매력적으로 보일 수 있으나 이런 주장이 그저 교묘한 말장난에 불과하다고 비난하는 회의론자를 설득하기에는 역부족이다. 어떻게든 하나님이 존재한다는 논증을 만들어내기 위한 방식으로 하나님을 정의했다고 보이기 때문이다. 회의론자들은 종종 우주는 그 자체 안에 자신의 존재 이유를 포함하고 있다는 가설을 대안으로 내놓으며 이렇게 말한다. 그런 주장이 하나님의 존재에 관해 사실이라면 왜 그것이 우주에 대해서는 적용될 수 없을까?

하지만 만물의 존재에는 원인(cause)이 있고 만물이 현재의 모습을 하고 있는 것에도 다 이유(reason)가 있다는 상식적 직관을 의심해볼 필요가 있다. 그런 영원한 순환의 가설에 도전한 것은 신비한 양자 세계를 드러낸 20세기의 물리학이었다. 양자적 실재(reality)에서 사물은 종종 지금 존재하는 그 방식으로 있어야 할 이유가 전혀 없는 것처럼 보인다.

만물의 존재가 반드시 원인(cause)을 가지고 있고 만물이 현재의 모습을 하고 있는 것에도 반드시 이유(reason)가 있다는 상식적인 직관은 이른바 "합성의 오류"(fallacy of composition)의 공격에 시달린다. 부분들의 속성이 전체에도 적용된다고 가정할 때 우리는 그 오류에 빠진다. 예를 들어 모든 인간에게 어머니가 있다고 해서 인류 자체가 어머니를 갖는다고 추론하면 안 된다. 다른 예로서 구 모양의 집합체가 반드시 구형이 되어야 할 필요는 없고, 모든 유한수의 집합은 유한하지 않은 것 등을 생각할 수 있다. 우주의 기원에 대해 논의할 때 우리는 우주의 모든 개별 부분이 원인을 가지고 있기 때문에 전체로서의 우주도 원인을 가져야 한다고 말할 수 없다. 반면에 단지 어떤 주장의 과정에 오류가 있다고 해서 그 결론이 반드시 거짓인 것은 아니다.

원인에 관한 직관을 둘러싼 논리와 무관하게 현대 우주론은 우주가 진정으로 시작점을 갖는다는 사실에 대한 강한 힌트를 제공한다. 이 깨달음은 기원에 관한 새롭고 흥미로운 대화들을 개시했다. 어떻게 보면 시작점이 있는 우주는 존재의 원인을 꼭 가지고 있어야 할 것 같다. 그러나 만약 우주가 무로부터 유래했다면 어떤 것이 우주가 존재하도록 하는 원인을 제공했다고 말하기는 어렵다. 특별히 그 원인이 시간과 공간 안에 제한되어 있다면 더욱 그럴 것이다.

어떤 우주과학자들은 우리 우주가 원인이 없는 양자 요동(uncaused quantum fluctuation)의 결과라고 주장한다. 그 요동들은 전통적인 의미에서 볼 때는 원인이 없다. 그래서 그들은 이 사실이 우리 우주에 존재 원인이 있어야 할 필요성을 제거한다고 주장한다. 그러나 이 논증에는 큰 문제가 있다. 요동하는 진공도 무가 아니다. 양자 진공—공간으로부터 모든 입자와 에너지를 제거할 때 얻어지는 진공—은 **실재**한다. 진공은 자체의 활동성, 법칙, 규칙을 가지고 있다. 우리 우주가 그런 진공의 요동을 통해 존재하게 되었는지는 알 수 없지만, 그 진공 자체는 여전히 설명되지 못했다. 더 나아가 그 주장은 그것이 오해하는 실재성과 마찬가지로, 전적으로 공허한 것임이 드러났다.

우주학자 리 스몰린(Lee Smolin)은 자신의 저서 『우주의 생애』(*Life of the Cosmos*)에서 블랙홀이 새로운 우주를 낳을 수 있다고 제시한다. 그는 우리 우주가 다른 "메타-우주"(meta-universe)에 있는 어떤 블랙홀로부터 출현했다고 제안한다. 또한 어쩌면 지금 우리 우주도 새로운 우주를 잉태하여 생성하고 있을지 모른다고 한다. 추측에 불과할지 모르지만, 그런 과정은 인과율이라는 상식적 개념을 모든 실재의 본성(the nature of all of reality)에 관한 철학적 결론에 이르기까지 연장하는 것에 대해 경고의 메시지를 보내고 있다.[21]

---

21   Lee Smolin, *The Life of the Cosmos*(New York: Oxford University Press, 1999).

증명 대신 확률적 타당성은
어떨까?

이 주제에 대한 유신론자와 무신론자의 견해 차이는 미묘하다. 우주를 포함한 만물에 원인이 있어야 한다고 가정할 때, 무신론자는 제1원인은 무엇 혹은 누구였을까 하는 딜레마에 빠진다. 유신론자에게 그 답은 하나님이다. 하지만 왜 하나님에게는 원인이 없어도 되는지에 관해 만족스러운 설명이 있어야 한다. 그 대답으로 하나님은 공간과 시간 안에 제약되지 않으신다는 전통적인 기독교 신앙의 확신이 유용하다. 그 확신에 따르면 하나님보다 앞선 제1원인의 필요성에 대한 논증은 힘을 잃는다.

다른 한편으로 만약 만물이 반드시 원인을 가질 필요가 없다면 유신론자와 무신론자는 이에 관해 각기 다른 주장을 하며 다툴 이유가 없다.

우리는 그 주장을 인과관계 및 시작점의 중요성에 관한 포스트모던적 직관을 더욱 민감하게 고려하는 방식으로 재구성할 수 있다고 제안한다. 예를 들어 당신이 어떤 종교의 신자로서 다음과 같은 질문을 했다고 가정해보자. 어떤 종류의 우주가 영원하신 하나님을 믿는 나의 믿음과 가장 잘 **조화**될 수 있을까? 이 경우에 대한 대답은 하나님의 실재(reality)를 **긍정**은 하지만 **증명**하지는 못한다. 우리가 경험하는 우주는 그 시작점을 가진 것으로 **보이고**, 또 생명의 존재를 위해 미세하게 조정된 상태로 **보이며**, 사랑과 목적을 위한 공간을 가지는 것으로도 **보인다**. 이런 모습들은 그보다 앞서 하나님을 믿는 당신의 믿음이 **확률적으로 타당**(plausible)하다고 확증해준다.

당신이 무신론적 전제로부터 출발한다고 가정해보자. 우주는 보이는 것처럼 실재하지 않음이 틀림없다. 우주는 진정한 시초도 가질 수 없고, 생명, 사랑을 위해 미세조정되었을 리도 없고, 목적이란 그저 환상의 부수

현상, 즉 호기심을 주는 화학적·물리학적 부산물일 뿐이다. 전체 그림은 밀실 공포증을 느끼게 하는 암울함 그 자체이며, 설사 실재라고 해도 그것은 너무 매력이 없어서 더욱 분명한 수준의 지지가 필요할 것이다.

20세기에 가장 총명하고 무자비할 정도로 정직한 무신론자 중 한 사람인 버트런드 러셀(Bertrand Russell)은 바로 이런 절망감을 자신의 저서 『자유인의 경배』(*A Freeman's Worship*)에서 잘 표현했다.

> 인간이란 자신이 성취하고 있는 결과에 대해 어떤 예지도 갖고 있지 않은 맹목적 원인의 산물이라는 것. 그의 기원, 성장, 희망과 공포, 사랑과 신념들은 단지 원자들의 우연한 배열의 결과라는 것. 어떤 불꽃도, 어떤 영웅주의도, 그 어떤 강렬한 사상이나 느낌도 개인의 삶을 무덤 너머까지 보존할 수 없다는 것. 오랜 세월의 수고, 모든 헌신, 모든 영감, 대낮의 태양처럼 밝았던 모든 천재의 탁월함도 태양계의 광대한 죽음 속에서 소멸될 운명이라는 것, 그리고 인류의 모든 성취의 "성전"이 피할 수 없이 파괴되어 우주의 잔해 아래 파묻힐 것이라는 것…이 모든 일이 논란의 여지가 전혀 없지는 않아도 거의 확실하기에, 그것에 반대하는 어떤 철학도 적수가 될 수 없다. 오직 이런 진리들을 발판으로 삼아 딛고 일어서는 곳에서, 오직 절망에 굴하지 않는 굳건한 토대 위에서, 영혼의 구원은 안전하게 지어질 수 있다.[22]

러셀의 무신론적 관점과 대비되는 유신론자들은 이렇게 확증한다. 세상에서 마주치는 경이로운 기적들은 실재이고, 그것들은 신비한 권능으로 만물을 유지하시는 창조자의 영광에 속하며 그 영광을 반영한다.

---

22 Bertrand Russell, *Why I Am Not a Christian, and Other Essays on Religion and Related Subjects*, ed. George Allen(New York: Simon & Schuster, 1957), 107, 『나는 왜 기독교인이 아닌가』(사회평론, 2005).

그렇다면
우리는 어디에 있을까?

현대 과학이 발견한 세계는, 철학자들과 신학자들이 하나님, 인간, 물질세계, 시간, 인과율 등의 관계에 관한 주장을 펼치며 살아왔던 과거 수 세기 동안의 세계보다 훨씬 더 미묘하고 다채롭다. 하지만 진보한 현대 과학 가운데 어떤 것도 하나님이 창조자라는 견해에 특정한 도전장을 내미는 것은 없다. 어떤 발전, 예를 들어 물리 법칙 안의 미세조정의 발견과 같은 것은 오히려 전통적인 확신을 지지해준다.

그러나 최근에 일어난 과학의 발전을 생각한다면 과거의 논의 전체를 역사적으로 지지해왔던 상식적 가정들은 재고되어야 한다. 물론 우리는 하나님이 창조자라는 주장에 있어 지성적으로 겸손해야 한다. 그러나 하나님이 창조자라는 사실을 부정하는 것은 그보다 더 풀기 어려운 어려움을 많이 불러일으키며, 궁극적으로는 의미와 목적이 중요한 역할을 수행하는 세계관과 관련해 덜 만족스러운 토대만을 제공할 뿐이라는 사실도 자신 있게 말할 수 있어야 한다.

이번 장의 논증들은 인간 이성에 대한 제약 없는 믿음에 기초한, 이른바 확실하고 견고한 증명이란 것을 이제는 회의적인 시각으로 바라보는 포스트모더니즘의 맥락에서 제시되었다. 그 대안으로 우리는 과학이 자신들의 믿음을 부식시킬 것이라고 오랫동안 겁내면서 초조해했던 신앙인들에게 용기를 내라고 말하고 싶다. 생물학적 진화론은 악의 문제에 기초한, 종교적 믿음을 반대하는 주장을 오히려 누그러뜨리고 있고, 우주론의 결론은 무신론이 아니라 유신론을 진정한 세계관의 더욱 자연스러운 기반으로 만들어가고 있기 때문이다.

왜 다윈의 이론에
대해서는
논란이 많은가?

하나님이 큰 바다 짐승들과 물에서 번성하여
움직이는 모든 생물을 그 종류대로,
날개 있는 모든 새를 그 종류대로
창조하시니 하나님이 보시기에 좋았더라(창 1:21).

다윈이 1859년에 『종의 기원』을 출간하기 전에는 모든 기독교인이 일반적으로 창세기의 문자적 해석을 믿었다고 잘못 아는 사람이 많다. 문자적 해석이 교회가 탄생한 1세기까지 소급된다고 오해하는 것이다. 물론 17, 18세기의 전환기에 다수의 기독교인이 젊은 지구 사상을 받아들인 것은 사실이다. 하지만 중요한 다수의 사례들이 그것은 만장일치의 동의가 아니었다는 것을 보여준다. 더욱 중요한 것은 그 가설이 특별히 중요하다고 생각한 사람은 거의 없었다는 사실이다. 실제로는 『종의 기원』이 출간되기 직전의 50년 동안 기독 지성인들 사이에서 점점 더 인기를 얻은 것은 오랜 지구 사상이었다.

우리는 **기독교인들이 널리 공유했던 대중적 믿음**과 **기독교 신학에서 중심적인 믿음** 사이의 중요한 차이점을 강조해야 한다. 수많은 기독교인이 한때 지구가 젊다고 생각했거나 계속해서 그 믿음을 유지하고 있다. 그러나 이것이 그 믿음의 신학적 중요성을 확증해주는 것은 분명 아니다. 비유컨대 기독교인 대다수는 3명의 동방박사가 예수의 탄생 때 베들레헴을 방문했다고 생각한다. 그러나 이런 생각은 젊은 지구에 대한 믿음과 마

찬가지로 성경적이지도 않고 중요하지도 않다.[1]

기독교인들은 처음에
다윈의 이론에
어떻게 반응했을까?

기독교인 대다수가 가진 두 번째 오해는 다윈의 이론이 젊은 지구에 대한 믿음과 맞지 않는다는 이유로 발표되자마자 그 시대 기독교인들의 적대감에 직면했을 것이라는 생각이다. 종의 기원에 대한 다윈의 설명이 여러 가지 중요한 논쟁을 야기한 것은 맞다. 하지만 그 가운데 지구의 나이와 관련된 신학적인 논쟁은 없었다. 사실은 그와 반대였다. 교육을 받은 기독교인들은 오랜 지구 사상을 수십 년 동안 편안하게 받아들였다. 진화론에 대한 논쟁은 지구의 나이보다는 다른 두 가지의 추상적 문제를 중심으로 진행되었다.

첫 번째 문제는 창세기의 창조가 발전(progress)의 맥락보다는 퇴락(decline)의 맥락에서 묘사된다는 것과 관계되었다. 수백 년 동안 기독교인들은 자신들을 둘러싼 세계가 태초의 황금시대로부터 꾸준히 퇴락하고 있다고 보았는데, 다윈은 그와 반대로 생명체들이 단순한 것에서부터 복잡한 것으로 발전해왔으며, 인류는 창조의 정점으로서 최근에 이르러 출현했다고 주장한 것이다.

두 번째 문제는 다윈적 진화의 **기제**가 성경에 계시된 하나님의 속성과 조화를 이룰 수 있을지에 대한 넓은 의미의 우려와 연관되었다. 예를

---

1   성경에 기록된 동방박사 이야기(마 2:1-12)는 그들이 몇 명이었는지 구체적으로 밝히지 않는다. 그들이 3명이었다는 전승은 선물이 3개라는 사실로부터 온 것이다.

들어 오늘날의 다양한 생명체들에 대한 설명을 제공하는 다윈의 이론은 하나님이 창조 행위에서 더 적은 역할만 담당하신 것으로 보이게 한다. 앞서 살펴본 것처럼 이것은 오늘날까지도 인기 있는 토론의 주제다. 그러나 다윈이 자신의 이론을 발표한 직후에도 젊은지구창조론이 창세기에 대한 유일하고 적합한 해석이라고 생각한 사람은 거의 없었다.

다윈 이전에는
어떻게 믿었을까?

다윈이 진화 사상을 최초로 창안한 것은 아니었다. 『종의 기원』이 발간될 무렵에 이미 여러 가지 형태의 진화 사상이 널리 퍼져 있었고, 진화와 본질적으로 같은 의미인 "발달"(development)이 사회나 태양계 역사의 변화를 가리키는 말로 사용되었으며,[2] 보수적 기독교인들 사이에서도 지구가 이전에 생각했던 것보다 훨씬 나이가 많다는 사실이 일반적으로 받아들여지고 있었다.

이런 이해의 토대는 19세기 초기에 일어난 진보주의 운동을 통해 마련되었다. 그 운동은 빠르게 확대된 화석들—부분적으로는 그 당시 산업혁명의 여파로 유럽 전역에서 도로와 터널을 파느라 발견된 화석들—의 발견에 민감하게 반응했다. 특히 기독교 세계관은 공룡을 비롯해 현존하지 않는 동물들의 화석이 발견됨에 따라 이미 충격 속에서 멸종 문제에 다가서는 중이었다.

멸종은 특히 사람들의 마음에 번민을 가져다주었다. 왜냐하면 그것

---

2   David N. Livingstone, *Darwin's Forgotten Defenders*(Grand Rapids: Eerdmans, 1987), xi. 또한 다음 자료를 참고하라. Ronald L. Numbers, *Creation by Natural Law: Laplace's Nebular Hypothesis in American Thought*(Seattle: University of Washington Press, 1977).

은 특별히 노아 홍수의 이야기에서 나타나는 하나님의 목적과 조화될 수 없는 것처럼 보였기 때문이다. 사람들은 만약 하나님이 노아의 영웅적인 구출 행위를 통해 동물들이 홍수로 죽는 것을 막으실 만큼 그것들을 소중하게 생각하셨다면, 홍수 이후에도 동물들이 점진적으로 멸종해가는 것을 외면하지 않으시리라 생각했다. 더 나아가 당시에는 "존재의 거대한 사슬"(Great Chain of Being)이라는 개념이 하나님의 창조 지혜를 예시하는 방법으로 널리 퍼져 있었다. 즉 하나님이 생명체들을 창조하실 때 단순한 무생물로부터 식물들, 동물들, 인간들, 천사들, 최종적으로 하나님 자신에 이르는 거대한 패턴을 이루게 하셨다는 것이다. 시인 알렉산더 포프(Alexander Pope)는 이 개념을 자신의 서사시 "인간론"(Essay on Man)에서 우아하게 요약했다.

여기 대기와 저 바다와 이 지구를 눈여겨보아라.
모든 물질이 빠르게, 분출하며 탄생하고 있다.
높이, 생명체들은 얼마나 높이 발전할 수 있는가!
넓이, 주변은 얼마나 넓은가! 아래로는 얼마나 깊이 펼쳐지는가!
존재의 거대한 사슬! 하나님으로부터 시작되어
천상, 타락 전의 인류, 천사, 인간,
짐승, 새, 물고기, 곤충, 눈으로 볼 수 없는 것,
망원경도 도달할 수 없는 그곳. 무한으로부터 그대까지,
그대로부터 무(nothing)에 이르기까지. 우월한 능력들을
우리는 밀고 나가야 한다, 우리의 열등한 힘을 가지고.
그렇게 하지 않으면 완전한 창조 안에 공동이 생길 것이며,
한 단계만 부서지면, 거대한 전체 규모가 다 망가질 것이다.
자연의 체인에서 어느 고리를 쳐도

1/10이든 10/1000이든 연속된 사슬이 망가지기는 마찬가지다.[3]

1734년에 쓰인 포프의 시에서 발췌한 이 글은 멸종이 던지는 도전, 곧 "한 단계만 부서지면 거대한 전체 규모가 다 망가지는" 문제에 관해 말한다. 그러나 그 이후 수십 년 동안 기독교인들은 멸종 및 그와 관련된 증거의 실재성과 어쩔 수 없이 대면해야만 했다. 증거들에 따르면 역사는 지금까지 알았던 과거로부터 수천 년 이상 거슬러 올라가며 그 과거는 현재와 매우 달랐다.

지질학자들이 과거에 대한 증거들을 조사했을 때 긴 세월 동안 진보(progression)가 있었다는 사실은 명백해졌다. 오랜 암석층은 인류의 화석을 담고 있지 않았고, 주로 오늘날 볼 수 있는 동물들보다 더 단순한 동물들의 화석들로 채워져 있었다. 바위들은 생명이 과거의 훨씬 더 원시적인 형태로부터 어떻게 지금의 형태로 진보해왔는지를 알려주는 일종의 긴 이야기를 들려주고 있었다.

이런 진보주의적 전망은 젊은지구창조론으로부터 오랜지구창조론으로 중심이 이동하게 했다. 이 모든 것은 다윈보다 수십 년 전에 일어난 일들로서 진화와 아무런 관계도 없었다. 당시 기독교인 대부분은 성경적 이해와 그렇게 계속되는 발견들을 조화시키는 이론에 상당히 만족해했다. 그 가운데 특별히 두 가지 견해가 창세기의 문자적 해석과 당시의 새로운 발견들을 화해시키는 알기 쉬운 방법으로서 각광을 받았다.[4]

첫 번째 관점은 "날-시대 이론"이었다. 이는 앞서 2장에서 오랜지구

3   Alexander Pope, "Essay on Man," *About.com*〈http://classiclit.about.com/od/essayonmanapope/a/aa_essayonman_el.htm〉.
4   Ronald L. Numbers, "Why Is Creationism So Popular in the USA?" The Faraday Institute of Science and Religion Multimedia, September 15, 2007〈www.st-edmunds.cam.ac.uk/faraday/Multimedia.php〉.

창조론을 다룰 때 어느 정도 상세히 다루었다. 이 이론은 창조의 6일에서 하루를 오랜 시간으로, 아마도 지질학적 시대인 것으로 해석한다. 두 번째 관점은 "간극 이론"이었다. 이는 비록 하나님이 24시간을 하루로 하는 6일 동안 일하신 것은 맞지만, 하늘과 땅의 처음 창조와 나중에 묘사되는 에덴의 창조 사이에 아주 긴 시간의 간극이 있었다는 이론이다(참조. 2장).

두 가지 이론은 모두 과학적으로 결정된 지구의 나이와 여전히 양립할 수 있는 창세기의 문자적 해석을 허용했다. 그 나이는 뉴턴에서부터 창조가 기원전 4004년에 일어났다고 계산한 제임스 어셔(James Ussher)에 이르기까지 모든 사람이 생각했던 6,000년보다 훨씬 길었다.

다윈에 대한 반응은
어떠했을까?

날-시대 이론과 간극 이론은 창세기의 새로운 해석을 위한 토대를 놓아줌으로써 다윈이 나아갈 길을 미리 준비해 주었다.

그러나 다윈의 이론은 창세기를 어떻게 새롭게 해석할 것인가의 문제보다 훨씬 더 심오한 질문을 불러일으켰다. 논란에 휩싸였던 그 질문들은 신학과 과학의 영역 모두에 걸쳐 있었다. 하나님의 창조 활동과 관련해서 어떤 여지가 남는가? 자연선택은 진화 과정에서 형질들이 어떻게 유전되었는지 설명할 수 있는가? 자연선택이 변이의 원인을 가장 먼저 결정할 수 있는가? 자연선택은 자연의 모든 현상을 초자연적 현상을 끌어들이지 않고서도 설명할 수 있는가? 그럴 수 있다면 하나님의 역할은 무엇인가?

다윈의 사상이 과학계에 완전히 수용되기까지는 수십 년이 걸렸고, 어떤 회의적 이론이 제기되는 경우에는 다수의 기독교인이 과학이라는 포도나무에서 그것이 스스로 시들 것이라고 생각하면서 어떤 위협도 느끼지 않았다. 더 나아가 기독교인들은 다윈의 이론이 지금은 가설로 여겨지지만 이후에는 옳다고 판명될 것으로 기대했다. 이처럼 다윈의 이론에 관심을 보였던 기독교인들의 반응은 지금 많은 사람이 생각하는 것보다 훨씬 더 수용적이었다.[5]

다윈에 대한 당시의 반응과 훨씬 뒤에 일어났던 격렬한 반대의 차이점을 이해하기 위해서는 『종의 기원』이 출간된 직후 50년 동안 나타났던 매우 중요한 두 가지 현상을 이해해야 한다.

① 그 당시 과학계는 맹목적이고 외부 도움을 받지 않는 자연선택이 다윈이 서술한 그 모든 일을 해낼 수 있다는 것에 대해 전반적으로 회의적이었다. 과학자 대부분은 다윈 및 다른 몇몇이 진화가 실제로 일어났다는 사실만큼은 확증했다고 생각했다. 그러나 그들은 진화 과정이 다양한 방식의 **목적**을 가지고 있다고 믿었다. 정향진화설(Orthogenesis)이라고 불리는 관점에서 볼 때 진화는 앞서 정해진 패턴들을 단순히 전개하는 과정이었고, 그래서 하나님의 창조적 계획을 실행하는 기제(mechanics)에 지나지 않는 것으로 여겨졌다. 진화론의 여러 측면 중에서 많은 기독교인을 난감하게 할 수 있는 가장 큰 잠재력을 가진 주장은 종들이 진화할 수 있다는 것이 아니라 그 진화 과정이 방향도 없고 목적도 없으며, 그래서 암묵적으로는 의미가 없을 수 있다는 것이었다. 그러나 이는 다윈 세대의 많은 사람—주류 과학자들을 포함해서—이 그의 이론을 이해했던 방식은 아니었다.[6]

② 미국 기독교는 19세기의 학문적 성경 연구와 극적인 투쟁을 벌였

---

5   Livingstone, *Darwin's Forgotten Defenders*.
6   Peter Bowler, *Evolution: History of an Idea*(Berkeley: University of California Press, 2003).

고, 그 결과 믿음에 대한 자유주의적 혹은 현대주의적 표현과 그보다 보수적·전통적인 표현 사이에 심각한 균열이 생겼다. 현대주의자들은 동정녀 탄생, 부활, 예수의 신성을 과소평가하거나 심지어 부인하면서 사회복음(social gospel)을 강조했다. 현대주의자들은 과학에 매혹되어 진화론자가 되는 경향을 보였는데, 그로 인해 보수 진영은 진화에 관해 점점 더 불편함을 느끼게 되었다.[7]

영국에서는 몇몇 다윈-친화적 기독교인들의 사례가 있었다. 그중에는 왕립협회의 회원인 윌리엄 달링거(William Henry Dallinger)도 포함되어 있었다. 그는 1861년부터 1880년까지 웨슬리 교단의 목사였고, 나중에 웨슬리 대학의 총장을 역임했다. 1887년에 열린 영국 감리교 총회에서 달링거는 "진화론의 조건 없는 수용"을 인정했다.

진화 과정에 포함된 임의의 변이(random variation) 및 적응과 관련해서 달링거는 기독교인들을 위로하기 위해 확연하게 다윈주의의 언어가 아닌 용어로 다음과 같이 설명했다.

> 다윈과 같은 저자들이 우주 전반에 걸친 "교묘한 재간"(contrivance) 혹은 "적응"이라고 함부로 써대는 일을 겪어야만 했던 모든 사례는 실은 광대한 규모로 서로 맞물려 있는, "모자이크" 같은 설계 안에서 서로 조화를 이루며 연결된 요소들이다. 그 설계는 전체성 안에서 "최종 목적"을 가지고 있는데 이것은 너무 커서 인간에게 보이지 않는다.[8]

영국에서 유신론적 진화를 옹호했던 다른 한 사람은 조지 스토크스

---

7   Karl W. Giberson, "A Tale of Two Books," in *Saving Darwin: How to Be a Christian and Believe in Evolution*(New York: HarperOne, 2(108), 43-63.

8   같은 곳, 97.

(George Stokes) 경이었다. 그는 1849년부터 1903년까지 케임브리지 대학교 수학과의 루카스 석좌교수였다(뉴턴과 스티븐 호킹[Stephen Hawking]도 이 자리에 있었다). 비록 진화를 인류에게 적용하는 것에는 주저했지만, 그는 "진화를 극단적으로 수용한다고 해도 그것이 유신론과 양립할 수 없는 것은 아니며" 각각의 종들이 하나님의 개별적인 창조 행위를 통해서 생성되었다고 전제할 필요는 없다는 사실을 설명하기 위해 많은 노력을 기울였다.[9]

미국 국립과학원(National Academy of Sciences)은 처음에 다윈의 이론을 받아들이기를 주저했다. 그러나 기독교인 생물학자였던 그레이(Asa Gray) 덕분에 1880년 무렵에는 널리 받아들이게 되었다. 그레이는 자신의 종교적 신념에 따라 다윈 이론에 어떤 수정이 필요하다는 주장을 옹호하기도 했다. 그러나 그는 진화론이 미국에서 잘 받아들여지도록 열정적으로 힘을 보탰다.[10]

미국의 신학자들과 성서학자들도 다윈의 이론과 기독교 교리가 양립할 수 있을지에 대해 깊이 숙고했다. 영국에서와 마찬가지로 미국의 신학자들도 날-시대 이론이라든지 간극 이론에 대해서는 이미 잘 알고 있었다. 이것은 대체로 창세기에 기록된 창조 기사의 분명하지 않은 구조가 탄력적 해석을 허용하는 것처럼 보였기 때문이다. 그러나 그들이 다윈의 이론에 대해 보인 초기 반응은 다양했다. 어떤 학자들은 진화가 단순히 창조를 위한 하나님의 방법이라고 보았고, 이 책에 설명된 새로운 관점들이 나중에 출현할 것을 예상했다. 다른 학자들은 다윈의 이론이 자연 속의 명확한 설계를 완전히 설명해서 제거해버렸기 때문에 오직 무신론과만 맥

---

9   같은 곳, 98.
10   같은 곳, xi. 또한 Livingstone, *Darwin's Forgotten Defenders*, chap. 3을 참고하라.

락을 같이할 뿐이고 기독교인들은 그것을 거부해야 한다고 주장하기도 했다.[11]

그러나 시간이 지나면서 좀 더 보수적인 문자주의자들도 다윈의 이론을 편안하게 생각하게 되었고, 성경과 진화를 조화시킬 수 있는 타당한 길을 찾게 되었다. 프린스턴 대학교의 저명한 신학자인 워필드가 특히 우리에게 도움이 된다. 왜냐하면 성경의 완전한 무오성에 대한 그의 강력한 주장은 오늘날 가장 보수적인 젊은지구창조론 옹호자들이나 다른 근본주의자들이 자주 인용하는 것이기 때문이다.[12] 그런데 워필드는 다음과 같이 말했다.

나 자신으로서는 거리낌 없이 말할 수 있다. 나는 진화론과 부딪친다고 생각할 필요가 있는 어떤 한 구절도 성경에 있다고 생각하지 않는다. 성경에 그런 일반적인 진술은 없으며, 창조 기사의 어떤 부분에서도 찾을 수 없다. 창세기 1, 2장에도 없고 창조를 암시하는 다른 부분에도 없다.[13]

19세기 말에 과학자들이 다윈의 이론을 더욱 널리 받아들였을 때 여

---

11 프린스턴 대학교의 James McCosh가 전자의 예이고, 프린스턴 신학대학의 Charles Hodge는 후자를 대표한다. 참고. Ronald L. Numbers, "Creationism History: Darwin Conies to America," Counterbalance Interactive Library〈www.counterbalance.net/history/history-print.html〉. 또한 다음 자료도 참고하라. Numbers, *Darwinism Comes to America*(Cambridge, bridge, Mass.: Harvard University Press, 1998).

12 Warfield의 성경 무오성에 관한 주장은 다음 책에서 John C. McCampbell이 쓴 서문에 인용되었다. John C. Whitcomb and Henry M. Morris, *The Genesis Flood: The Biblical Record and Its Scientific Implications*(Philadelphia: Presbyterian & Reformed, 1961), xx. 그의 주장은 다음 논문에서 인용되었다. Benjamin B. Warfield, "The Real Problem of Inspiration," in *The Inspiration and Authority of the Bible*, ed. Samuel G. Craig(Philadelphia: Presbyterian & Reformed, 1948).

13 Livingstone, *Darwin's Forgotten Defenders*, 118에 인용된 Warfield의 진술.

러 신학자도 진화론을 수용했는데 인류에 대한 적용만은 예외였다. 왜냐하면 인간에게는 도덕성과 같이 진화로 설명될 수 없는 속성들이 있기 때문이었다. 그들의 머뭇거림은 부분적으로는 진화론이 도덕성, 더 나아가 사회 질서를 해친다거나 인간이 하나님의 형상대로 지어졌다는 기독교 교리와 갈등을 빚을 수 있다는 염려에서 비롯했다.[14] 워필드도 그런 염려를 하고 있었지만 동시에 다음의 사실도 인정했다.

> 이 문제 전체의 결론은 기독교가 진화론에 관해 적대감을 품을 필요가 없다는 것이다. 이것은 물론 너무 극단적 형태의 진화론을 고집하지 않는다는 **조건 아래서**다. 하나님이 법칙을 초월하여 자유롭게 일하시는 것이나 기적을 통한 개입(예를 들어 영혼을 불어넣거나 하와를 창조하신 것 등)을 허락하지 않는 형태의 진화론은 기독교 교리를 대폭 재구성할 것이고, 그 결과 성경의 권위를 매우 깎아내릴 것이다.[15]

워필드는 진화와 관련된 난해한 주제들(하와의 창조를 포함해서)에 동의했지만 성경 해석에 관한 그의 입장은 명확했다. 성경의 완전한 축자영감설에 헌신할 만큼 보수적이었지만 그는 다윈의 진화론을 싸잡아 반대할 이유를 찾지 못했다.[16]

흥미롭게도 19세기 말에 1만 년 미만의 젊은지구창조론을 직접 옹

---

14   Numbers, *Darwinism Comes to America*, 2.
15   Benjamin B. Warfield, *Lectures on Anthropology*(Princeton, N. J.: Princeton University, 1888). 이것은 Livingstone, *Darwin's Forgotten Defenders*, 118-19에서 인용되었다.
16   Warfield는 모세가 독자의 교육 수준을 염두에 두고서 글을 썼다고 믿었다. "평균적인 독자의 요구를 충족시키기 위해 그는 그들의 지적 수준에 자신을 맞췄다." Benjamin B. Warfield, "Calvin's Doctrine of the Creation," *Princeton Theological Review* 13(1915), 208-9. 이것은 Livingstone, Darwin's Forgotten Defenders, 120에서 인용되었다.

호한 사람은 거의 없었다. 그런 열광적 주장은 제7일안식일예수재림교인들에게 제한되어 있었다. 그들은 자신들이 예언자로 여기는 창시자 엘렌 화이트(Ellen G. White)를 따르는 사람들이었다. 화이트는 어떤 글에서 자신이 지구의 생성에 관해 본 환상을 묘사했다. 다른 환상에서 하나님은 화이트에게 노아 홍수가 화석 기록들을 만들었다고 알려주셨다고 한다.[17] 이렇게 해서 초기 안식교인들은 노아의 홍수가 19세기 초에 발견된 모든 지질학적 데이터를 만들었다는 가정 아래서, 그 자료들과 창세기 6-8장의 홍수 이야기에 대한 문자적 해석을 양립시킬 수 있었다. 화이트가 보았던 환상은 먼저 근본주의 평신도들에게, 나중에는 거의 모든 복음주의자들에게 받아들여지면서 그 영향력이 극적으로 커지게 되었다.

젊은지구창조론은
어떻게 대중화되었을까?

앞서 2장에서 살펴본 것처럼 20세기 초에 "근본주의"로 알려졌던 사조는 젊은지구창조론을 수용하지 않았고, 오히려 진화의 다양한 가능성에 대해 우호적이었다. 그 당시 에세이집인 『근본』은 조지 라이트(George Frederick Wright)가 쓴 진화에 관한 논평을 게재했는데, 그는 날-시대 이론의 옹호자였고 가끔 그레이와 함께 일하기도 했다. 라이트는 노아의 홍수가 지질학 데이터들의 근거라고 강조하지 않았다. 그런 생각은 안식교인들 사이에서만 회자하고 있었다.

오늘날 널리 알려진 창조론(creationism)은 안식교의 창시자인 화이트의 환상에 기초한 홍수 지질학을 단순히 재각색한 반진화 운동으로서 추

---

17   Numbers, "Why Is Creationism So Popular?."

진력을 얻었다. 홍수 지질학은 공식 교육과정을 밟지 않았지만 상당한 설득력을 지닌 아마추어 지질학자 조지 프라이스(George MacCready Price)가 발표한 야심 찬 시리즈 저술들을 통해 구체화했다. 1960년대 초에 프라이스의 아이디어는 휘트콤과 모리스가 함께 쓴 『창세기 홍수』로 업데이트되었고, 다양한 신학적 성향을 가진 반진화론자들의 중심적 신념이 되어가는 중이었다. 이런 변화는 주로 타이밍 덕택이었다.

『종의 기원』이 출판된 지 100주년이 되었던 1959년에 학계에서는 대체로 공립학교 교과서에서 배제되고 있는 다윈의 이론을 대중에게 더 많이 알려야 한다는 요구가 있었다. 거의 같은 시기에 구소련은 스푸트니크 위성을 쏘아 올렸다. 이는 미국이 과학 분야에서 그때까지 세계적으로 유지하고 있었던 리더십에 중대한 위협을 가한 멋진 사건이었다. 그 결과 미국 정부는 생물학 교과과정 연구(Biological Sciences Curriculum Study, BSCS)에 재정을 지원했는데 이는 진화를 아무런 조건 없이 생물학의 중심적 통합 원리로 제시하는 일련의 교과서를 제작하는 프로젝트였다.[18] 하지만 이런 정책은 당시의 많은 보수적 기독교인들에게 "어린아이들의 목구멍 너머로 진화론을 억지로 밀어 넣는" 시도로 보였다.[19]

바로 그런 상황에서 휘트콤과 모리스가 등장하여 궁지에 몰린 기독교인들에게 진화론에 대한 대안을 제공했던 것이다. 그 대안은 그들이 『창세기 홍수』에서 묘사했듯이 이른바 과학과 성경에 모두 충실한 것이었다.[20] 그들은 화석이 기록되는 과정에 대한 모든 주장―이것은 후대의 창조론 옹호자들은 확증할 수 없었던 주장이었다―을 포괄하며 어떻

---

18   Numbers, *Darwinism Comes to America*, 4.
19   Ronald L. Numbers, *The Creationists*(New York: A. A. Knopf, 1992). 앞의 책, 같은 곳에서 인용되었다.
20   John C. Whitcomb and Henry M. Morris, *The Genesis Flood: The Biblical Record and Its Scientific Implications*(Philadelphia: Presbyterian & Reformed, 1961).

게 노아 홍수가 오랜 지구를 암시하는 지질학적 증거들을 남김없이 설명할 수 있는지를 보여주었다. 그 후에 즉시 보수적 기독교인들의 모임들이 결성되어 이 연구를 지지하기 시작했는데, 그들은 자신들의 성경 해석과 일치하면서 과학적으로도 타당한 지구 역사의 모델을 확립하기 위해 애썼다. 그들은 창조론자들(Creationists)이라고 알려지기 시작했고, 그들의 홍수 지질학은 과학적 창조론(scientific creationism)이라고 불리게 되었다.

창조론자들은 공립학교가 자신들의 아이디어를 받아들이게 하려고 성경 인용은 삭제하는 대신 지구 역사에 관해 주류 과학계가 제시하는 전통적인 그림과 어깨를 견줄 만한 타당한 모델을 자신들이 갖고 있다고 주장했다. 그들의 모델은 화석들의 순서를 포함한 진화의 표준적 증거들을 젊은 지구의 관점에서 설명했고, 젊은 지구의 나이와 생명체들 사이의 유사성을 명확하게 설명했다. 이 운동에 동조하는 사람들이 점점 늘었고, 1970년대가 되자 **창조론**이라는 단어의 뜻은 축소되고 다시 정의되어 엘렌 화이트가 보았던 환상의 일부 요소들까지 포함하는 사상으로 발전되었다.[21] 이는 본질에 있어 오늘날 "창세기의 해답" 그리고 "창조연구소"(Institute for Creation Research, ICR)와 같은 단체들이 옹호하는 관점이다.

젊은지구창조론은 이 주제에 관심을 가진 사람이라면 거의 모두가 아는 널리 알려진 주장들을 성공적으로 발전시켰다. 다윈의 이론은 1859년에 등장한 이래로 도전자들을 계속 이겨왔었다. 그러나 이제 미국의 많은 지역에서 바로 그 도전자들이 우위를 차지하기 시작했다.

이번 장의 나머지 부분에서 우리는 진화론이 직면했던 세 가지 서로 다른 과학적 도전들을 살펴보려고 한다. 첫 번째 문제는 우리가 앞서 2장

---

21 Numbers, "Why Is Creationism So Popular?"; 또한 Numbers, *Darwinism Comes to America*, 6-7을 참고하라.

에서 상세히 검토했던 지구의 나이에 관한 것이다. 이 문제는 그것을 처음 제기했던 바로 그 사람들에 의해 처리되고 효과적으로 해체되었다. 다음 문제는 열역학 제2법칙으로서 이는 수십 년 동안 부적절한 방법이기는 하지만 진화에 도전하기 위해 효과적으로 사용되었다. 마지막 도전은 생명의 기원에 관한 것으로서 전혀 풀릴 기미가 보이지 않는 진정한 과학적 과제다.

진화에 대한 모든 도전은 다음과 같은 세 가지 범주 중 하나에 속한다.

① 완전히 해결되었음에도 불구하고 그 이론의 지지자들이 현재의 과학 문헌들을 알지 못하거나 그 문헌을 존중하지 않기 때문에 여전히 사람들 사이에서 계속 회자하는 과학 문제들.
② 실제로는 문제가 아닌데도 불구하고 마치 명확하게 설명되지 않는 것처럼 보이는 오랜 오해에 기초를 둔 과학 문제들.
③ 과학계가 이미 인지하고 있고 과학의 도구들을 사용해서 곧 풀릴 것으로 기대하는 과학 문제들.

진화를 반박하는
과학적 증거가 있을까?

다윈이『종의 기원』을 발표한 지 150년 뒤에 비판자들은 진화를 거부할 과학적 이유들을 열정적으로 찾아다녔다. 그러한 소위 "과학적" 반박의 첫 번째는 이미 다윈 시대의 물리학자들로부터 나왔다. 그들은 지구의 나이가 약 1억 년 되었다는 사실은 확신했지만, 그 기간은 지금까지 존재하는 것으로 알려진 다양한 종들이 진화를 통해 만들어지기에 충분치 않은 시간이었다.

당시의 가장 위대한 물리학자인 켈빈 경을 선두로 하는 그런 물리학자들의 주장은 지구가 처음에 녹은 용암의 상태에서 시작해 계속 식으면서 바깥의 공간으로 열에너지를 발산해왔다는 이론에 기초하고 있었다. 뜨거운 간헐천, 화산, 기타 지열 현상이 지하에 남아 있는 열의 증거이며, 그것들은 일찍이 용암이었던 상태의 잔재다. 그 물리학자들은 냉각 속도에 대한 비교적 쉬운 분석이 지구가 수십억 년 되었을 수 없음을 밝힌다고 주장했다. 만약 그렇다면 현재의 지구는 지금보다 훨씬 더 차가워야 한다는 것이다.

이런 주장은 지구의 나이가 과거와 현재의 다양한 형태의 생명체들을 만들어낼 만큼 충분하지 않다는 것을 증명함으로써, 겉으로는 다윈의 이론을 성공적으로 반박한 것처럼 보였다.

그로부터 몇 년이 지나지 않아 물리학자들은 방사능을 발견했다. 수많은 원자가 스스로 분열하면서 다른 원자로 변하는 과정에서 열을 방출한다는 사실이 드러난 것이다. 지구에 있는 거대한 양의 방사성 물질들은 지구가 생겨난 이래로 열을 방출하고 있었고, 그 열의 일부는 지구가 용암의 상태로부터 식어가면서 공중으로 방출하는 열과 균형을 이루었다. 이와 같은 새로운 열의 근원을 고려한 지구 나이의 새로운 추정치는 다윈의 이론과 맞아 들어갔다. 이어서 방사성 연대 측정법은 놀라운 시계 구실을 했고, 지구의 나이에 대한 독립적인 측정치를 제공했다. 이 측정법은 진화를 옹호하는 생물학자들이 화석의 나이를 결정하는 것에도 도움을 주었다.

과학사에서 이 에피소드는 괄목할 만하다. 왜냐하면 깔끔하지도 않고 이렇다 할 이야깃거리도 없는 자연사(natural history)를 동반한 매우 비정량적 과학인 생물학이 물리학자들의 정교한 수학 이론과 공식들을 이겼기 때문이다.

이런 초기 승리로부터 1세기가 지난 후, 다윈의 이론은 이어지는 여러 도전에 맞섰지만 그 모든 것을 이겨냈다. 그런데도 그런 도전들은 계속되었고 많은 비과학적 아마추어들 사이에서 회자했는데, 그들은 진화론을 반박할 수 있는 믿을 만한 과학적 증거들이 있다고 여전히 확신한다.

열역학은 진화론이 틀렸다는 것을 입증할까?

진화론에 반대하는 주장 가운데 잘 알려진 것 하나는 진화론이 열역학 제2법칙과 모순된다는 것이다. 그 법칙은 여러 물리 법칙 중 가장 잘 확립된 법칙이다. 열역학 제2법칙은 어느 체계든지 관계없이 무질서 수준 혹은 전문 용어로 **엔트로피**(entropy)가 시간의 경과에 따라 증가한다는 것이다. 이 법칙은 친숙한 일상적인 예로 설명되고는 한다. 그래서 사람들은 간혹 이 법칙이 단순하고 해석하기 쉽다는 잘못된 인상을 받는다. 시간이 지나면 빌딩들은 무너지고 차는 녹슬며 음식은 상한다. 이 모든 경우에 무질서 수준은 시간의 경과에 따라 증가하지만, 그 반대의 경우는 절대 일어나지 않는다. 빌딩들은 스스로 보수되지 않는다. 녹슨 쇳조각들이 모여 차가 되지 않고, 아무리 기다려도 썩은 음식이 다시 먹을 수 있는 상태로 돌아오지 않는다. 실로 우리는 열역학 제2법칙의 사례들에 포위당한 것처럼 보인다.

이와 대조적으로 진화는 그 법칙에 역행하는 것처럼 보인다. 단순한 단세포 생명체가 다세포 생명체가 되고, 복잡성이 증가하며 꾸준히 성장한다. 생명체는 정교해지면서 사지, 허파, 신장, 판막이 달린 심장, 최종적으로 큰 두뇌가 추가된다. 이 과정은 앞서 설명한 것처럼 녹슨 쇳조각들이 스스로 움직여 자동차가 되는 것만큼이나 가능성이 희박한데, 아마도 열역학 제2법칙을 수십억 년 동안 꾸준히 어겨야 가능한 일일 것이다.

그러나 이런 반대 주장은 열역학 제2법칙에 대한 단순한 오해에서 비롯한다. 다행히도 이 오해를 풀기는 쉽다. 하지만 이것이 물리학에서 흔한 경우는 아니다.

열역학 제2법칙은 **"모든 격리된(isolated) 체계는 시간의 경과에 따라 자신의 엔트로피를 증가시킨다"**라고 말한다. 여기서 핵심은 **"격리된 체계"**다. 이것이 무슨 의미인지를 정확하게 이해하는 것이 진화가 이 법칙을 어기지 않는다는 것, 더 나아가 실제로는 제2법칙과 무관하다는 것에 대한 통찰을 얻는 첫 단계라 할 수 있다.

정확하게
엔트로피란 무엇인가?

엔트로피는 어떤 체계의 무질서에 대한 측정치다. 체계의 무질서는 그 체계의 모든 부분이 얼마나 서로 독립적인지에 대한 진술이며, 기술적으로 말하자면 그 체계가 얼마나 많은 서로 다른 상태들에 놓일 수 있는지에 대한 진술이다. 모든 구성원이 발을 맞춰 이동해야 하는 행진 악대는 체계의 부분들이 독립적이지 못한 예다. 그런 체계의 상태를 묘사하기 위해서는 많은 정보(예를 들어 각 대원의 위치)가 요구되지 않는다. 예를 들어 "모든 대원은 앞사람과 3피트 떨어지고 옆 사람과는 2피트 거리를 두고 행진하라"고만 지시하면 된다. 각 대원의 위치에 누가 있어도 상관이 없다면, 그처럼 대원들의 위치를 묘사하는 정도로 충분하다. 그러나 그 대원들이 쇼핑몰에 흩어져 있는 위치를 표현하려면 훨씬 많은 정보가 필요할 것이다. "월마트의 네 번째 통로에 있는 다이어트 소다 진열대 앞에 앉아 있는 대원, 스타벅스 주문 줄 맨 앞의 대원, 테일러

의류점의 2번 탈의실에 있는 대원…." 이처럼 원래 패턴이 한 번 망가지면 행진 악대의 모습은 무질서해지는데, 이는 대원들의 위치를 묘사하기 위해 훨씬 많은 정보가 필요하다는 것을 의미한다. 즉 행진 악대의 엔트로피가 증가한 것이다.

앞서 언급한 것처럼 한 체계의 엔트로피는 시간이 경과함에 따라 꾸준히 증가하는 경향이 있다. 행진 악대의 예와 비슷하면서도 우리가 실제로 관련 공식을 적용해볼 수 있는 예는 향수병 속에 담긴 분자들의 집합이다. 향수병의 뚜껑을 연 다음에 그대로 놔둬보자. 분자들이 퍼짐에 따라 점차 향수 냄새가 방안을 채울 것이다. 분자들이 향수병을 떠난 다음에 그들의 분포를 묘사하는 것은 마치 행진 악대가 쇼핑하러 나간 다음에 그 상태를 묘사하는 것과 비슷하다.

향수 분자들이 방안에 퍼짐에 따라 방의 엔트로피는 증가한다. 왜냐하면 향수가 병 안에 있을 때와 같이 잘 정돈된 상태를 상실했기 때문이다. 이와 관련된 중요한 사실은 병에서 나온 향수 분자들이 자발적으로 다시 병 안에 모이기란 불가능하다는 것이다. 아주 엄밀히 말하자면 절대 불가능하지는 않지만 모든 분자가 임의의 운동 중에 동시에 다시 병 안으로 들어갈 확률은 천문학적으로 작기에 우리는 그런 현상을 기대할 수 없다.

이 예에서 열린 향수병이 놓인 방은 **격리된 체계**로 간주된다. 이는 그 방 바깥에 외부 에너지원이 존재해서 그 체계를 덜 무질서한 상태로 만드는 경로가 없다는 것을 의미한다.

그러나 어떤 경우든 외부 영향으로부터 완전히 격리된 체계는 없다. 이때 중요한 점은 그 체계가 **충분한 수준**까지 격리되어 있어서 그 체계의 진행 상태를 이해하는 데 열역학 제2법칙이 적용될 수 있는가 하는 것이다. 이런 조건의 중요성을 행진 악대의 예를 통해 다시 살펴보도록 하

자. 공연이 끝난 뒤에 모든 대원은 각자 임의의 위치로 돌아가는 것처럼 보인다. 그들 모두가 쇼핑몰을 향해 갈 때 당신이 그들을 GPS 수신기로 추적한다고 가정해보자. 당신은 아마도 그들이 거의 향수병에서 나오는 향수 분자들처럼 임의적·독립적 궤적을 그리며 움직이는 것을 보게 될 것이다. 그런데 대원들이 다른 공연을 위해 6시간 후에 다시 모이기로 했다고 가정해보자. 이것은 GPS 수신기에서 어떻게 보일까? 당신은 대원들의 위치를 나타내는 점들이 같은 위치로 다시 모여 질서정연한 패턴으로 줄을 서는 현상을 보게 될 것이다. 마치 시간이 거꾸로 흐르고 무질서가 감소하는 듯이 보인다. 대체 무슨 일이 일어나고 있는 것인가?

대답은 물론 간단하다. 계획이 세워져 있고 행진 악대원들은 의식이 없는 향수 분자들이 아니다. 그들은 자신들의 손이 닿는 다양한 에너지원 (버스, 택시, 자전거)을 사용해서 그 계획을 실행할 수 있다. 그들은 운전을 하거나 걸어서 원래 장소로 돌아갈 수 있다. 그러나 이것을 가능하게 하는 에너지는 **외부로부터**―예를 들어 그들이 쇼핑몰에서 먹은 음식으로부터―온다.

자연계에서 우리가 상상할 수 있는 거의 모든 체계는 외부로부터의 입력을 수용한다. 중력만 없으면 폐쇄된 듯이 보이는 체계가 있기는 하지만 그것에도 중력이 에너지원을 공급함으로써 영향을 줄 수 있다. 이 점을 이해하기 위해 향수 분자 대신 헬륨 원자들을 방안에 방출한다고 가정해보자. 헬륨 원자들은 공기보다 가벼우므로 모두 천장으로 올라가 버릴 것이다. 만일 중력을 차단할 수 있다면 헬륨 원자들은 모두 임의의 방향으로 퍼질 것이다. 그러나 중력이 복원되는 동시에 그것들 모두는 다시 천장으로 이동할 것이고 그보다 무거운 원자들은 밑으로 내려올 것이다. 이처럼 중력은 외부 에너지원으로서 작용하며 원자들과 분자들이 무게에 따라 층을 이루는 질서를 만들어낸다.

햇빛도 질서를 만들어낼 수 있다. 가장 중요한 예는 광합성이다. 이는 햇빛 에너지를 사용해서 이산화탄소와 물로부터 유기물을 만드는 과정이다. 만약 눈에 보이지 않는 에너지가 태양으로부터 부어지고 있다는 사전 지식 없이 이 과정을 지켜본다면 그것은 매우 신비롭게 보일 것이다. 간단한 분자들이 꾸준히 모여 더욱 복잡한 분자들을 형성하는데, 이는 마치 녹슨 쇳조각들이 스스로 일어나 자동차가 되는 것과 같은 현상이기 때문이다. 그러나 실제로는 아무런 신비도 없으며 열역학 제2법칙을 거스른 것도 아니다. 왜냐하면 이것은 **격리된 체계**가 아니기 때문이다. 만일 태양을 여기서 말하는 "체계"에 포함시킨다면, 우리는 태양이 사방으로 엄청난 양의 에너지를 방출함에 따라 태양의 무질서(엔트로피)가 무섭게 증가하는 것과 그 에너지의 지극히 일부가 지구 위에 쏟아져서 광합성 과정을 추진하고 있음을 실제로 발견하게 될 것이다.

진정으로 격리된 유일한 체계는 전체로서의 우주뿐이며, 엄밀하게 좁은 기술적 관점에서 본다면 열역학 제2법칙이 **완전하게** 적용되는 경우도 전체 우주밖에 없다. 우주의 무질서 총량─우주의 상태를 기술하기 위해 필요한 정보의 총량─은 실제로 항상 증가하고 있다. 물론 지구상에는 격리된 상태에 충분히 가까운 많은 작은 체계들이 있으며, 열역학 제2법칙은 그것들의 진행 상태에 대해서 탁월한 추정을 가능하게 해준다.

열역학 제2법칙은
진화에 어떻게 적용될까?

방금 살펴본 두 가지 사례를 이해한 독자들은 이제 열역학 제2법칙이 도대체 진화와 어떤 관계가 있는지 궁금할 것이다. 그것은 당연하다. 왜냐하면 생물학적 체계들은 격리된 것으로 보기 힘들기 때문이다. 격리되지 않았다면 열역학 제2법칙의 적용은 거의 불가능하다.

생물 진화와 관련해서 고려해야 하는 체계는 우주 전체가 아닌 지구이고, 엄밀히 말해 사실상 생명이 번성하는 지구의 표면 층이다. 물론 지구 자체도 격리된 체계가 아니다. 이는 태양광 같은 외부 에너지의 공급이 있을 때 가장 기초적 수준에서도 지구의 질서 총량이 증가할 수 있음을 의미한다. 태양으로부터 오는 에너지 공급은—광합성의 경우에서 보았듯이—복잡한 분자들 더 나아가 유기물질들의 형성을 포함해서 지구상의 질서의 총량을 증가시킬 수 있다. 대신 진화가 지구상에서 진행됨에 따라 태양의 무질서는 점점 더 증가하고, 태양계와 우주 전체의 무질서 총량도 계속해서 증가한다.

그러므로 진화가 열역학 제2법칙에 어긋난다는 주장은 그 법칙이 적용되는 장소에 관한—이해는 되지만—심각한 오해에 기초하고 있다. 이런 오해는 우리가 그 법칙이 **문장**(sentence)이 아닌 **공식**(equation)에 근거한다는 사실을 잊어버릴 때 자연스럽게 발생한다. 엔트로피를 산출하는 공식은 "S=kLn(Omega)"다. "S"는 엔트로피이고 "k"는 상수이며, "Omega"는 그 체계가 취할 수 있는 모든 가능한 상태의 수다. "Ln"은 주로 전자계산기로 해결해야 하는 수학적 연산인데 "오메가 값의 자연로그를 취하라"는 뜻이다. 향수 분자들이 모두 병 안에 들어 있을 때 그것들이 있을 수 있는 장소는 매우 제한되어 있다. 그래서 그것의 가능한 상태의 경우의 수, 즉 오메가는 작다(여기서 **상태**는 "있을 수 있는 장소들"로 생각하자). 분자들이 향수병 밖으로 이동함에 따라 오메가가 꾸준히 증가한다. 공식이 말해주듯 S 혹은 엔트로피는 오메가에 비례하여 증가한다.

이 수학 공식을 말로 설명하려고 할 때 혼동이 생긴다. 우리는 "엔트로피란 항상 증가하기만 하는 무질서의 측정치다"라고 말한다. 그 즉시 우리는 머리를 끄덕이며 난장판인 집, 녹슨 자동차, 혹은 더러워진 옷을 그려본다. 그러나 이런 것들은 도움이 되는 예가 아니고 좋은 비유도 아니다. 왜냐하면 이런 예들은 폐쇄된 체계(closed system)가 아니기 때문이다. 마찬가지로 우리가 박테리아와 사람을 상상하면서 열역학 제2법칙이 전자로부터 후자로 진화하는 것을 방해한다고 생각한다면 우리는 그 법칙을 크게 오해한 것이다. 사실 사람에 대해 오메가(체계의 가능한 상태의 경우의 수)가 무엇인지 파악하기도 어렵고 "오메가가 항상 증가하는 중이었다"라는 말이 무슨 의미인지 결정하기도 힘들다.

그러므로 열역학 제2법칙을 살아 있는 생명체에 적용하는 것은 거의 불가능하다. 예를 들어 개구리가 갖는 엔트로피가 무엇인지 명확하게 설명할 수 없다. 개구리를 외부 에너지원들로부터 격리시키면 개구리의 건강에 해로울 것이라는 사소한 관찰 외에 밝힐 수 있는 것이 아무것도 없다! 열역학 제2법칙을 통해 유익하게 분석될 수 있는 체계들의 종류란 매우 단순하고 희박하다.

개구리처럼 살아 있는 생물은 어떤 통일된 전체라기보다 하부 체계들(subsystems)의 집합체라고 할 수 있다. 예를 들어 지구상 생명의 발전사를 살펴보면 세포들에게 변이가 발생하여 그것들이 한 덩어리의 다세포 생명체를 이루는 중대한 도약이 일어났다. 하나의 세포가 다른 세포들과 붙어 결합하는 것을 허용하는 단순한 변이는 더 크고 복잡한 생명 형태를 가능케 했다. 아마도 거칠게 밀치는 물결 에너지가 세포들을 한 군데로 몰아 그들이 함께 붙어 있도록 만들었을 것이다. 이런 변환(transformation)은 순간 접착제가 우리 손가락을 부엌 조리대에 혹은 손가락끼리 들러붙게 하는 것만큼이나 열역학 제2법칙을 어기지 않는다.

향수와 행진 악대를 예로 들었던 체계의 경우처럼 진화—다세포 생물의 출현과 같은—에 있어서도 간단한 예가 도움이 될 수 있다. 예를 들어 버펄로 떼가 오랜 가뭄을 겪고 있다고 가정해보자. 그러다 버펄로 한 마리가 변이를 통해 체내 수분을 유지하는 기능을 개선해서 물을 더 효율적으로 사용하게 되었다. 이런 이점은 그 개체의 건강과 생식을 개선할 것이다. 그 결과 그 버펄로가 더 많은 자손을 낳게 될 것이며, 궁극적으로는 이 변이가 버펄로 떼 전체로 퍼져서 점점 가물어가는 서식지에 더 잘 적응할 수 있도록 해줄 것이다. 버펄로의 생존 능력에서 일어난 이런 개선이 어떻게 열역학 제2법칙을 어길 수 있을까? 아니 이것이 도대체 그 법칙과 어떤 관계가 있기나 할까?

진화가 열역학 제2법칙을 어긴다는 주장은 그 법칙에 대한 잘못된 해석에 근거하고 있다. 그것은 지구상 생명체의 진화를 이루어 낸 자연사 안에서 지금까지 일어났던 일의 특성을 고려한다면, 쉽게 기각될 수 있는 오해다.

그렇다면 생명의 기원은 어떨까?
생명의 자연 발생이란
개연성이 낮지 않을까?

진화가 열역학 제2법칙에 위배된다는 염려와 밀접하게 관계된 것은 자연의 원인들이 생명을 만들어낼 수 없다는 주장이다. 이것은 오해에 근거한 주장이 아니기에 더욱 중요하다. 가장 단순한 생명 형태들도 도저히 우연히 발생했다고 볼 수 없는 수준의 분자 배열을 가지고 있다. 여기서 우선 언급해두자면 엄밀한 기준에서 생명의 기원 문제는 진화론의 영역 밖에 놓여 있다. 진화론은 생명의 **발전 과정**을 취급하지, 무생물로부터 유래하는 생명의 **기원** 문제를 다루지는 않는다. 그러나 기원에 관한 이야기는 매우 중요한 항목이기 때문에 조심스럽게 고려될 필요가 있다. 사실 그것은 실제로 진화론 관련 토론에 자주 등장한다.

우리가 생명의 기원의 질문을 다루는 것은 합당한 과학적 도전이 주어졌을 때 어떤 일들이 일어나는지를 보여주기 위해서다. 우선 우리는 그 질문을 단순한 오해로 기각할 수 없고, 문제 해결을 위한 깊은 통찰을 제공할 수도 없다. 그러나 우리는 이 책의 독자들에게 하나님을 믿는 과학자들이 이런 문제에 관해 어떻게 생각하는지는 보여줄 수 있다.

다양한 이유에서 과학자들은 지구가 약 45억 년 전에 출렁이는 용암의 상태로부터 형성되기 시작했다고 확신한다.[22] 초기 지구는 너무 뜨거워서 생명의 출현에 필요한 화학 반응들이 일어나기 어려웠을 것이다. 그 반응이 일어날 수 있는 조건은 대략 40억 년 전쯤에 갖추어졌을 것이다. 그 시점 이후에 첫 생명이 출현한다.

우리는 30-40억 년 전 지구의 상태와 생명의 구성 단위인 DNA, RNA, 아미노산, 당의 복잡성에 관한 지식을 모두 동원해도 생명이 스스로 발생했다는 기원에 적합한 가설을 아직 발견하지 못했다. 이 주제는 과학의 다른 영역들에 비해 잠재적 유용성을 지닌 적용 분야가 많지 않다. 그 결과 이 영역의 연구는 전통적으로 적게 수행되었다. 이 연구는 매우 복잡하기도 하다. 왜냐하면 우리는 생명의 출현이 야기하는 중요한 변화들이 일어나기 이전에 지구의 상태가 어떠했는지 정확하게 알지 못하고, 처음으로 자기 복제를 행한 체계가 어떤 형태를 취했는지도 전혀 알지 못하기 때문이다.

과학자들은 다양한 관점에서 이 도전적 문제에 접근하는데 모두 감질나게 하는 생각은 제시해도 설득력 있는 해답은 내놓지 못하고 있다.[23]

---

22 Michael Zeilik, *Astronomy: The Evolving Universe*(Cambridge: Cambridge University Press, 2002), 153.
23 이 주제를 연구하는 그룹의 예로는 Gerald Joyce가 이끄는 The Joyce Laboratory, Scripps

그러나 오늘 답이 없다는 것이 내일도 없을 것이라는 뜻은 아니다. 과학자들은 이것이 단지 아직 풀리지 않은 복잡한 문제일 뿐이라는 주장에 동의한다. 암흑물질이나 명왕성의 기원처럼 생명의 기원은 매우 흥미롭고 신비한 문제임이 틀림없다. 그러나 하나님을 믿는 과학자들을 포함해서 많은 과학자는 이 문제가 결국에는 과학의 방법을 통해 풀릴 수 있는 신비라고 생각한다.

생명의 기원에 관해 현재로서는 설명할 수 없다는 것이 하나님의 개입이 유일한 혹은 최선의 대답이라는 뜻은 아니다. 명왕성의 기원의 경우와 비교할 때도 이 경우에 하나님의 개입을 끌어들일 필요는 없다. 자연계 속에는 설명할 수 없는 신비가 많고 생명의 기원은 그중 하나일 뿐이다. 과학이 설명할 수 없는 모든 것에 관해 가장 선호할 만한 설명이 하나님의 개입이라고 믿지 않는다면, 우리는 이 복잡한 문제와 관련해서 현대 과학으로 눈을 돌려 그것이 어떤 통찰을 줄 수 있을지 알아보아야 한다.

서둘러 덧붙여야 할 한마디가 있다. 그런 문제들에 대한 우리의 관점은 하나님이 자신의 의도를 실현시키기 위해 일하실 때 사용하셨던 기제, 곧 자연 법칙들을 준수하는 하나님의 기제를 찾으려는 것이다.

Research Institute〈www.scripps.edu/mb/ joyce〉와 Jack Szostak가 이끄는 Origins of Life Initiative, Harvard University〈www.harvardscience.harvard.edu/directory/programs/ origins-life- initiative〉가 있다. 이 주제와 관련된 최신 출간물은 다음 두 가지를 포함한다. Robert M. Hazen, *Genesis: The Scientific Quest for Life's Origins*(Washington, D. C.: Joseph Henry Press, 2005); Andrew H. Knoll, *Life on a Young Planet: The First Three Billion Years of Evolution on Earth*(Princeton, N. J.: Princeton University Press, 2003).

과학은 생명의 기원에 대해
무엇을 알고 있을까?

이 문제를 푸는 첫 단계는 생명이 무엇을 의미하는지 명확히 밝히는 것이다. 우리는 최초의 생명체들을 생각할 때 여기저기 돌아다니는 어떤 작은 존재가 머릿속에 그려지는 유혹을 이겨내야 한다. 지구상의 최초 생명체들은 오늘날 우리가 생명체라고 부르는 것과는 아마도 많이 달랐을 것이고, 다른 분자들과 화학반응을 일으킬 수 있는 분자들의 덩어리에 지나지 않았을 것이다. 또한 우리는 생명체가 반드시 DNA의 이중나선 구조를 가지고 있을 것으로 단정해서도 안 된다.

초기 생명체의 **중심** 속성은 DNA에 기초할 필요가 없는 자기 복제다. 가장 초기의 자기 복제가 가능했던 생명 체계들은 DNA나 RNA, 혹은 다른 구성 요소들로 구성되었을 것이다. RNA는 정보를 전달할 수도 있고 효소 역할도 할 수 있다. 그래서 기원에 관한 과학에서 "RNA 세계" 가설이 지지를 얻었다. 그러나 RNA는 불안정하기로 악명이 높기에 RNA 기원설은 충분한 답이 될 수 없었다. 이 답이 설득력을 얻으려면, 중요한 새로운 발견들이 그 과정을 조명해서 그 이론에 더 큰 확신을 부여할 수 있어야 할 것이다.

자기 복제가 가능한 생명 체계의 핵심적 특성은 주변 환경으로부터 화학물질들을 모아 또 다른 자신을 만들어내는 능력일 것이다. 이 과정에서 합성되는 혼합물들은 탄소를 중심으로 조직을 이루는데, 탄소는 지구상의 모든 생물의 핵심적 구성 요소로 사용된다.[24] 탄소는 생명체들 안에

---

24   실리콘은 바깥 껍질이 반만 차 있고 3개의 자유전자가 있다는 점에서 구조적으로 탄소와 비슷하다. 이 때문에 탄소 대신 실리콘이 쓰일 수 있다는 가설이 있었다. 그러나 실리콘이 다른 분자들에 반응하는 양상은 매우 다르기에 실제로 탄소 대체물로 사용되는 현상은 아직 증명되지 못했다. 예를 들어 다음 자료를 참고하라. Raymond Dessy, "Could Silicon Be the Basis for Alien Life Forms, just as Carbon Is on Earth?" *Scientific*

6장 왜 다윈의 이론에 대해서는 논란이 많은가?

흔히 존재하는 복잡한 분자들을 형성할 수 있는 가장 간단한 원소다. 과학자들은 태초의 생명에 탄소가 관련된 것이 거의 확실하다는 것에 동의한다.

생명과 관련된 탄소의 중요성은 탄소를 포함한 화합물을 "유기"라는 말로 분류하는 생화학의 언어 자체에 이미 반영되어 있다. 복잡한 유기화합물을 만들어내는 자연의 기제들에 대한 탐구가 생명의 기원에 관한 연구의 주요 초점이다.

앞서 언급한 것처럼 대략 40억 년 전에 지구는 생명에 호의적일 수 있을 만큼 냉각되었다. 그리고 지금으로부터 약 1억 5,000만 년 전에 첫 단세포 생명 형태가 출현했다는 증거가 있다.[25] 이 유기체들은 도대체 어디서 왔을까? 그들은 어떤 능력을 가지고 있었을까?

비록 그것들이 어떤 경로를 통해 그런 초기 생명의 형태에 이르게 되었는지 알 수 없지만, 과학자들은 그것들의 단순성에 근거해서 그것들이 박테리아의—아마도 오늘날의 박테리아와 비슷한—속성을 가졌을 것으로 믿는다. 또한 이 무렵에 DNA가 "정보를 담은 분자"(information molecule)로서 출현했던 것 같다. 그래서 지구상에 간단한 박테리아와 같은 생명체가 존재했을 것이고, 그것은 DNA를 가지고 스스로를 복제했을 것이다.

American, February 23, 1998〈www.scientificameri can.com/article.cfm?id=0004212F-7B73-1C72-9EB7809EC588F2D7〉.

25   Heinrich D. Holland, "Evidence for Life on Earth More Than 3850 Million Years Ago," *Science* 275, no. 3(1997), 38-39.

그런데 그 유기체들은
어디서 최초로 유래했을까?

찰스 다윈은 생명의 기원과 관련해서 "따뜻한 작은 연못"이라는 가설을 제시했다.

살아 있는 생물을 처음으로 조성하기 위한 모든 조건이 지금 갖추어져 있다고 흔히 말해진다. 그것은 과거의 어느 시점에 갖추어질 수 있었던 조건들이라고 한다. 이제 그런 어떤 작고 따뜻한 연못이 있다고 상상해보자(아! 이것은 얼마나 거대한 "만약"의 상상인가!). 그 연못에는 온갖 종류의 암모니아, 인산염, 빛, 열, 전기 등이 다 갖춰져 있어서 단백질 합성물이 화학적으로 형성되어 더욱 복잡한 변화를 겪을 준비가 되어 있는 상태다. 아마도 요즘이었으면 그런 물질은 만들어지자마자 즉시 잡아먹히거나 흡수되었겠지만, 생물이 만들어지기 전인 그 당시는 그런 상황은 아니었다.[26]

비록 과학적 근거가 없는 추측에 불과하지만 다윈의 가설―이렇게까지 불러줄 수 있다면―은 그것이 마치 최종 해답으로 제시된 것처럼 널리 비판의 대상이 되었다.[27] 그러던 중에 구소련의 생화학자 알렉산드르 오파린(Aleksandr Ivanovich Oparin)이 이 사상을 다시 끄집어내어 생명은 산소는 없었지만 태양 빛의 에너지를 공급받은 환경에서 탄생했다고 제안

26　Charles Darwin, *The Life and Letters of Charles Darwin, Including an Autobiographical graphical Chapter*, ed. Francis Darwin(London: John Murray, 1887), 3:18. 또한 다음 자료를 참고하라. Dr. John van Wyhe, ed., "The Complete Works of Charles Darwin Online," Darwin Online〈http://darwin-online.org.uk/content/frameset?view type=text &itemlD=F1452.3&pageseq=l〉.

27　예를 들어 Stephen Meyer, *The Signature in the Cell: DNA and the Evidence for Intelligent Design*(New York: HarperOne, 2009)을 보라.

했다.[28] 산소를 만들 식물들이 없었기 때문에, 초기 지구에는 필시 산소가 매우 희박했을 것이다. 악명 높은 밀러-유리(Miller-Urey) 실험을 포함한 이런 추측들이 생명의 기원에 관한 연구의 기초가 되었다.

1953년에 스탠리 밀러(Stanley Miller)와 해럴드 유리(Harold Urey)는 생명이 지구상에서 처음 탄생했을 때의 상태로 믿어지는 조건들을 재현하며 생명의 기원의 문제에 도전했다. 그들은 메탄 및 이산화탄소와 같은 무기화합물과 물을 섞어 원시 바다를 재현해놓고, 거기에 전기 충격을 가했다. 그 결과 그들은 단백질의 구성 요소인 아미노산을 포함해서 복잡한 유기화합물들을 생성해낼 수 있었다.[29] 이 결과는 더 많은 실험의 촉매가 되었고, 희망에 찬 어떤 연구자들은 생명의 신비가 곧 드러날 것이라고 낙관적으로 예견했다.

1961년에 조안 오로(Joan Oro)는 DNA의 핵심 요소인 아데닌과 몇 가지 아미노산이 시안화수소를 물-암모니아 용액 속에서 가열하면 만들어진다는 사실을 발견했다.[30] 비록 이런 밀러-유리 실험 유의 연구와 실험들은 퍼즐을 맞추는 데 유용한 몇 조각을 제공했지만,[31] 생명의 기원을 설명하기에는 아직도 많이 부족하다.

---

28   Aleksandr I. Oparin, *The Origin of Life*(New York: Dover, 1952).

29   Stanley L. Miller, "A Production of Amino Acids under Possible Primitive Earth Conditions," *Science* 117(1953), 528-29.

30   Joan Oro, "Mechanism of Synthesis of Adenine from Hydrogen Cyanide under der Possible Primitive Earth Conditions," *Nature* 191(1961), 1193-94.

31   Michael P. Robertson and Stanley L. Miller, "An Efficient Prebiotic Synthesis of Cytosine and Uracil," *Nature* 375(1995), 772-74.

생명은
어떻게 탄생했을까?

아미노산, 뉴클레오타이드, 당이 어떻게 형성되었는지, 어떻게 그것들이 DNA와 RNA 형태로 조립되는지, 그다음에 그것들이 어떻게 생명의 구성 요소가 되어 자신을 복제하는지, 또한 이 과정을 원활하게 하기 위한 효소를 어떻게 갖추었는지에 관한 설명은 아직도 여전히 추측의 수준에 머물러 있다. 사실 어떤 종류의 실험들이 생명의 기원을 밝히는 데 가장 도움이 될지에 관해서도 일치된 의견이 없다. 생명은 아마도 한 번만 발생했을 것으로 추정된다. 그것은 우리의 과학적 관점에서 생각한다면 발생하기 힘든 사건이었을 것이다. 그러나 이 사건은 다양한 장소에서 다양한 경로를 통해 일어났을 수 있다.

많은 흥미로운 아이디어들이 연구되고 있다. 예를 들어 심해 열수구 이론(Deep Sea Vent Theory),[32] 방사성 바다 이론(Radioactive Beach Theory),[33] 점토/결정 이론(Crystal or Clary Theory)[34] 등이다. 한편 프랜시스 크릭(Francis Crick)와 몇몇의 의견에 따르면 지구상의 생명의 기원에 관한 최선의 설명은 다른 행성에서 왔다는 가설이다.[35] 그러나 이런 유형의 대답은

---

32 W. Martin and M. J. Russell, "On the Origins of Cells: A Hypothesis for the Evolutionary Transitions from Abiotic Geochemistry to Chemoautotrophic Prokaryotes, and from Prokaryotes to Nucleated Cells," *Philosophical Transactions of the Royal Society: Biological Sciences* 358(2003), 59-85; Jianghai Li and Timothy M. Kusky, "World's Largest Known Precambrian Fossil Black Smoker Chimneys and Associated Microbial Vent Communities, North China: Implications for Early Life," *Godwana Research* 12(2007), 84-100.

33 Zachary Adam, "Actinides and Life's Origins," *Astrobiology* 7, no. 6(2007), 852-72.

34 Martin M. Hanczyc, Shelly M. Fujikawa and Jack W. Szostak, "Experimental Models of Primitive Cellular Compartments: Encapsulation, Growth, and Division," *Science* 302, no. 5654(2003), 618-22.

35 Francis Crick, *Life Itself Its Origin and Nature*(New York: Simon & Schuster, 1981).

질문을 더 먼 곳으로 옮겨놓을 뿐이다. 그렇다면 그 다른 행성에서 생명은 어떻게 생겨난 것인가? 이처럼 지구상의 생명의 기원에 관한 설득력 있는 설명은 아직 등장하지 못했다.

결론

생명의 기원에 관한 연구는 흥미로운 분야다. 첫 생명이 어떻게 등장하게 되었는지에 대한 배심원들의 판결은 아직 내려지지 않았고 최종 판결까지 긴 시간이 걸릴 것이다. 단순한 대답은 구식이지만 "틈새의 하나님"이라는 설명을 내미는 것이다. 틀림없이 어떤 초자연적인 힘(하나님)이 개입해서 생명을 탄생시켰다는 것이다. 우리는 이 가설을 전적으로 배제하지는 않는다. 하지만 우리는 독자들이 이처럼 너무 쉬운 해법으로 섣불리 건너뛰지 말기를 권면한다.

이와 같은 과학적 난제와 관련된 연대표를 생각해보자. 지구상의 생명은 약 38억 5,000만년 전에 출현했다. 이에 비해 생명의 기원에 관한 진지한 연구는 불과 60년 전에 시작되었다. 생명의 기원에 대한 설득력 있는 설명은 아마도 50년 후에나 등장할 것이다. 비록 생명의 기원이 확실하게도 하나님의 직접적 개입에 의한 결과라고 해도—**현재** 우리가 과학적으로 설득력 있게 설명할 수 없다는 이유만으로—생명의 기원 문제가 과학의 영역을 넘어선 것으로 결론짓는 것은 위험한 추정이다.

생명의 기원이 진정한 과학적 신비인 것은 틀림없다. 하지만 이 문제는 진화가 어떻게 열역학 제2법칙과 상충하는지를 다루는 유사과학(pseudo-scientific)의 문제는 아니다. 그래서 그 신비의 영역은 사려 깊은 사람들이 자신의 신앙을 걸고 내기를 할 만한 곳은 아니라고 본다. 그런 내기의 논리는 생명의 탄생 단계에서 하나님이 어떤 특별한 방식으로 일하셨고 그다음의 진화 과정은 신적 개입이 필요하지 않은 방식으로 전개되도록 하나님이 허락하셨다는 식이 될 것이다. 이와 대조적으로 우리가 지지하는 관점은 우주에 대한 하나님의 우아한 시초 계획 속에는 잠재력, 즉 "초자연적" 공학 없이도 생명 탄생의 과정에 시동을 걸 수 있는 잠재력이 이미 포함되어 있었다는 것이다. 이렇게 본다면 만물을 지탱하는 하나님의 창조적 현재는 시초부터 지금까지 생명의 역사 전체를 줄곧 떠받쳐준다고 말할 수 있다.

7장

우주의 미세조정이란 무엇이고, 그것이 어떻게 하나님을 가리킬 수 있을까?

하늘이 하나님의 영광을 선포하고
궁창이 그의 손으로 하신 일을
나타내는도다(시 19:1).

우리는 이 책의 마지막으로 다가가고 있다. 남은 장에서 우리는 과학 분야에서 큰 관심을 끌고 있는 도발적 문제 두 가지에 집중할 것이다. 하나는 우주가 명백하게 생명이 존재할 수 있도록 "미세조정"되어 있다는 것이고, 다른 하나는 지구상에서 생물의 진화가 전개될 때 일정한 패턴을 가진다는 증거가 늘어나고 있다는 것이다. 두 주제의 선정은 의도적이다. 왜냐하면 이 두 가지는 과학에 관해 숙고하는 기독교인들을 격려해주는 새로운 패러다임을 제공하기 때문이다.

우리는 이번 장에서 물리 법칙들의 "미세조정"을 살펴보며 이 우주가 놀라울 정도로 생명친화적이라는 증거를 탐구할 것이다. 이어지는 8장에서는 생물 진화를 다시 살피면서 그것이 목적을 향한 방향성을 가진 비슷한 패턴들을 나타내고 있는지 검토할 것이다. 우주의 미세조정과 진화의 방향성이라는 두 가지 주제는 우주의 역사에 일관성을 부여하고, 우리를—이 분야의 권위자가 한 말을 인용하면—"빅뱅(big bang)으로부터 빅브

레인(big brain)으로" 인도하는 장엄한 이야기를 형성한다.[1]

종교인들이 볼 때 빅뱅 우주생성론과 생물 진화론을 둘러싼 논의는 끝이 없는 데다가 실망스럽게도 수세에 몰린 상황일 수 있다. 그들은 신앙을 버리지 않고서도 과학이 세계에 관해 발견한 것을 받아들이기 위해 그럴듯한 재해석들을 내놓고 새로운 타협안들을 찾으면서 끊임없이 전통적인 신조들을 보호하려고 하는 듯하다.

이런 위축된 관점은 어쩌면 창조에 관한 전통적 관점들이 붕괴하는 것을 염려한 결과로 보이게 되는 과잉 반응일 수도 있다. 기독교의 긴 역사에서 세계의 기원은 초자연적 사건으로, 즉 신의 기원적 행위로 간주되는 것이 보통이었다. 예를 들어 아우구스티누스와 같이 창세기의 창조를 문자적으로 해석하지 않은 사람도 세계의 기원은 초자연적이며, 자연적인 사건 경로의 외부에서 일어난 사건이라고 보았다. 수세기에 걸친 긴 세월 동안 기독교 전통과 서구 문명의 중심에 위치했던 그런 사상을 상실하게 된다면 누구라도 실망하지 않을 수 없을 것이다. 그러므로 많은 사람이 ─ 지금도 열심히 그렇게 하듯이 ─ 일종의 상실감과 함께 전통적 관점을 위협하는 새롭고 도전적인 과학 사상을 거부할 방법을 찾고 있는 것은 당연하다.

그러나 이제 소란은 다 가라앉았다. 말하자면 많은 사람이 이제 과학 발전의 조류를 역행하려는 시도를 포기하기에 이르렀다. 이 상황에서 우리는 인간, 생명, 지구, 더 나아가 우주 전체의 기원에 관한 흥미롭고 **새로운** 이해가 오래전에 무너진 오해들의 잔해 속에서 떠오르는 것을 보기 시작한다. 우리는 과학을 하나님의 계시의 진정한 한 부분으로 이해하기 때문에, 이렇게 전개되는 일들에 대해 자신감을 갖게 되고 격려를 받는다.

---

1 John Dervin, *From the Big Bang to the Big Brain*(West Conshohocken, Penn.: Infinity, 2003).

우주의 미세조정이란
무엇인가?

　　　　　　　　　우주과학자들은 정말 놀라운 사실을 발견했다. 물리 법칙들이 마치 생명을 가능하게 하려고 설계(design)된 것처럼 정교한 속성들을 가지고 있다는 것이다. 우리 우주는 빅뱅이라는 특이한 사건에서 시작되었는데, 빅뱅은 그때 막 태어나고 있는 우주가 먼 미래에 생명이 탄생할 수 있게 하는 조건들을 충족시키는 바로 그 정확한 방식으로 발생했다고 말할 수 있다. 이런 통찰을 구성하는 개념들이 우주의 "미세조정"이라는 말로 알려져 있다.

　　미세조정은 창조자를 가리키는 **화살표**처럼 보인다. 물론 정확하게 말하자면 그것은 증거는 아니고 창조자를 연상시키는 하나의 현상이다. 미세조정은 어떤 지적 존재가 약 137억 년 전에 이 우주를 만들었으며 훗날 이 우주가 생물체들로 바글바글하게 하겠다는 의도를 가지고 있었다는 추측을 하게 만든다. 행성, 항성, 은하들을 포함하는 우주의 현 상태를 설명할 수 있으려면, 과학 이론은 중력의 힘이나 전자기장의 세기와 같은 자연의 물리적 상수들과 관련해 정확하게 정해진 속성(우주 상수)을 요청하게 된다. 마찬가지로 우주가 시작된 상태에서도 밀도, 확장 속도 등의 특정한 속성들은 정확하게 결정되어 있어야 한다.

　　여기서 언급된 물리 변수들과 그 밖의 많은 것들 가운데 어느 하나가 지금 결정되어 있는 값과 아주 약간만이라도 달랐다면, 우주는 지금처럼 생명을 품지 못했을 것이다. 생명이 거주하는 우주가 등장하기 위해서는 자연 법칙들이 놀라운 방법으로 서로 협조해야만 한다. 그렇기에 많은 우주과학자는 우리의 우주가 생명체가 살 수 있도록 미세하게 조정되어 있다는 결론을 내렸다. 이와 같은 관찰 결과는 "인간 원리"(anthropic principle)라고도 불리는데, 이에 대한 정의는 지난 수년 동안 여러 차례 변

해왔다.[2]

미세조정은 자연 상수들의 값에서 가장 명확하게 드러난다. 그 값들은 물리 교과서의 부록에 수록된 지루한 숫자들로 나열된다. 전자의 질량 및 전하 값, 빛의 속도, 중성자의 자기 모멘트(회전력) 등과 관련된 여러 가지 상수가 있다. 가장 중요한 것은 자연계의 기본적인 힘 네 가지의 세기를 결정하는 상수들이다.

물리학에서 확고하게 밝혀진 통찰에 따르면 자연계에는 단지 네 가지의 힘만 존재한다. 그중에서 중력이 아마도 가장 낯익을 것이다. 핵폭탄의 폭발로부터 종이 울리는 것까지 자연계의 모든 현상은 최소한 원칙적으로는 이 네 가지 힘을 통해 완전하게 묘사될 수 있다. 자연 속에서 이렇게 묘사될 수 없는 현상이 있다는 증거는 아직 발견되지 않았다. 네 가지 힘은 다음과 같다.

① 강한 핵력(strong nuclear force) 혹은 강력: 이 힘은 원자핵을 묶어두는 힘이다. 핵의 양성자들은 서로 반발하는 양전하를 갖기 때문에, 그 반발력을 이기는 다른 어떤 힘이 그것들을 하나로 묶어 결합을 유지시켜야 한다. 네 가지 힘 중에서 가장 센 이 힘은 마치 초강력 접착제와 같다고 할 수 있다. 이 힘은 물체들이 접촉하지 않을 때는 아무 관련이 없지만, 일단 서로 접촉하면 엄청나게 강해진다.

② 약한 핵력(weak nuclear force) 혹은 약력: 이 힘은 방사성 붕괴를 일

---

2 이 주제에 관한 본격적인 연구는 John D. Barrow and Frank Tipler, *The Anthropic Cosmological Principle*(Oxford: Oxford University Press, 1986)에서 시작된다. 인간 원리(anthropic principle)라는 용어의 다른 의미에 관해서는 다음 자료를 보라. John Polkinghorne, "The Anthropic Principle and the Science and Religion Debate," *Faraday day Papers*, no. 4(2007)⟨www.st-edmunds.cam.ac.uk/faraday/resources/Fara day%20 Papers/Faraday%20Paper%204%20Polkinghorne_EN.pdf⟩.

으킨다. 이 힘은 원자핵 속의 중성자들 가운데 하나를 양성자로 바꾸어놓을 수 있다. 이 사건을 통해 전자가 생성되는데, 이것은 별도의 추가 전하가 생성되지 않을 때 총 전하 보존의 법칙이 지켜져야 하기 때문이다.

③ 전자기력(electromagnetic force): 이 힘은 원자핵 주위의 각 궤도에 자리한 전자들을 붙잡아두는 전기적 및 자기적 현상들을 담당한다.

④ 중력(gravitational force): 이 힘은 우리가 우주로 둥둥 떠내려가지 않도록 지구에 붙잡아주는 역할을 담당하며, 더 나아가 우주의 역사에 걸쳐서 물질들이 모여 별이 되고, 별들이 모여 은하계들을, 그리고 은하계들이 모여 더 큰 구조들을 이루는 운동을 담당한다.

각각의 힘은 자신만의 역할, 자신이 영향력을 행사할 수 있는 물리적 실재, 그리고 그 영향력의 크기 등을 결정하는 특성을 지니고 있다. 예를 들어 전자기력은 전하 혹은 자성을 띤 물체들에만 영향력을 행사한다. 지구의 자석은 나침반의 자석을 잡아당겨 우리에게 어느 쪽이 북쪽인지 알려준다. 전자기력은 같은 방에 있는 두 사람 사이에는 존재하지 않는다. 드물게 일어나는 정전기를 제외하고는. 이와 비슷하게 달은 매우 작은 자기장(magnetic field) 영역만을 가지고 있다. 그래서 지구와 달 사이에는 이렇다 할 전자기력이 작용하지 않는다. 지구와 달 사이의 힘은 거의 전부 중력이다.

두 물체 사이의 전자기력의 크기를 결정하는 것은 세 가지 요소다. ① 물체들이 지닌 자기력 혹은 전하량, ② 두 물체 사이의 거리(자석을 가지고 놀아본 사람은 모두 알듯이 이 힘은 두 물체 사이의 거리가 가까울 때 더 크다), ③ 전자기 상수의 값(이 힘의 크기를 결정하는 숫자). 처음 두 요소는 명백하고 자연스럽다. 예를 들어 우리는 두 물체 사이가 멀어지면 둘 사이의 힘은 약해질 것이라고 예상할 수 있다. 그러나 전자기 상수는 우주 속에서 임의로 존재하는 요소로서 왜 지금 결정되어 있는 그 값을 가지는지에 대한 이유는 알 수 없다.

전자기력과 대조적으로 중력은 우주 안에서 질량을 가진 모든 물체에 작용한다. 가장 친숙한 예는 우리 자신의 체중이다. 이것은 지구가 우리를 얼마나 세게 잡아당기는가에 대한 측정치다. 우리의 체중은 ① 우리가 지구의 중심으로부터 얼마나 먼가, ② 우리의 질량과 지구의 질량, ③ 중력 상수에 의해 결정된다. 여기서도 이 힘의 크기를 결정하는 상수가 있다. 만약 이 상수가 지금보다 더 컸다면 중력은 더 강했을 것이고, 우리의 체중은 더 무거웠을 것이다.

얼핏 보기에 이런 힘들은 생물학과 무관해 보일 수 있다. 사실 그런 관점은 20세기 중반까지 지배적이었다. 그러나 그 이후에 그런 관점은 뒤집혔다. 모든 생물학적 현상은 세미한 부분까지 이런 힘의 법칙이 지닌 속성들에 의존하고 있음이 밝혀졌기 때문이다. 이제야 우리는 깨닫게 되었는데 만약 이 힘들이 극단적으로 미세하게라도 다른 크기를 가졌다면 생물들에게 엄청난 재난이 닥쳤을 것이다.[3]

생명의 존재가 가능하려면 이 힘들은 반드시 매우 정확한 값(상수)들로 조정되어 있어야 한다. 이에 대해 우리는 조율(tuning)이라는 음악적 비

---

3   Rodney D. Holder, "Is the Universe Designed?" *Faraday Papers*, no. 10(2007)⟨www.st-edmunds.cam.ac.uk/faraday/resources/Faraday%20Papers/Fara day%20Paper%2010%20 Holder_EN.pdf⟩. 또한 다음 자료들을 참고하라. John Polkinghorne, "The Science and Religion Debate: An Introduction," *Faraday Papers*, no. 1(2007)⟨www.st-edmunds.cam. ac.uk/faraday/resources/Faraday%20Papers/Fara day%20Paper%201%20Polkinghorne_ EN.pdf⟩; Francis S. Collins, *The Language of God: A Scientist Presents Evidence for Belief*(New York: Free Press, 2006).

유를 사용할 수 있다. 바이올린이 아름다운 음악을 만들어내기 위해서는 그 현이 매우 정확하게 조율(조정)되어 있어야 한다. 이와 마찬가지로 자연계의 상수 값들도 정확하게 조율되어 있어야 우주가 생명을 산출할 수 있다. 이런 현상을 우주의 "미세조정"이라고 부른다.

미세조정의 가장 좋은 예는 무엇일까?

미세조정에 관한 예는 많다. 그러나 가장 많이 논의된 것은 우주가 살아 있는 세포의 가장 중요한 구성 요소인 탄소를 만들어내는 방법이다.[4] 앞서 제시한 네 가지 힘 가운데 강력과 전자기력은 놀라운 협력 작용을 통해 탄소를 효율적으로 만들어낸다. 이 두 가지 힘은 공동 작업을 통해 마치 우연히 조화를 이루는 것처럼 보이는 특정 에너지 준위들(energy levels)을 형성하는데 바로 거기서 3개의 헬륨 원자들이 융합(fusion)되어 탄소의 생성이 가능해진다. 이 현상은 너무나 흥미로워서, 이것을 이해하려는 우리의 수고를 충분히 보상해줄 것이다.

탄소처럼 우주 안에 있는 무거운 원소들은 거의 다 항성 안에서 융합

---

4   우리는 생명이 어떻게 형성되었는지 알지 못하며, 단지 탄소에 기초한 생명체들을 경험할 수 있을 뿐이다. 그렇기에 탄소에 기초하지 않고서도 자기 복제가 가능한 생명체들이 존재할 가능성은 있다고 할 수 있다. 그러나 우리는 그런 비-탄소 생명체들이 어떤 형태를 가졌는지, 그리고 그것들이 의미 있는 다음 단계의 어떤 복잡한 형태로 진화할 수 있는지에 관해서는 알지 못한다. 현재로서는 그런 대안적 생화학에 대한 그 어떤 증거도 없다. 생명이 탄소보다 가벼운 원소에 기초할 가능성은 없어 보인다. 왜냐하면 그런 가벼운 원소들은 복잡한 단백질을 형성하기에는 너무 단순하기 때문이다. 반면에 또 탄소보다 무거운 원자들은 드물고, 그렇다고 그것들이 탄소보다 더 복잡한 구조를 갖고 있지도 않다. 그래서 탄소가 생명체 형성에 절대적으로 필수적이라는 결론에 이르게 된다.

되어 만들어졌다. 이 융합은 항성이 빛을 낼 수 있는 에너지를 공급하기도 한다. 항성들은 주로 가벼운 수소로 구성되어 있다. 그러나 항성의 중력이 매우 크기 때문에 수소 원자들은 서로 강하게 압착된다. 그 결과 수소 원자들은 융합을 통해 두 번째로 가벼운 헬륨이 된다. 헬륨 원자들은 다른 수소 원자들과 융합해서 세 번째로 가벼운 원소인 리튬을 형성한다. 두 개의 헬륨 원자들은 융합되어 네 번째로 가벼운 원소인 베릴륨을 형성한다. 이런 식으로 원소들은 점점 더 복잡한 융합을 통해 주기율표에 나와 있는 점진적으로 무거운 원소들을 만들어낸다.

이런 융합의 "사다리"에서 어떤 단계는 발생할 수 없다. 예를 들어 3개의 헬륨 원자들이 서로 충돌해서 탄소를 형성하는 것은 비록 탄소가 여섯 번째 원소이고, 헬륨 3개의 질량과 탄소 1개의 질량이 맞아떨어지는 데도 일어날 가능성이 희박하다. 이유는 융합이 단지 질량의 합에만 관련된 것이 아니기 때문이다.

모든 원자는 정확한 양의 에너지를 가지고 있는데, 에너지의 변화(에너지의 방출 혹은 흡수)가 필요하지 않은 반응은 훨씬 빨리 일어나고, 처음의 에너지양과 다른 에너지양을 갖게 되는 반응은 상대적으로 늦게 일어난다. 정상적인 상황에서 헬륨으로부터 탄소가 생성되기 위한 반응에는 조건이 따른다. 반응 전과 후의 에너지양은 정확하게 일치하지 않아야 하고, 3개의 헬륨 원자들은 하나의 탄소 원자로 융합되기 전에 먼저 붕괴해야 한다. 이처럼 이전과 이후의 에너지양이 불일치하는 반응의 경우에는 추가적인 시간이 걸린다. 그러나 에너지양이 아주 특이한 균형을 이룰 때, 놀랍게도 이 반응은 훨씬 더 빨리 일어날 수 있다.

강력과 전자기력은 협력해서 융합의 발생을 돕는다. 전자기력은 양전하를 띤 핵들이 서로 반발하게 만들어 융합 반응을 방해한다. (여기서 전자들은 강력한 에너지에 의해 이미 다 제거되어버렸기 때문에 융합에 참여하지 못한다.) 항성들 안에는 엄청난 고열이 발생하고 핵들은 초고속으로 운동한다. 그 속도를 통해 핵들은 반발력을 이기고 서로 충돌할 수 있게 된다. 그 경우에 초강력 "접착제"인 강력이 그들을 영속적으로 붙들어버릴 기회를 얻는 것이다.

강력이나 전자기력의 어느 한쪽에 미세한 변화가 있다면 그것은 관련된 에너지 준위를 변화시키고, 그 결과 탄소의 생성을 급격히 감소시킬 것이다. 탄소는 생명의 핵심이기 때문에 탄소 생산량이 급격히 줄어들었다면 우주는 생명이 존재할 수 없는 곳이 되었을 것이다. 그러나 다행히 현재 결정되어 있는 독특한 에너지 준위의 균형은 우주가 생명친화적인 장소가 될 수 있을 만큼 필요한 탄소가 생산될 수 있는 조건을 보장한다.

1950년대에 케임브리지 대학교의 천문학자 프레드 호일(Fred Hoyle)은 이러한 에너지의 조화를 발견하고 다음과 같은 관찰 결과를 밝혔다.

> 이런 요소들에 관한 상식적인 해석은 어떤 초지성(super-intellect)이 물리학, 화학, 생물학을 가지고 장난을 쳤을 것이라는 암시를 준다. 자연계에 맹목적 우연의 힘(blind force)은 없다는 느낌을 주는 것이다. 그 현상들로부터 산정된 수치들은 나를 압도한다. 그래서 나는 의문의 여지 없이 그런 결론을 내릴 수밖에 없다.[5]

이렇게 말할 때 호일이 신적 창조를 옹호했던 것은 아니다. 그는 불가지론자였고, 물리학자들이 어떤 설명에서 하나님을 언급하는 것에 관해 적대적이었다. 그러나 그는 탄소 생성에 관한 과학적 설명에는 얼마든지

---

5   Fred Hoyle, "The Universe: Some Past and Present Reflections," *Engineering and Science*(1981), 12. 이는 Holder, "Is the Universe Designed?"에서 인용되었다.

접근할 수 있었고, 그것이 얼마나 놀라운 과정인지 정확하게 이해하는 것은 그에게 어려운 일이 아니었다. 그러나 그 과정을 이해했다고 해서 그것이 왜 그런지에 대한 통찰, 곧 왜 기본적인 힘들이 그렇게 놀랍도록 서로 협력해서 그런 특이한 에너지의 균형을 이루는지에 대한 통찰을 얻을 수 있었던 것은 아니다. 호일의 진술은 단지 우주가 생명의 존재를 가능하게 하는 정확한 속성을 갖는다는 것이 얼마나 수수께끼 같은 신비인지 예증할 뿐이다.

중력은 어떻게 미세조정되어 있을까?

중력의 크기도 살펴보자. 빅뱅이 일어난 직후에 우주 안의 물질들은 임의로 분포되어 있었다. 아직 항성도 행성도 은하도 없었고, 그저 원자들만 우주의 어두운 허공을 이리저리 소용돌이치고 있었다. 우주가 팽창함에 따라 중력은 매우 부드럽게 원자들을 잡아당겨 덩어리로 뭉치게 했고, 그것들이 마침내 항성들과 은하들이 되도록 만들었다. 그러나 여기서 중력은 정확하게 알맞은 크기로 작용했어야 했다. 만약 그 힘이 조금만 더 컸다면, 모든 원자를 단 하나의 큰 구(ball) 형태로 뭉쳐버렸을 것이다. 그랬다면 빅뱅은 미래를 향한 우리의 전망과 함께 즉시 빅크런치(big crunch, 우주 대수축)로서 종말을 맞았을 것이다. 반대로 만약 중력의 크기가 조금만 더 작았더라면, 급속히 팽창하는 우주는 원자들을 너무 멀리 퍼뜨려서, 그것들은 결코 별이나 은하로 뭉치지 못했을 것이다. 그랬다면 우리의 태양과 같은 항성들은 생길 수 없었을 것이고, 생명체가 번성할 수 있는 태양계도 없었을 것이다. 중력의 크기가 빅뱅 이후에 항성들을 형성할 수 있으려면, **정확하게** 바로 지금의 크기여야만 하는 것이다.

여기서 "정확하게"란 무슨 의미일까? 만약 우리가 중력 자체의 크기를 아주 조금만이라도 바꾸어서 우리의 체중이 지금보다 몇십억 분의 1그램만큼이라도 더 무겁거나 가볍게 한다면, 그때 우주는 지금의 우주와 너무나 달라서 항성들도 은하들도 행성들도 존재하지 못했을 것이라는 말이다. 행성들이 없다면 생명체도 없다.

자연계의 다른 상수들도 이와 똑같은 속성을 가지고 있다. 그것들 가운데 어느 하나라도 지금과 아주 조금 달랐다면, 우주는 로버트 프로스트(Robert Frost)의 시에 나오는 여행자처럼 다른 경로로 나아갔을 것이다. 그런데 놀랍게도 그 모든 다른 경로들은 생명을 품을 수 없는 우주에 도달한다. 오직 우리의 우주만이 생명친화적인데, 그렇게 된 유일한 이유는 지난 150억 년 동안 액체 상태의 물과 풍성한 화학물질을 갖추어 생물들이 거주할 수 있는 행성이 형성되도록 하는 어떤 특별한 방향의 전개를 선택했기 때문이다.

지금까지 말한 두 가지 예 외에도 자연 안에는 미세조정된 상수들이 많이 있고, 그것들은 모두 그와 비슷한 이야기를 들려준다. 마지막 예로서 양성자와 전자의 질량비를 생각해보자. 양성자의 질량은 전자 질량의 1836.1526배다.[6] 이 비율이 만약 다른 값이었다면, 지금 흔히 보는 수많은 화학물질의 안정성은 상실되었을 것이다. 그러면 생명의 기본적 구성 요소인 DNA와 같은 분자들은 형성될 수 없었을 것이다.[7]

지구상에서 생명체가 발전한 것에 관해 가끔 자연은 어떤 상황에서

---

6 "Reference on Constants, Units, and Uncertainty: Proton-Electron Mass Ratio," National Institute of Standards and Technology Physics Laboratory〈http://physics.iiist. gov/cgi-biii/ctiti/Value?mpsme〉.

7 Holder, "Is the Universe Designed?"

도 생명을 발전시킬 수 있는 길을 찾았을 것이라고 말하는 사람들이 있다. 그와 비슷하게 자연이 스스로를 "조율"한다고 말하기도 한다. 그러나 자연이 생명체를 형성하기 위한 어떤 방법을 찾을 줄 안다고 가정해도, 그것은 미세조정된 탄소의 속성이 있어야만 가능하다. 이 점에서 나중 체계들의 미세조정은 이전 체계들의 미세조정에 의존하고 있다.

맥그라스는 그 의존관계를 이렇게 표현한다.

> 생물학적 진화 과정 전체는 탄소의 특이한 화학적 특성에 의존하고 있으며, 탄소는 자기 자신 및 다른 원소들과 결합할 수 있어서 지구상의 평균 온도 속에서도 안정적이고, 유전정보를 다음 세대에 전할 수 있는(특히 DNA를 통해) 매우 복잡한 분자들을 만들어낸다.…자연이 스스로 "미세조정"을 조성해낼 수 있다는 주장도 있지만, 그것은 이미 초기 우주의 원시적 구성 요소들이 진화 과정이 시작될 수 있게 하는 방식으로 미리 갖추어졌을 때만 가능한 일이다. 탄소의 독특한 화학적 속성이 자연이 스스로를 "조정"할 수 있는 능력의 궁극적 토대다.[8]

초기 조건들의
미세조정은 어떠한가?

또 다른 미세조정은 우주의 초기 조건 (initial conditions) 혹은 시작 상태에서 명확하게 드러난다. (사실 우리는 절대

---

8   Alister McGrath, *A Finely-Tuned Universe: The Quest for God in Science and Theology* (Louisville: Westminster John Knox Press, 2009), 176, 박규태 옮김, 『정교하게 조율된 우주』(IVP, 2014). 환경 세계의 생물학적 미세조정에 관한 더 많은 자료는 특히 10-11장을 보라.

적인 시작 상태에 대해서는 아무것도 모른다. 과학자들이 이런 맥락에서 논의하는 시작점은 우주의 출현 직후를 말한다. 즉 관련 이론들이 그 당시에 일어난 일들에 대한 통찰을 제공할 수 있는 가장 이른 시기다.) 우주의 초기 조건들은 다음과 같은 정보들을 포함한다. 즉 빅뱅의 팽창 에너지, 우주를 구성하는 물질 전체의 양, 물질 대 반물질의 비율, 우주팽창의 초기속도, 그리고 우주팽창의 엔트로피의 양 등이다.

가장 간단한 특성에 관한 예로서 우주팽창 속도를 생각해보자. 만약 빅뱅의 팽창 에너지가 실제로 발생했던 것보다 더 커서 초기 우주가 실제보다 더 빨리 팽창했다면, 우주 전체의 물질들은 너무 희박하게 흩어져서 중력이 그것들을 항성이나 은하로 뭉치게 할 수 없었을 것이다. 반대로 팽창 에너지가 실제로 발생했던 것보다 작아서 우주가 실제보다 더 천천히 팽창했다면, 중력이 팽창 속도를 압도하여 모든 물질을 다시 블랙홀 속으로 끌어당겼을 것이다. 하지만 실제 팽창 속도는—마치 "골디락과 곰 세 마리"에 나오는 죽의 온도처럼—아주 정확하게 우주가 별들을 형성할 수 있는 바로 그 속도였다. 그래서 별들은 생명체들이 존재할 수 있는 태양계들을 형성할 수 있었다.

미세조정된 우주 모델의 또 다른 초기 조건은 우주의 **밀도**다. 생명이 존재하는 우주로 발전하기 위해서는 우주의 전반적인 밀도가 극단적으로 정확하게 유지되어야 했다. 이 밀도의 정확성은 지극히 세밀한 정밀성을 요구한다. 만약 10의 15제곱 분의 1만큼이라도 오차가 있었다면 우주는 생명이 탄생하기 전에 너무 이르게 붕괴(Big Crunch)를 맞았을 것이고, 반대로 팽창 속도가 너무 **빨라져서** 그 어떤 항성, 은하, 생명체도 형성될 수 없었을 것이다.[9] 이 정밀도는 눈을 가린 어떤 사람이 미국의 국채를 다 갚

---

9   Francis S. Collins, *The Language of God: A Scientist Presents Evidence for Belief*(New York:

을 만큼 산더미처럼 많은 동전 속에서 특정한 동전 하나를 단번에 찾아낼 확률과 맞먹는다.

과학자들은 미세조정에 관해 뭐라고 말할까?

미세조정에 관련된 이런 도발적인 통찰이 우주의 이해에 관해 매우 중요한 결과를 낳는다는 사실은 두말할 필요도 없다. 우리 우주는 헤아릴 수 없이 많은 가능성 중에서 생명을 지원할 수 있는 극소수의 가능성에 속한 것으로 보인다. 결과적으로 이런 관찰은 신앙인들로 하여금 "궁창이 그의 손으로 하신 일을 나타내는도다"라는 결론에 이르도록 했다. 우리는 이제 이런 특별한 가능성에 주목하려고 한다.

우리의 시작은 이렇다. 우리는 하나님을 가리키는 우주론적 화살표들과, "환원 불가능한 복잡성"을 주장하는 견해를 떼어놓는다. 오히려 미세조정은 어떻게 자연이 복잡한 생명들을 산출하는 능력을 스스로 갖추게 되었는지에 대한 예를 제공한다. 그 능력은 우리 우주가 어떤 설계자에 의해 지어졌음을 가리키는 표지다.

그러나 소위 환원 불가능한 복잡성을 옹호하는 사람들은 그런 복잡한 생명을 탄생시킬 능력을 자연이 가지고 있지 않다고 말한다. 즉 하나님이 자연계의 법칙들—최소한 우리가 발견해낸 법칙들—을 **통해서** 생명을 창조하신 것이 아니라 오히려 자연적인 발생 경로를 깨뜨리고 개입함으로써 자연 스스로 산출할 수 없는 생명체들을 만들어내셨다는 것이다.

Free Press, 2006), 72-73. 이 특수한 수치는 John Polkinghorne and Nicholas Beale, *Questions of Truth*(Louisville: Westminster John Knox Press, 2009)의 "부록 A"에서 얻었다.

환원 불가능한 복잡성에 관한 주장들은 훗날 그 복잡성에 대한 과학적 설명이 출현한다면 그 토대가 허물어질 것이다. 하지만 하나님을 가리키는 미세조정의 화살표는 훗날 그에 대한 과학적 설명이 출현한다고 해도 상처를 크게 입지 않을 것이다. 사실 "미세조정" 이론과 한판 붙고 싶어하는 과학자들은 환원 불가능한 복잡성에 관한 대부분의 논증을 쉽게 기각시켰던 것처럼 미세조정 이론도 "우리가 금방―때로는 지나치게 빠르게―그 약점을 찾아 무효로 만들어버릴 거야"라는 태도로 기각시키려고 한다. 하지만 그렇게 되기는 쉽지 않다. 그 결과 흥미로운 반응들이 나오고 있다.

미세조정 이론은 철저한 자연주의자들을 불안하게 만든다. 왜냐하면 미세조정을 솔직하게 해석한다면 어떤 지성적인 창조자를 암시한다는 사실을 부정할 수 없기 때문이다. 그런데 우리가 반드시 고려해야 할, 그보다 덜 철저한 자연주의적 반응도 있다.

미세조정은 하나님 없이
설명될 수 있을까?

이 질문에 대한 사람들의 첫 번째 반응은 무관심한 듯이 어깨를 으쓱하며 다음과 같이 말하는 것이다. "인간이 이미 존재하고 있으니까 자연 법칙들이 생명이 존재할 수 있는 조건들을 지원했다는 것은 분명해. 그렇지 않았다면 우리가 이 자리에 존재하면서 이 사실을 인지하는 일 자체가 없었을 테니까." 놀라울 정도로 많은 과학자가 이런 태도가 꽤 괜찮다고 생각하는 듯이 보인다. 그러나 우리는 이런 태도가 매우 부적절하고 이런 반응을 보이는 사람들이 일종의 철학적·신학적 순진무구함을 드러내고 있다고 본다. 철학자 존 레슬리(John Leslie)는 이와 같은 "별일 아냐" 식의 반응이 부적절하다는 것을 "총살형에서 생존한 죄수"의 비유를 들어 폭로한다.

당신이 지금 총살형을 당하는 상황에 있다고 상상해보라. 눈은 가려졌고 몸은 말뚝에 묶여 있다. 곧이어 수십 발의 총성을 들었지만 당신은 살아남았다. 왜냐하면 모든 사수가 쏜 총알이 당신을 비껴갔기 때문이다. 나중에 감옥으로 돌아왔을 때 당신은 이 일에 관해 어떻게 생각하겠는가? 여러 명의 특급 사수가 당신을 겨냥했음에도 살아남은 것에 놀라면서 이렇게 말하며 만족하겠는가? "모든 총알이 나를 못 맞춘 게 분명해. 그렇지 않았다면 내가 지금 여기 앉아서 내가 여전히 살았다고 생각하지 못했을 테니까!"[10] 이런 싸구려 대답은 진지한 탐구심을 모두 상실한 사람들이나 만족시킬 수 있을 것이다. 사람들은 대부분 그런 상황이라면 당연히 일종의 음모가 있지 않을까 생각할 것이다. 즉 당신의 목숨을 살리기 원하는 누군가가 배후에서 지휘한 어떤 작전이 있었을지도 모른다고 추측하게 되는 것이다.

마찬가지로 우주에 관해 그런 식으로 말하는 것도 만족스럽지 않다. "자연 법칙들이 생명이 존재할 수 있는 조건들을 지원했다는 것은 분명해. 그렇지 않았다면 우리가 이 자리에 존재하면서 이 사실을 인지하는 일 자체가 없었을 테니까." 그보다 논리적인 접근은 그렇게 도저히 있을 법하지 않은 상황이 왜 벌어졌는지 탐구해보는 것이다. 훌륭한 과학적 설명은 **호기심을 만족**시킨다. 반면에 싸구려 같은 설명은 호기심의 해소에 아무런 기여도 하지 못한다.

보통 이에 관한 과학적 설명은 **급팽창**(Inflation) 이론에 기초한다. 급

---

10   John Leslie, *Universes*(London: Routledge, 1989), 13-14. 이 이야기는 Polkinghorne, "Science and Religion Debate"에서 인용했다.

팽창 이론에 따르면 우주는 우리가 지금 관찰하는 것과 비슷한 법칙적 정확성과 조화를 가지게 되어 있다. 우주 진화의 초기 단계에서 우주는 매우 급속한 기하급수적 팽창(빛보다 빠른 속도의 팽창) 과정을 겪었다는 것이다.

과학자들은 정확한 유형의 급팽창 모델을 제시함으로써 앞서 언급한 미세조정의 예 가운데서 몇 가지가 자연스럽게 지금 우리가 관찰하는 값을 취하게 된다는 사실을 보여주었다. 이런 방법에 따라 "미세조정" 중 일부는 설명되는 것처럼 보인다.

우주가 실제로 그런 급팽창의 시기를 겪었는지는 아직 논쟁의 여지가 남아 있지만, 우주과학자 대부분은 어떤 형태의 급팽창이 있었다는 것과 그것이 미세조정의 일부를 설명할 수 있다는 사실에 동의한다.[11] 그러나 이런 설명 안에는 눈에 보이는 것보다 더 많은—혹은 실제로는 더 적은—부분이 있다. 급팽창 이론이 늘 자세하게 설명하지 않는 것은 그 자체가 필수적으로 필요로 하는 "추가적 미세조정"(extra fine-tuning)이 있다는 사실이다.

초기 우주가 급속 팽창을 일으키고 그 결과로 우주의 물리적 속성들을 결정짓는 상수 값들이 형성되려면 급팽창 이론의 변수 중 일부는 매우 미세한 값으로 조정되어야 한다. 그 값의 정밀도가 너무 높은 나머지 급팽창 이론은 미세조정의 문제를 그대로 남겨둔 채 문제를 한 단계 더 뒷걸음질치게 하는 논리적 도미노 효과만을 일으킨다. 현재 과학자 대다수는 급팽창이란 개념은 받아들이지만, 그것이 미세조정의 문제를 해결했다고 생각하지는 않는다.

이에 관해 어떤 사람들은 언젠가는 우리 세계의 미세조정된 특성들이 그것이 불가피했음을 스스로 드러낼 것이라고 주장한다. 물리학 지

---

11   Alan Guth, *The Inflationary Universe* (Cambridge: Perseus Books, 1998).

식이 발전함에 따라 우리는 미래의 어느 날 소위 "만물의 이론"(Theory of Everything)을 발견하게 될 것이고 그 이론이 물리학의 나머지 부분을 모두 다 설명하게 된다는 것이다. 만물의 이론은 왜 우주의 상수들과 물리 법칙들이 지금과 같은 특정한 값을 가지게 되었는지도 설명해줄 것으로 기대된다. 그러나 우리 세계의 미세조정된 모든 특성은 이론으로 전개될 가능성이 있는 그 어떤 "만물의 이론"이라고 해도 그것에 제한을 둔다. 궁극적으로 단지 한두 개의 매우 제한된 이론만이 그 조건을 충족시킬 것이기 때문에, 이 사실은 본질적으로 "만물의 이론" 자체에 대한 미세조정의 문제를 다시 발생시킨다.[12]

마지막으로 고려해야 할 매우 특별한 반응이 있다. 그것은 "다중우주"(multiverse)를 상정하는 설명이다. 다중우주론은 전체 우주 안에 우리 우주 외에도 무한히 많은 다른 우주들이 있는데 각 우주는 제각기 다른 물리적 속성들과 상수 값을 갖는다고 말한다. 만약 충분히 많은 우주가 있다면, 그중 하나가 특정한 생명친화적 조건을 갖추고 있다고 해도 놀랄 일이 아니라는 것이다.

호킹 박사는 우리 우주가 미세조정되어 있다는 진술의 함축적 의미를 해결할 수 있는 유일한 방법이 다중우주론이라고 주장했다.

작은 것들에서 출발하여 우주론에 접근해가는 방식은—마치 어떤 외부의 주체에 의해 처방된 것처럼—조심스럽게 미세조정된 초기 상태의 우주를 전제하거나 아니면 우리가 영원한 팽창이라는 개념을 차용할 것을 요청한다. 후자는 다중우주의 생성 가능성을 매우 크게 보는 사변으로서 이때 우리는 일반적 관찰자가 무엇을 보게 될 것인지 예측할 수 없게

---

12   Holder, "Is the Universe Designed?"; Polkinghorne, "Science and Religion Debate."

된다.[13]

다중우주라는 개념은 환상적이지만 과학사를 되짚어보면 지동설부터 빅뱅 이론까지의 수많은 아이디어도 처음에는 모두 환상적으로 보였다. 기독교인을 포함해서 꽤 합리적인 다수의 과학자가 다중우주론을 받아들이고 있기는 하다. 하지만 이 가설은 아주 특별한 것이기에 우리는 그런 가능성을 제안하는 이론들이 있다는 것 자체에 관해 놀라지 않을 수 없다. 그 가능성이 미세조정이란 퍼즐을 설명해낼 수 있다는 것은 맞다. 그러나 이런 놀라운 가설을 주장하는 무리에 합류하기 전에 우리가 알아둬야 할 사실이 한두 가지 있다.

첫째, 다른 우주에 대한 어떤 **증거**를 찾을 가능성이 매우 희박하다는 사실이다. 왜냐하면 다중우주론 자체가 서로 다른 우주 사이에서 정보가 전달될 가능성은 거의 없다고 보기 때문이다. 이론에는 확고한 경험적 근거가 있어야 한다는 점을 중시하는 과학자들이 그 어떤 방법으로도 결코 소통할 수 없는 수많은 우주라는 가정에 관해 반대하는 것은 정당하다. 더구나 그 모든 우주를 생성시키는 과정에서 물리적 상수 값의 모든 경우가 고려되고 그중 하나의 특정한 우주가 우연히 생명친화적이 되도록 할 것이라는 보장도 없다.

무수히 많고 다양한 우주의 목록 가운데서 우리의 우주적 고향과 닮은 하나가 존재하는 것을 보장할 수 있으려면 그런 많은 우주의 특성에 먼저 제한 조건들이 설정되어 다중우주가 생성되는 과정 자체부터 반드시 미세조정되어야 한다. 그렇지 않다면 예를 들어 전자가 갖는 전하 값의 모든 경우를 각각 갖는 무수한 우주가 다중우주의 집단 속에 모두 존재하는

---

13   S. W. Hawking and Thomas Hertog, "Populating the Landscape: A Top Down Approach," arXiv.org, February 10, 2006〈http://arxiv.org/PS_cache/hep-th/pdf/0602/060209lv2. pdf〉; Polkinghorne and Beale, *Questions of Truth*의 "부록 A"를 보라.

지 우리가 어떻게 알 수 있겠는가?[14]

미세조정은 지적 설계와
어떤 관계일까?

우리는 우주가 지적으로 고안되었다는 생각 자체는 열렬하게 지지한다. 이에 대해 이번 장에 제시된 증거들은 도전적이고 설득력이 있다고 생각한다. 그러나 우리는 지적 설계론에 대해서는 주저하게 된다. 왜냐하면 지적 설계론은 주어진 많은 질문에 관해 현재의 과학이 답을 찾을 능력을 갖추고 있다는 사실을 충분히 확신하지 않기 때문이다. 그리고 그게 다가 아니다.

우리는 물론 미세조정의 논증과 지적 설계론의 논증이 공유하는 실제적 유사성을 인정하는 것이 중요하다고 생각한다. 우리가 볼 때 이 둘은 매우 비슷하다. 즉 지적 설계론과 바이오로고스의 주장은 하나의 스펙트럼에서 양 끝을 차지하며, 둘 사이의 중간 부분에는 서로 겹치며 일치하는 부분이 넓게 자리하고 있다. 스펙트럼의 양단 사이에는 팽팽한 **긴장**도 있지만, 그것이 반드시 **양립 불가능성**을 의미하는 것은 아니다. 하지만 우리가 우선 염려하는 것은 지적 설계론이 표명하는 "자연 안에는 하나님만이 개입하여 채우실 수 있는 틈(gaps)이 있다"는 견해다. 지적 설계론에 따르면 자연은 강력하고 많은 것을 성취할 능력이 있지만 어떤 것들―예를 들어 박테리아에 달린 편모의 기원―은 하나님의 특별한 "개입"을 필수적으로 요청한다. 그런데 우리에게는 바로 그런 생각이 단편적이고 일

---

14   Paul Davies, *Cosmic Jackpot: Why Our Universe Is Just Right for Life* (New York: Houghton Mifflin Harcourt, 2007), 151-90.

관성이 없는 것으로 보인다. 우리는 하나님이 그런 일을 자연 법칙들을 통해서―그 법칙 바깥에서가 아니라―이루신다는 생각에 더 큰 매력을 느낀다.

다른 한편으로 우리는 바이오로고스의 관점이 **이신론**(deism)으로 치우치기 쉽다는 점도 인정한다. 이신론은 하나님이 만물의 운행을 시작하신 다음에 그것들이 스스로 알아서 운행하게끔 내버려 두신다는 견해다. 우리의 견해는 종종 희화화되는데, 예를 들어 코넬리우스 헌터(Cornelius Hunter)는 그런 관점이 하나님을 "오랜 과거의 기억"으로 만들어버린다고 말한다. 그러나 이는 공평하지 못한 발언이다.[15] 부모와 관련된 유용한 비유를 들어 설명하자면 우리의 관점은 마치 부모가 자녀들을 위해 운동장에 놀이 기구들을 만들어놓은 다음 그들을 계속 감시하지 않고 자유롭게 놀도록 허락한 것과 같다. 그러나 그렇게 허락했다고 해서 부모가 "희미한 기억"이 되어버렸다고 표현한다면 그것은 완전히 잘못된 것이다. 그와 유사하게 하나님은 자유의지를 가진 자율적 존재들을 만드실 수 있다. 그러나 그것은 하나님이 우리를 향한 관심을 잃어버리고 다른 일을 하러 가셨다는 것을 암시하지는 않는다. 하나님은 여전히 피조물들에 관해 원하시는 어떤 방식으로든 역사하실 수 있다.

이신론의 위험을 인정하면서도 우리는 전통적 기독교가 말하는 창조주 하나님이 단지 "태초"의 기원을 시작하는 역할에만 제한되실 수 없다는 일반적 관심사를 공유한다. 그런데 미세조정 이론은 전부 기원에 관련된다. 현재의 논의에 도입하기는 어렵지만, 여기서 중심 문제는 "하나님의 행동"(divine action)이다. 우리는 이 문제가 다른 관점에서 보았을 때보다

---

15   Cornelius G. Hunter, *Darwin's Proof: The Triumph of Religion over Science*(Grand Rapids: Brazos, 2003), 84.

바이오로고스의 관점에서 볼 때 더 어렵다고 생각하지 않는다.

예를 들어 사람들 사이에 어느 정도 알려진 젊은지구창조론을 생각해보자. 이는 하나님이 6일 동안에 만물을 창조하셨다는 가설이다. 하나님과 시간의 관계를 생각할 때 이 가설은 하나님이 세상을 6일 대신 140억 년에 걸쳐 창조하신 것과 본질에 있어 다르다고 할 수 있을까? 두 가지 경우 모두에서 우리는 하나님이 행하신 일에 대한 초월적 신비와 마주친다. 하나님이 어떻게 암소를 24시간에 창조하셨는지를 묻는 것과 어떻게 2,400만 년 동안 창조하셨는지를 묻는 것 사이에 실제적인 차이가 있을까? 이와 관련해서 지적 설계의 문제를 살펴보자. 하나님이 정말로 자연사에 개입하셔서 세포, 편모, 헤모글로빈, 눈 등을 창조하셨다면 하나님은 어떻게 그렇게 행하셨는가? 그것은 얼마나 오래 걸렸는가? 하나님은 유전자의 수준에서 개입하셨을까, 아니면 다른 어떤 곳에서 단번에 그런 것들을 만드셨을까? 하나님이―기술적으로는 익명의 "지적 행위자"로서―창조 과정에서 환원 불가능한 복잡성의 구조들을 만드셨다고 주장하는 것이 하나님이 그런 구조물들을 자연 법칙들을 통해 이루셨다고 주장하는 것보다 더 신비하다고 말할 수 있을까?

우리는 기원에 관한 **모든** 기독교적 입장들이 신비하고 초월적인 하나님의 행동을 전제한다고 생각한다. 우리가 모두 같은 배를 타고 있다는 사실을 인정하는 것이 좋을 것이다. 토론되어야 할 것은 창조의 세부 과정에서 무엇이 밝혀졌는가 하는 것이지, 하나님이 어떻게 일하셨는지를 누가 더욱 정확하게 설명할 수 있는지 결정하는 것이 아니다(왜냐하면 아무도 그것을 설명할 수 없기 때문이다). 우리는 모두 이 세상이 초월적 지성이 만든 결과물이라는 사실을 긍정하는 것에서 출발해야 하고, 그다음에는 그 세상 안에서 무엇을 발견할 수 있는지 탐구해야 한다. 그 과정에서 우리는 부분적 통찰로서 만족해야 하며 우리 자신에게―바이오로고스 그룹이나 지적 설계, 오랜지구창조론, 젊은지구창조론 옹호자 등에게—다만 지금은 "거울로 보는 것 같이 희미하게"(고전 13:12) 볼 뿐이라는 사실을 수시로 상기시켜야 한다.

이처럼 공통되는 근거에도 불구하고 우리는 지적 설계 운동과 관련된 중요한 신학적 문제를 발견한다. (여기서 서둘러 지적해야 할 것은 지적 설계론은 통일된 하나의 운동이 아니며 그래서 그것과 다른 학설을 비교하는 것은 복잡한 문제라는 점이다. 예를 들어 그 운동의 커다란 천막 아래에는 젊은지구창조론 옹호자들과 지구가 수십억 년 되었다고 믿는 사람들이 함께 거주하고 있다.) 지적 설계론의 중심 주장 중에 우리가 염려하는 것—기독교인들을 주저하게 하는 것—은 그 운동이 어떤 특정한 신학적 주장을 표명하지 않는다는 사실이다. 지적 설계론은 바이오로고스처럼 하나님이 창조자라고 주장하지 않는다. 지적 설계론은 단지 이렇게만 말한다. "우주와 생물체의 일부 측면은 어떤 지적 원인을 통해 가장 잘 설명되며 자연선택과 같이 방향이 없는 과정에 의해 설명되기는 힘들다."[16] 이런 주장에 동의하는 지적 설계론자들 가운데 일부는 하나님을 믿지 않는 사람들도 있다.

바이오로고스는 물론—젊은지구창조론이나 오랜지구창조론처럼—지적 존재가 이 세계를 창조했다는 사실을 긍정한다. 그러나 바이오로고스는 이에 더해 생명이 자연선택을 통해 진화했다는 생물학자들의 결론도 수용한다. 우리는 진화가 하나님이 창조를 위해 사용하신 과정이라고 생각한다. 우리가 이것을 긍정하는 이유는 이것이 하나님이 일하신 방법이라는 우리의 신학적 통찰 때문이 아니라, 바로 그것이 과학이 창조와 관련해서 발견한 것이기 때문이다. 비록 대부분의 지적 설계 옹호자들은

---

16 "Top Questions and Answers About Intelligent Design Theory," Center for Science and Culture, September 8, 2005〈www.discovery.org/a/2348〉.

"시간의 경과에 따른 변화"로 이해되는 진화에는 동의하지만, 자연선택에 의한 생물학적 진화 과정이 현재 지구상에 존재하는 생물체들이 지닌 복잡성을 설명할 수는 없다고 본다.

과학적 관점에서 볼 때 지적 설계론은 주장하기를 진화는 창조의 **일부** 측면은 설명하지 못하지만, 다른 면들은 "지적 설계자"를 언급하지 않고서도 설명할 수 있다고 한다. 지적 설계론 옹호자들이 일반적으로 인정하는 것처럼 만약 그 지적 설계자가 하나님이라면 이는 하나님이 창조의 모든 면은 아니고 어떤 특정한 면과만 관련이 있으시다는 뜻이 되는데, 참으로 독특한 주장이다. 창조 가운데 설계자가 필요한 부분은 지적 설계론자들이 환원 불가능한 복잡성이라고 설명하는 지점이다. 그 부분들은 상호작용하는 구성 요소들의 복잡한 배열 형태로 조직되는데, 그 구성 요소 중 하나라도 없으면 전체가 무용지물이 되는 구조다. 예를 들어 운영체제가 없는 컴퓨터 혹은 바퀴 없는 자동차가 그런 경우일 것이다. 이런 배열 형태는 덜 복잡한 조상으로부터 올 수 없다. 왜냐하면 그 조상의 한 단계 덜 복잡한 버전의 체계는 쓸모없는 것으로서 기능을 전혀 발휘할 수 없을 것이기 때문이다. 지적 설계론자들은 그런 발견들이 진화론을 반박할 수 있을 것이라고 믿지만, 과학자 대다수와 바이오로고스는 그런 예들이 자연선택에 의한 진화론에 위협이 된다고 생각하지 않는다.

기독교인들은 지적 설계론을 수용하는 문제에 관해 신중해야 한다. 왜냐하면 그것은 하나님이 창조자라는 사실을 확증하지 않기 때문이다. 심지어 그들 가운데 일부는 지적 설계자가 외계인이라고 말하기도 한다![17] 물론 지적 설계론의 대다수 옹호자는 설계자가 하나님이라고 믿

---

17   Richard Milner and Vittorio Maestro, ed., "Intelligent Design?" *Natural History*(April 2002)⟨www.actionbioscience.org/evolution/nhmag.html⟩.

는 기독교인들이다. 그러나 이는 지적 설계론의 공식적인 특성이 아니다. 이에 비해 바이오로고스 그룹은 이 세계의 설계가 어떤 임의의 지적 존재가 아니라 기독교인들이 경배하는 바로 그 하나님으로부터 왔다고 주장한다.

기독교인들이 지적 설계론에 관해 두 번째로 염려해야 할 것은 그것이 주류 과학의 바깥에서 근거를 찾으려 한다는 점이다. 생물학 분야 전체에서 중심을 차지하는 개념은 종들(species)이 자연선택을 통해 진화했다는 것이다. 이를 거부한다는 것은 생물학의 대부분을 거부하는 것이나 마찬가지다. 더 나아가 생물학 분야가 지난 한 세기 동안 발전시켜온 개념들, 이론들, 도구들 없이 과학 분야에서 생물학을 연구하려는 것은 오류와 혼돈을 자초하는 일이다. 과학은 동료들의 검토, 연구 자금, 전문가 회의 등이 뒷받침하는 구조 안에서 행해질 때도 어려움이 많은 작업이다. 그렇지 않을 경우는 두말할 필요도 없다.

지적 설계론에 관한 세 번째 염려는 지적 설계가 어떤 곳에서는 탐지되고 다른 곳에서는 그렇지 않다는 주장에서 비롯한다. 이와 대조적으로 바이오로고스는 하나님이 자연 안의 모든 곳에 계신다고 확증한다. 하나님은 단지 우리의 지식이 도달하지 못하는 틈새에만 계시는 것이 아니다. 하나님은 단지 과학이 설명할 수 없는 자연의 조각들에 대한 설명이 아니라 모든 것에 대한 궁극적 설명이 되신다. 반면 과학도 종종 우리가 이해하지 못하는 자연의 틈새를 새로운 설명으로 메워준다.

지적 설계론자들은 설계를 확인할 수 있는 객관적 기준을 제시하려고 노력한다. 러쉬모어산에 새겨진 미국 대통령들의 얼굴 조각은 지적 존재에 의해 만들어졌다는 것이 이 경우에 자주 인용되는 예다. 우리는 그것이 누군가에 의해 설계된 것임을 분명히 감지할 수 있고 지적 설계자—이 경우에는 인간—를 개입시켜야만 그것을 설명할 수 있다는 것을 안다. 그러나 인간 행동에 대한 우리의 이해는 수천 년 동안 발전해왔고 해를 거듭할수록 더욱 정교해졌다. 우리는 러쉬모어산의 조각상들이 그것을 제작한 예술가들의 머릿속에 이미 존재했다는 것을 당연하게 여긴다. 러쉬모어산의 얼굴들이 지적 존재에 의한 결과라는 우리의 설명은 단지 어떤 형상이 설계자들의 마음에서 산기슭으로 옮겨졌다는 진술일 뿐이다. 우리는 어떤 형상이 한 곳에서 다른 곳으로 옮겨졌다고 말할 때 실제로 설명된 것은 거의 없다고 말하고 싶다.

다른 한 가지 예가 요점을 좀 더 명확하게 밝혀준다. 당신이 친구가 머리에 총알을 맞은 것을 발견했다고 가정해보라. 당신은 이것이 유탄이 우연히 날아와서 일어난 일인지 혹은 계획된 암살인지 궁금해할 것이다. 당신은 동영상 기록을 찾고 분명히 암살자가 있었음을 발견한다. 그렇다면 그 죽음은 "지적으로 설계된 것"이다. 그러나 동영상에 나오는 암살자는 친구의 죽음을 설명해주는가 아니면 죽음의 원인이 무엇이었는지를 밝혀줄 뿐인가? 과학자들은 세상을 **이해**하고 싶어하지, 단순히 **원인들을 확인**하고 싶어 하는 것은 아니다. 러쉬모어산의 예와는 달리 우리는 후자의 예에서 왜 암살자가 당신의 친구를 죽였는지에 대한 설명을 찾지 못한다. 다시 말해 지적 원인의 발견이 그 현상을 **설명**해주지는 않는 것이다. 우리의 관점에서 생각한다면 지적 설계론의 목표는 너무 제한되어 있다.

우리는 같은 형식의 설명을 DNA의 영역으로 확장할 수 있다. 이때 논증은 더욱 취약해진다. 이 경우에 우리는 "지적인 존재가 아미노산의 배열 안에 정보를 입력했다는 것"을 전혀 경험할 수 없다. 여기서 우리가 최대한 말할 수 있는 것은 인간 존재들이 가끔 그와 비슷한 일을 한다는 것이다. 그런데 이에 더하여 우리는 추가적인 문제와 씨름해야 한다. 그것은 아무런 의미도 없는 DNA 정보 배열과 중간 과정에서 손상으로 인해 "오류"가 생긴 정보 배열의 경우다.

이런 염려들에도 불구하고 우리는 지적 설계론의 중심적인 진술만큼은 기꺼이 수용할 수 있다. 즉 우주는 그 배후에 지적인 마음(mind)이 놓여 있다는 사실에 동의할 때 가장 잘 이해된다는 것이다. 우리가 선호하는 관점은 바로 그 마음이 하나님이라는 것이다. 우리는 이와 관련된 기독교 신학의 통찰들을 우리의 세계관 안으로 도입해서 통합하고자 한다.

그러나 우리는 미세조정의 설명이 너무 섣불리 신 존재 증명의 논증으로 이어지면 안 된다고 경고한다. 모든 변증적 논증과 마찬가지로 이 설명도 미래의 새로운 발견에 의해 기반이 침식될 수 있으며, 광범위한 신학적 숙고를 통해 약화할 수도 있기 때문이다. 후자의 예를 들어 우주의 미세조정은 인간의 창조만큼이나 바퀴벌레의 창조를 위해서도 필요하다는 점에 주목해보자. 여기서 우리는 다음과 같은 신학적 통찰을 추가해야 한다. 인간은 하나님의 형상으로 지어졌고 우주적 미세조정의 목표로서 바퀴벌레들보다 훨씬 적합하다는 통찰이다. 그러나 이런 논의는 과학의 범주를 벗어난다.

그러나 과학 그 자체는 물리적 우주에 대해 생명이 우연히 발생하지는 않을 장소처럼 보인다는 것 외에 더 말할 것이 없다. 20세기의 가장 뛰어난 물리학자 중 한 사람인 프리먼 다이슨(Freeman Dyson)은 자신의 자서전 『프리먼 다이슨, 20세기를 말하다』(*Disturbing the Universe*)에서 다음과 같이 말한다. "우주와 그 건축 구조의 세부 사항을 관찰하면 할수록, 나는 이 특정한 우주가 우리 인간들이 도래할 것을 어떤 의미에서든 알고 있었음이 틀림없다는 증거를 발견하게 된다."[18]

다이슨의 이와 같은 결론은 언제나 신앙적 세계관을 잠식하는 그림만을 그림으로써 우리에게 실망감을 안겨주는 과학에 대해 우리가 환영

---

18   Freeman Dyson, *Disturbing the Universe*(New York: Basic Books, 1979), 250.

할 만한 카운터펀치를 날려준다.

　　우주의 이야기는 우리를 빅뱅으로부터 생명의 기원으로 이끌었고 거기서 생물 진화의 이야기와 합류했다. 그러나 생물학은 우주론보다 더 복잡하며 우리는 이제 생명—오직 우주가 미세조정 되었기에 가능한 생명—의 발달 과정에서 나타난 광범위한 패턴이 던지는 암시를 겨우 엿보기 시작했다. 이제 우리는 그 매력적인 질문으로 시선을 돌리려고 한다.

8장

진화와 인간

하나님이 이르시되 "우리의 형상을 따라
우리의 모양대로 우리가 사람을 만들고,
그들로 바다의 물고기와 하늘의 새와
가축과 온 땅과 땅에 기는 모든 것을
다스리게 하자" 하시고(창 1:26).

미세조정된 우주는 우주적 진화에 관한 도전적인 그림을 제공한다. 그러나 생명친화적인 이 우주가 빅뱅의 혼돈으로부터 현재 우리의 놀라운 행성에 이르기까지 흘러온 흥미로운 경로의 세부 사항들을 무시한다면 그것은 실수다. 그 과정에서 발생한 흥미로운 부산물들을 간과하는 것 역시 실수가 된다. 생명친화적인 태양계와 비슷한 항성계를 형성할 가능성을 가진 모든 항성에 관하여, 그런 항성 하나마다 약 10억 개의 생명이 없는 구역들이 관찰된다. 그리고 생명을 줄 수 있는 항성 주위로 행복하게 돌고 있는 지구와 같은 행성이 하나 정도라면 생명이 결코 존재할 수 없는 행성들은 약 100만 개 정도다. 또한 무수한 밤하늘의 별 사이에는 어떤 종류의 생명에게도 확고부동하게 적대적인 광대한 빈 공간이 있다. 하지만 터무니없이 광대한 우주 안에는 여기저기에 우리의 태양과 비슷한 항성들과 그 주위를 도는 지구 비슷한 행성들이 간혹 존재한다. 우리는 바로 그런 행성 중 하나에서 살고 있는 것이다.

광대한 우주 안에 있는 우리의 고향은 정말 예외적인 장소다. 지구에는 생명을 지원해주는 화학물질들이 풍부하게 존재한다. 그런 물질들은 주로 수소와 헬륨으로 가득 차 있는 우주 전체에서 극히 드문 요소들이다. 지구상의 평균 기온은 물이 액체 상태로 존재할 수 있는 편안한 온도 구간에 머문다. 반면에 우주 공간 대부분은 너무 춥든가(별과 별 사이의 공간), 아니면 너무 뜨겁다(항성 안이나 그 근처). 우리 지구가 공전하는 태양은 매우 안정된 에너지를 방출하고 있어서 우리는 얼어 죽거나 타 죽지 않을 수 있다. 이 모든 조건이 빅뱅으로부터 유래했다는 것은 도저히 믿기 힘들 정도다. 그런 극한의 확률에도 불구하고 우리는 지금 여기 존재하고 있다. 생명의 기원에 관한 거대한 이야기는 "바보가 들려주는 이야기, 곧 소음과 분노가 가득하지만 막상 중요한 내용은 없는 이야기"일까? 아니면 목적이 있는 하나님의 창조 이야기일까?

진화의 최종 결과가 반드시 인간이어야 할까?

우주가 실제로 생명—인간만이 아니라 모든 종류의 생명—의 존재를 위해 미세조정되어 있다면 한 가지 질문이 자연스럽게 떠오른다. 생명은 자신이 어떤 목표로 향하고 있는지에 관해 어떤 작은 힌트라도 제공하고 있을까? 생명이 수많은 미로와 같은 경로들을 탐색하며 진행했을 때 생명이 우리를 닮은 어떤 존재를 향해 나왔다고 생각할 수 있는 이유가 있을까? 우리는 진화의 목적과 어떤 관계에 있을까?

이 질문을 위한 출발점은 생명이 지금과는 매우 다른 모습을 취했을 수도 있었다는 인식이다. 진화 과정은 대체로 무작위 변이를 통해 이루어진다. 그러므로 지구가 지금과는 완전히 다른 한 무리의 생물들의 고향이 되는 것도 분명히 가능한 일이었다. 실제로 화석 기록들은 우리에게 많은 종류의 생물들에 관한 긴 이야기를 들려준다. 그중 몇몇은 우리와 희미한

윤곽에서 비슷하고 몇몇은 매우 비슷하지만 더 많은 화석은 우리와 조금도 닮지 않았다. 이 행성에서 수십억 년 전에 생명이 시작된 이래로 생명의 목표를 아주 넓게 잡는다고 해도 우리가 그 범위에 들어갈 수 있을지는 분명하지 않다.

이런 생각은 틀림없이 우리 존재의 중요성에 영향을 준다. 실제로 그런 생각은 우리가 그저 "우연한 영광의 사건"의 결과일 뿐이라는 주장의 근거가 되어왔다.[1] 그런 생각은 표면상으로는 창조자가 인간을 염두에 두고 있었다는 믿음과 불일치하는 것처럼 보인다.

인간의 중요성이라는 주제에 관해 우리는 과학적이면서도 신학적인 몇 가지 방향에서 접근해볼 수 있다.

우선 주권적이고 시간을 초월하시는 하나님은 소위 "체계" 안에서도 전적으로 무작위로 보이는 불가피한 과정을 통해 인간을 창조하실 수 있다. 우리는 하나님이 시간과 어떻게 관계하시는지 정확하게 알지 못하지만 아마도 하나님의 목적은 우리 자신의 관점에서는 대체로 비가시적일 것이다. 널리 퍼져 있지만 매우 애매한 견해, 곧 하나님은 시간의 바깥에 위치하면서 역사 전체를 단번에 보신다는 견해는 하나님의 관점에서는 보이지만 우리의 관점에서는 보이지 않는 어떤 목적이 있다는 생각을 지지해준다. 어쩌면 이 우주 안에는 목적이 진행되는 궤적들이 이미 존재하는데, 단지 우리가 그것들을 희미하게만 인지하거나 전혀 인지하지 못하는 것일지도 모른다. 아마도 미세조정은 그런 궤적들 가운데 하나일 것이다.

지구의 역사를 거꾸로 돌려 빅뱅에서부터 다시 지금에 이르도록 흘러오게 하면서 지구와 관련되지 않은 것들은 무시하면서 살펴본다면 그

---

1   Wim Kayzer, *A Glorious Accident* (New York: W. H. Freeman, 1997).

과정은 전혀 무작위적으로 보이지 않을 것이다. 물론 그 과정의 세부 사항을 가까이서 볼 때는 **매우 무작위**하게 보인다. 우리 행성을 위해 운명적으로 결정된 탄소가 항성 속에서 만들어지는 광경을 들여다본다면, 그 장면은 믿을 수 없을 만큼 무질서해 보일 것이다. 그것은 너무 큰 혼돈 상태여서 관찰자는 거기서 생명의 구성 요소가 나중에 사용되기 위해 만들어지는 중이라고는 **도저히** 추리하기 어려울 것이다. 오직 현재를 염두에 두고 되돌아볼 때만 그 항성 안에서 일어나는 일의 중요성을 깨달을 수 있다. 하지만 만일 시간의 바깥에서 관찰할 수 있다면 그 중요성은 훨씬 명료하게 드러날 것이다. 왜냐하면 목적이 이루어져 가는 모든 궤적을 완전히 볼 수 있기 때문이다.

하나님과 진화의 관계를 생각하는 또 하나의 방법은 하나님이 무작위성(randomness) 안에서 일하면서 진화 과정을 인도하신다고 보는 것이다. 이 관점에서 생각한다면 하나님은 시간 속에 계시면서 자연 법칙들을 통해 일하신다. 그 일이 이루어지는 방법은 시간이 아주 많이 흘러서 우리가 사물들이 어떻게 변했나 바라볼 수 있을 때가 되었을 때 비로소 분명해진다. 돌연변이를 예로 들어보자. 돌연변이는 자연선택이 작용해서 새로운 종을 만들어내는 원재료와 같다. 돌연변이는 양자역학 사건(quantum mechanical events)으로 인해 촉발되는 순수한 무작위 발생인 것처럼 보인다. 그러나 양자역학적 사건들의 예측 불가능성은 그 본성 자체에 기인한 것이다. 이는 주사위 던지기와 같이 우리가 모든 세부 정보를 다 알지 못해서 예측할 수 없는 경우와는 다르다. 물리 법칙들 자체가 양자역학 사건들이 다른 방향으로 진행하는 것을 허락한다. 하나님이 그런 과정들 안에서 일하심으로써 진화의 역사를 형성해가시면 안 될 이유는 없다. 겉으로 보기에 순전히 무작위처럼 보이는 사건들이 실제로는 자연 법칙 체계의 내부에서 일하시는 하나님의 미묘한 영향력 아래 있을 가능성이 크다.

마지막 세 번째 가능성으로서 우리는 하나님이 의도적으로 자유를 진화 과정 안에 넣으시고 그 세부에서 굽이치는 수많은 진행 궤적은 미리 정해놓지 않으셨을 경우를 상상해볼 수 있다.[2] 그러나 필시 그렇게 수많은 진행 궤적 중에는 하나님이 선호하시는 방향이 있고, 그 결과 특정한 결과를 이끄는 방향으로 "공"이 굴러가도록 "운동장"을 그쪽으로 기울이고 계신지도 모른다. 이 현상을 묘사하는 많은 비유가 있다.

예를 들어 이 책이 집필되는 동안 거대한 경제적 재난이 발생해서 미국의 자동차 회사들은 거의 파산할 지경에 이르렀다. 정부는 자동차 회사들을 돕기 위해 "고물차 교환" 정책을 폈다. 정부는 새 차를 사기 위해 헌차를 가져오는 사람에게 현찰을 지원해주었다. 정부의 의도와 이 정책의 성공 사이에는 새 차를 구매하려는 자유의지가 놓여 있었다. 아무도 차를 사라고 강요받지 않았다. 그러나 결과적으로 많은 사람이 자유롭게 새 차 구매를 선택했고 자동차 회사들의 재정 상태는 극적으로 개선되었다. 이런 종류의 예는 자유의지가 현실적으로 행사되는 이 세상 안에서도 역사가 어떤 목적을 향한 진행 궤적을 그릴 수 있다는 사실을 보여준다.

이런 생각은 신학적 추정이며, 과학자인 우리로서는 어떤 확실성을 가지고 표명할 수 없는 것이다. 그러나 우리에게는 하나님이 세상과 상호작용하시는 방법에 관해 생각해볼 수 있는 몇 가지의 실행 가능한 방법이 있을지도 모른다. 그 방법들은 하나님이 진화 과정을 통해 창조를 이루셨을 가능성의 문을 열어줄 것으로 기대된다.

이번 장에서 다루고 싶은 문제는 만약 인간의 기원에 관한 설명으로

---

2   이 주제들은 다음 자료들에서 다양한 방법으로 탐구되었다. Thomas Jay Oord, ed., *Creation Made Free: Open Theology Engaging Science*(Eugene, Ore.: Pickwick, 2009); Thomas Jay Oord, *Defining Love: A Philosophical, Scientific, and Theological Engagement*(Grand Rapids: Brazos, 2010), chap. 6.

서 진화 과정이 하나님의 창조 방법으로 이해될 수 있다면, 그것이 우리를 그만큼 덜 중요한 존재로 만드는가 하는 질문이다. 다시 말해 우리는 진화의 산물인 동시에 "하나님의 형상으로 창조된 존재"일 수 있을까?

추론을 시작하면서 우리는 독자들이 다음과 같은 사실에 동의해주기를 원한다. 앞의 질문에 대한 답을 찾고자 할 때 우리의 기원과 관련된 것은 우리가 어떻게 인간 신체의 구체적이고 세세한 부분—예를 들어 열 손가락, 한 쌍의 귀, 하나의 코—을 갖추게 되었을까, 혹은 왜 우리에게는 유대목 동물들처럼 어린 새끼들을 넣고 다닐 주머니가 없을까, 아니면 왜 인간은 대소변을 가리는 데 시간이 오래 걸릴까 등에 관한 이야기가 아니라는 사실이다. 이런 세부 사항 중 그 어느 것도 우리를 인간으로 구분하는 데 결정적이지 않다. 우리의 인간적 특성은 잘 보이지 않는 측면들 안에 좀 더 전일적(全一的)으로 심겨 있으며, 그것은 우리 대신 우리와 모습이 전혀 다른 어느 동물들 안에 심겼을 수도 있다.

인간으로의 진화는
우연일까?

우리가 우연히 진화했다는 결론은 진화의 정의에 따르면—필연적이지는 않다고 해도—꽤 이해할 만하다. 진화는 생명체의 유전자 코드 안에서 일어나는 예측할 수 없는 돌연변이에서 시작되는데, 그 결과 생명체는 종종 자신의 동료들과 약간 다르게 변한다. 과학이 결정할 수 있는 범위에서 판단할 때, 이런 돌연변이가 하나의 방향을 다른 방향들보다 더 선호하도록 강제하거나 촉진하는 어떤 규칙은 없다. 돌연변이의 방향은 전적으로 임의적이다.

세상을 떠난 고생물학자 굴드는 진화가 지닌 이런 우발적이고 우연적인 면을 즐겨 강조했다. 그는 만약 소행성 하나가 우연히 지구와 충돌해서 공룡들을 멸종시키지 않았다면 인류는 존재하지 못했을 것이라고 주장한다. "만약 우주 공간 속의 어떤 재앙이 공룡들을 희생양으로 삼지 않았다면 의식(consciousness)은 우리의 행성 위에서 진화할 수 없었을 것이다."[3] 그와 비슷하게 만약 우리의 역사 속에서 DNA가 아주 약간만 다른 방향으로 향했다고 해도 우리와는 매우 다른 종이 진화의 결과로서 생겨났을지도 모른다. 굴드는 다음과 같이 말한다. "태초로부터 지금까지의 녹화 테이프를 처음부터 100만 번쯤 다시 튼다고 해도 지금의 인류와 같은 종이 진화의 결과로서 다시 발생할 것이라고 생각할 수 없다."[4]

굴드는 여러 해 동안 진화에 관한 논의에서 주도적 인물이자 영향력 있는 과학자 작가였다. 우리는 그의 의견을 고려해야 한다. 불행히도 그는 이 질문에 관해 극단적인 견해를 취했다. 그는 대단히 설득력 있는 저자였기 때문에 그의 극단적인 관점은 매우 널리 퍼졌다. 그 결과 많은 사람이 그의 견해가 과학계 전반의 일치된 의견인 줄 잘못 알게 되었다. 그러나 다행히도 의식, 도덕성, 영성(spirituality)을 가능하게 하는 큰 두뇌를 가진 인류가 (우연이 아니라) 불가피하게 출현했다는 다른 관점도 있다.

굴드에 대한 반대 의견은 바로 굴드가 진화의 우연성을 주장한 『놀라운 생명』(*Wonderful Life*)에서 밝게 조명했던 케임브리지 대학교의 한 교수로부터 나왔다.[5] 그는 고생물학계의 세계적 리더 중 하나인 사이먼 콘웨이 모리스(Simon Conway Morris)였다. 콘웨이는 굴드와 완전히 반대되는 관점을 제시하며, 인간 혹은 인간과 비슷한 종이 실제로 진화의 **불가피한** 부분

---

3   Stephen Jay Gould, *Wonderful Life: The Burgess Shale and the Nature of History*(New York: W. W. Norton, 1989), 318.
4   같은 책, 289.
5   같은 책, 141-45.

이라고 주장한다.

콘웨이는 인간의 진화에 관해 다른 기제를 제안한 것이 아니라 단지 그 결과들에 대한 다른 이해를 제시했다. 그는 인간 DNA의 역사에 자그마한 변화만 있었더라도 진화의 다른 경로가 드러났을 것이라는 데는 동의한다. 그러나 굴드와 달리 콘웨이는 각각의 가능한 경로가 모두 불가피한 방식으로 인간과 비슷한 어떤 종에 도달했을 것이라고 주장한다. 콘웨이는 다음과 같이 말한다.

진화에 관한 지배적인 견해는 생명이 아무런 방향도 갖고 있지 않을뿐더러 아무런 목표도, 예측할 수 있는 아무런 결과도 없다는 것이다. 상황과 우연성의 울타리에 갇혀서 생명의 진로는 한 지점으로부터 다른 지점으로 갑자기 휘청거린다. 지구상의 30억 년에 걸친 진화가 특별나게 영특한 원숭이를 만들어냈다는 것은 순전한 우연이다. 우리가 가진 도구 만들기, 언어, 무자비할 정도의 호기심 등의 속성은 다른 동물들 안에서도 희미한 흔적을 찾을 수 있다. 다만 우리의 지능만큼은 정말 특출나다. 그렇지 않은가?

아니다! 지구상에서 일어난 역사는 불가능할 정도로 복잡하고 예측할 수 없는 것으로 보인다. 그러나 더욱 자세히 살펴보면 심오한 구조를 발견할 수 있다. 물리학과 화학은 단순히 전혀 가능하지 않은 수많은 것이 무엇인지 우리에게 알려주고, 그런 제약은 생물학까지 확장된다. 생물학의 특정한 문제에 대한 해법은 단지 하나 혹은 몇 가지 방법으로만 다루어질 수 있다. 바로 이것이 우리가 화려한 진화의 직조물을 검토할 때 왜 같은 패턴만 계속 반복해서 나타나는가 하는 이유다.[6]

---

6   Simon Conway Morris, "We Were Meant to Be⋯," *New Scientist* 176, no. 2369(2002), 26.

콘웨이가 말하는 패턴들은 진화 과정에서 "수렴"(convergences)이라고 일컬어진다. 콘웨이는 『생명의 답: 외로운 우주에서 불가피한 인류』(*Life's Solution: Inevitable Humans in a Lonely Universe*)에서 다른 종들 가운데서도 반복적으로 발견되는 많은 육체적 특성이나 능력을 예로 든다. 보통 그런 유사성은 공통 조상을 가진 결과라고 이해된다. 그러나 콘웨이가 예로 드는 종들은 서로 너무 먼 거리에 있어서 공통 조상을 갖는다는 것이 거의 불가능하다. 그리고 많은 경우에 그런 서로 다른 종들의 공통 조상조차도 그와 같은 특성을 갖지 않는다. 이런 사실이 뒷받침하는 암시는 서로 다른 종이 각기 독립적으로 유사한 특성들을 발전시켜왔다는 것이다.[7]

"수렴"의 사례들은 광범위한 분포를 보인다. 널리 알려지고 이해하기 쉬운 예는 사람의 눈이다. 몇몇 다른 종도 거의 같은 시각 구조를 가지고 있다. 상상하기 힘들겠지만 문어가 그중 하나다.[8] 그런데 인간과 문어는 서로 다른 조상을 가지며, 둘 중 어느 조상도 현재와 같은 시각 구조의 특성을 지니고 있지 않았다. 그러나 증거들은 서로 다른 두 가지 진화의 경로가 각기 독립적으로 동일한 시각 체계에 이르렀다고 말해준다.

만약 굴드의 우연-패러다임이 맞는다면, 그래서 무수히 많은 가능한 결과들이 있었다면 이런 수렴의 예는 더욱 찾기 힘들 것이다. 반대로 콘웨이의 주장은 자연 법칙들이 어떤 특정한 문제에 관해 단지 몇 가지의 답만 허락한다는 사실을 드러내준다. 눈은 자연의 역사에서 최소한 7번 정도 독립적으로 발전해온 것으로 보인다. 눈의 놀라운 복잡성을 고려해볼 때 그것의 외적 형태가 어떻게든 진화 과정에 내장된 것으로 보인다는 사실은 매우 도전적인 통찰이다. 이는 그동안 사람들이 진화의 표준으로 여

---

7 Simon Conway Morris, *Life's Solution: Inevitable Humans in a Lonely Universe*(New York: Cambridge University Press, 2003).

8 Conway Morris, "We Were Meant to Be."

겼던 그림, 곧 무작위의 정처 없는 경로라는 그림에 대한 가차 없는 공격이다.

만약 콘웨이의 생각이 옳다면 그것은 진화가 선호하는 경로들이 있다는 말이다. 비록 진화의 단계들이 대체로 무작위로 진행된다고 해도 "운동장"은 한 방향으로 기울어져 있어서 "공"이 굴러가는 특정 방향이 선호된다. 현재의 진화론자들은 이런 통찰들을 어떻게 통합해야 할지 확신하지 못하고 있지만 증거들이 쌓여감에 따라 이런 통찰들을 수용하는 사람이 점점 더 많아지고 있다.

"수렴"은 인간과
어떻게 관련될까?

이 논의에서 중요한 측면은 인간의 다양한 특성들이 어느 정도까지 진화 과정에 내장되어 있었는가 하는 문제다. 콘웨이는 특별히 **인간과 유사한**(human-like) 생물들과 관련된 특징들에서 나타나는 수렴의 몇 가지 예를 제시한다. 스스로 균형을 잡는 능력, 소리 감지의 능력, 뛰어난 시각적 정보 처리 능력이 바로 그것이다. 또한 인간의 두뇌가 보이는 고도로 발달된 특성도 수렴된 것이라는 증거가 있다.

매우 존경받는 진화 전문가이자 기독교인인 콘웨이는 다윈의 이론이 인간의 존엄성에 아무런 위협이 되지 않는다고 주장한다. 도전적이지만 존경받는 그의 연구는 의식, 언어, 복잡한 사고를 가능하게 하는 커다란 두뇌와 같은 속성이 진화 과정에서 **불가피하게** 출현하게끔 되어 있었다는 사실을 보여준다. "일반적인 믿음과 반대로 진화 과학은 우리를 왜소하게 만들지 않는다. 내가 주장하는 바는 이렇다. 지금 우리와 같은 인간들은 진화 과정에서 불가피하게 출현할 수밖에 없었던 존재이며, 우리의 존재는 우리가 나머지 창조세계와 하나라는 사실을 재확인시켜준다."[9]

　　물론 우리 같은 지각 능력이 있는 존재들의 정확한 해부학적 측면들은 진화 과정을 통해서는 정확하고 구체적으로 설명되지 않는다. 콘웨이가 주장하는 바와 같이 자연의 역사가 펼쳐지는 "운동장"은 커다란 두뇌와 놀라운 눈의 구조 쪽으로 기울어져 있다. 반면에 진화 과정이 다섯 손가락이 있는 손, 땅에서 약 150cm 높이에 있는 귀, 혹은 눈 위가 아니라 눈 아래 위치한 코를 선호한다는 증거는 없다.

　　많은 이들이 이런 생각에 동요하면서 이를 하나님이 "자기 형상대로" 인간을 지으셨다는 축복스러운 창조관과 조화될 수 없는 이상한 주장이라고 깎아내렸다. 우리는 그 이유가 많은 예술 작품이 하나님과 우리 자신에 관한 이미지에 영향을 미쳤기 때문이라고 생각한다. 하나님이 우리와 같은 모습으로 성육신하셨기 때문에 우리는 섣불리 하나님도 우리와 닮은 모습을 하고 계실 것이라고 단정한다. 어쨌든 아들들이 일반적으로 아버지를 닮는 것은 사실이다! 시스티나 성당에서 볼 수 있듯이 하나님을 사람처럼 표현하는 신인동형론적 예술 작품들은 하나님이 우리 모습처럼 생겼다는 단정을 강화한다. 그러나 곰곰이 생각한다면 우리는 이런 직관이 틀렸음을 깨닫게 된다. 하나님께는 손과 발이 없다. 그분은 큰 두뇌와 두 귀를 갖고 두 발로 걷는 포유류가 아니시다. 우리가 하나님의 형상대로 지어졌다는 믿음에 어떤 의미를 부여한다고 해도 우리의 물리적 육체가 하나님의 몸을 어떻게든 닮았다고 주장할 수는 없다.

9　　Conway Morris, *Life's Solution*, xv.

그렇다면 하나님은 인간을
어떻게 창조하셨을까?

과학적 증거는 인간―혹은 인간과 유사한 생물―이 창조 안에서 충분한 의도를 지닌 한 부분이라는 기독교 전통의 믿음과 양립할 수 있으며 더 나아가 그 믿음을 지지해줄 수 있다. 기독교 인들은 하나님이 창조물 전체를 매 순간 붙잡고 계신다고 믿는다. 따라서 마침내 인간을 생성시킨 수렴들을 책임졌던 자연의 무수하고 미묘한 차이(뉘앙스)들의 근거와 토대는 하나님뿐이시다.

하나님은 물론 창조물과 상호작용할 능력을 갖추고 계신다. 인간의 출현에 도달하기까지 펼쳐진 자연사의 경로가 그런 상호작용의 표지일지도 모른다. 하나님은 자신이 원하는 방법으로 자신이 의도한 결과가 나오도록 진화 과정에 영향을 미칠 수 있으시다. 더 나아가 모든 것을 아시는 창조자는 자연 법칙들을 통해 진화의 결과로서 인간이 출현하게끔 우주를 지으실 수도 있다. 자연사의 실제 패턴은 사실상 두 가지, 곧 "태초에" 설정된 법칙들에 의해 구체적으로 명시된 경로들과 하나님의 창조성의 지속적 주입이 합쳐진 결과일지도 모른다.

그러나 과학적 증거들은 진화 과정이 계속되는 어설픈 수선과 하나님의 정기적인 개입을 필수적으로 요청하지는 않는다는 견해를 지지한다. 비록 그 개입을 전적으로 배제하지는 않는다고 해도 그렇다. 물론 과학적 증거는 하나님이 체계의 내부에서 일하실 가능성―물론 이렇게 일하시는 방식은 하나님의 창조적 사역을 제한하기는 하지만―역시 배제하지 않는다. 과학적 증거들은 마치 생명이 태초에 있었던 창조 계획의 중요한 일부분이었던 것처럼 우리 우주가 생명친화적 특성을 풍부하게 품고 있었다는 사실을 제시해준다.

아담과 하와는 어떻게
이해해야 할까?

우리는 여기서 제시하는 설명이 하나님이 우리를 만드신 바로 그 방법이라고 주장하지 않는다. 과학도 성경도 그 질문에는 대답할 수 없다. 창세기의 창조 기사는 창조의 방법에 관해서 다음과 같이 말한다. 아담은 흙과 하나님의 숨으로 지어졌고 하와는 아담의 갈빗대로 만들어졌다. 육지 동물들, 물고기와 새들은 "~하라"는 하나님의 명령으로 창조되었다. 이런 "설명들" 가운데 어느 것도 실재에 대한 묘사가 될 수는 없다. 인간은 주로 물로 구성되지, 흙으로 구성되는 것이 아니다. 또한 성인이 하나의 갈빗대로부터 금방 만들어지는 자세한 과정은 전혀 기록되어 있지 않다(복제한다고 해도 30년이 걸릴 테고 에덴동산에서는 아마도 이용 불가했던 기술도 필요할 것이다). 오늘날 우리가 알고 있는 과학 지식과 히브리인들의 고대 세계관에 기초해서 생각한다면 창세기의 간략한 언급을 인간이 어떤 기원을 갖는지에 대한 정확한 생물학적 묘사로 바꾸어 생각하려는 것은 전혀 합리적이지 않다. 우리가 말하려는 핵심은 다음과 같다. 즉 창세기의 묘사는 하나님이 어떻게 창조하셨는지에 관해서는 말하지 않으며, 여기서 단지 중요한 사실은 하나님이 창조하셨고 인간은 하나님이 세우신 계획의 일부로서 우연한 산물이 아니라는 것이다.

창세기가 "어떻게"라는 질문에 답해주지 않기에 하나님이 창조하신 방법에 대해서는 과학적 통찰이 부분적으로 개입할 수 있는 여지가 생긴다. 우리의 목표는 과학과 성경의 두 가지 관점이 서로 모순이 되지 않게 하는 것이다. 다행히 이 요건은 쉽게 충족될 수 있다. 그러나 지금까지 우리가 논의했던 모든 과학적 증거는 오직 인간 창조의 **물리적 혹은 물질적** 측면만 다룬다. 이런 과학적 그림을 순수한 전통적·기독교적 관점 안으로 완전히 통합하기 위해서는 창세기의 창조 기사와 거기에 소개되는 첫 인간들의 영적 측면들에 대한 암시를 어떤 수준에서든 과학의 그림과 적절히 연결할 수 있어야 한다. 창세기는 해석학적으로 복잡하기에 그 연결 작업이 어떻게 이뤄질 수 있을지는 명확하지 않다. 그 대신 우리가 여기서 제공하는 것은 단순히 몇 가지 가능성이다. 우리는 창세기 창조 기사의 가장 중요한 측면에 대한 간단한 개관으로 시작하려고 한다.

창세기의 처음 두 장은 흙에서 만들어진 아담과 하와를 독자들에게 소개한다. 그들은 하나님의 호흡으로 생명을 얻었고(창 2:7), 지식을 주는 과일을 맺는 신비한 나무가 있는 아름다운 동산에 살게 되었다. 아담과 하와는 하나님이 저녁마다 방문하실 정도로 큰 축복을 받았다.

하나님은 아담과 하와에게 정원의 모든 나무의 열매를 먹어도 되지만 선악을 알게 하는 나무는 예외라고 말씀하셨다. 이 규정을 어기면 그들은 정녕 죽을 것이다. 그러나 그들은 이 계명에 불순종했고 저주를 받아 동산에서 쫓겨난다. 하나님은 이제 그들을 방문하지 않으셨고 심지어 동산 입구에 화염 검을 가진 천사를 배치해서 그들이 다시 들어올 수 없게 하셨다.

이 이야기는 아담과 하와가 하나님과의 관계를 어떻게 깨뜨렸는지 말해준다. "타락"으로 알려진 이 단절은 단지 하나님과 인류의 분리뿐만 아니라 어떤 의미에서는 악이 이 세상 안으로 들어온 사건을 가리킨다.

아담과 하와에 관한 익숙한 이 이야기는 신학적 담론, 주일학교 수업, 대성당을 수놓은 스테인드글라스의 주요한 주제다. 인간의 기원에 관한 어떤 진화론적 설명이 의미 있는 기독교적 설명이 되기 원한다면 바로 이 이야기와 **건설적인** 관계를 맺어야 한다.

그렇다면 도대체 이 이야기는 지구의 나이가 수십억 년이고 인간이 아프리카에서 수십만 년 전에 처음 출현했다고 말하는 진화의 역사 안에서 퍼즐의 한 조각으로서 어떤 자리에 들어갈 수 있을까? 아담과 하와의 이야기는 실제 역사일까, 아니면 실제로는 다른 일이 벌어졌을까? 기독교인들은 지난 수 세기 동안 이 본문에 대해 단순한 문자주의적 해석부터 신학적 의미를 강조하는 이해에 이르기까지 다양한 관점을 취해왔다.[10]

문자주의적 해석은
과학과 조화될 수 있을까?

지질학이 지구의 연대기를 연구하는 과학으로서 18세기에 출현하기 전까지 많은 기독교인은 창세기의 처음 두 장이 실제의 장소, 사람, 사건을 가리킨다고 해석했다. 예를 들어 중세의 탐험가들은 에덴동산을 찾기 위해 중동 지역으로 떠났다. 이 시기에 제작된 지도에는 추정되는 에덴동산의 위치, 아담과 하와가 동산에서 추방된 후에 옮겨간 곳도 표시되었다.[11] 이와 비슷하게 창조과학을 표방하는 창조연구소(ICR)나 동시대의 다른 연구 그룹들은 노아의 방주를 찾기 위해 터키로 탐험대를 보냈다.

창세기의 문자주의적 해석에 따르면 하나님은 아담과 하와를 **특별하게** 창조하셨고, 모든 인간은 이 처음 조상의 자손이다. 하지만 불행하게도 그런 해석은 여러 가지 이유에서 실제 증거와 일치하지 않는다. 첫째, 창세기의 창조 기사는 두 종류다. 하나는 창세기 1:1-2:3이고 다른 하나는 창세기 2:4-25이다. 이 이야기들은 서로 다른 연대기적 순서로 되어 있다. 이런 사실은 역사학이 등장하기 이전 시대에 살았던 기독교인들의 마음을

---

10   여기서 제시된 넓은 범위의 다양한 관점들은 다음 책이 제시한 내용에서 영감을 얻었다. Denis Alexander, *Creation or Evolution: Do We Have to Choose?*(Oxford: Monarch Books, 2008).

11   Jean Delumeau and Matthew O'Connell, *History of Paradise: The Garden of Eden in Myth and Tradition*(New York: Continuum, 1995).

전혀 힘들게 하지 않았다. 하지만 오늘날 수많은 기독교인이 그것 때문에 마음이 불편하다. 이상하게 들릴지 모르겠지만 과거 시대의 사람들은 먼 옛날에 관해 말할 때 지금과는 현격히 다른 방법을 사용했다. 즉 과거 사건들을 그것들이 실제로 발생한 연대기가 아니라 그것들의 **중요성**에 따라 차례대로 기록했다는 것이다. 물론 오늘날의 역사 기록은 그런 식으로 이루어지지 않는다. 예를 들어 우리에게 더욱 직접적으로 관련된다고 해서 남북전쟁을 제2차 세계대전 이후에 배치하는 방식을 사용할 수는 없다.

창세기를 문자주의적으로 해석하는 사람들은 창세기 1장과 2장의 서로 다른 창조 이야기 속에서 나타나는 두 가지의 연대기적인 세부 사항을 일치시켜야 하는 문제에 부딪힐 때 역사학적인 어려움에 빠진다. 더 나아가 인류가 오직 최초의 두 사람으로부터 시작되었다는 문제를 해결하려고 할 때도 난점에 맞닥뜨린다. 예를 들어 가인의 아내는 어디서 왔는가 하는 전통적인 문제가 있다. 그들의 해석에 따르면 유일한 답은 그녀가 가인의 누이였다는 것인데 이는 근친혼을 금지한 성경적 계명과 상치된다. 또한 가인이 아벨을 죽인 까닭으로 추방되었을 때 가인이 두려워했던 뭇사람들은 더 큰 문제를 일으킨다. 창세기 4:13-14은 다음과 같이 말한다.

> [13]가인이 여호와께 아뢰되 "내 죄벌이 지기가 너무 무거우니이다. [14]주께서 오늘 이 지면에서 나를 쫓아내시온즉, 내가 주의 낯을 뵈옵지 못하리니 내가 땅에서 피하며 유리하는 자가 될지라. 무릇 나를 만나는 자마다 나를 죽이겠나이다"(창 4:13-14).

여기서 가인을 죽이려고 하는 자들은 가인의 친족─형제자매, 조카들, 조카딸 등─이라고 보기는 힘들다. 성경 본문도 그런 암시를 주지 않는다. 비슷한 맥락에서 창세기는 가인이 건설한 후 자기 아들의 이름을 따서 명명한 도시를 언급한다(창 4:17). 어떤 사람들이 이 도시에 살았으며 도시 건설을 도운 사람들은 누구였을까?

과학적 증거들은 역사적으로 그 시점에 세계의 인구가 극적으로 늘었다는 지표를 보여준다. 최근에 분석된 유전자의 정보도 인류의 조상이 단지 두 사람이 아니라 수천 명이었다는 사실을 뒷받침해준다. 마지막으로 화석과 DNA 기록들은 인간과 다른 동물들 사이의 관계 안에 더욱 통일성을 보이는 창조 과정이 반영되어 있다는 사실을 나타낸다.[12] 앞서 살펴본 것처럼 인간과 침팬지의 염색체 비교는 그런 통일성에 관한 여러 가지 설득력 있는 증거 가운데 하나를 제공한다. 우리는 우리 몸 안에 우리가 다른 종과 관련이 있다는 증거를 지니고 다니는데, 이 증거는 창세기의 인간 창조 이야기에 대한 문자주의적 해석을 강하게 거부한다.

"만인 해석"과 같은 비문자주의적 해석은 어떨까?

창조 이야기에 대한 "만인 해석"(Everyman Reading)—아담과 하와가 모든 사람이 처한 보편적 상황을 상징한다는 해석이다—은 그 본문에 대한 다른 종류의 은유적 해석을 제공한다. 이에 관해 몇몇 사람은 그것이 신학적으로 자유주의적이라고 느낄 것이다. 이 견해에 따르면 "타락"은 모든 개인이 하나님을 거부한다는 사실을 나타낸다. 타락은 역사 속의 사건이 아니라 모두가 동의하는 인간의 보편적인 상태, 곧 심각한 결함과 죄가 있는 상태에 대한 진술이라는 것이다. 이런

---

12 그런 유전자 증거들은 다음의 책에서 설명되었다. Francis S. Collins, "Deciphering God's Instruction Book: The Lessons of the Human Genome," *The Language of God*(New York: Free Press, 2006).

해석에서 아담과 하와가 실제로 역사적 인물이었는지 아닌지는 중요하지 않다. 그들의 행동은 단순히 모든 인간의 행동을 대표하는 것이며, 우리를 괴롭게 하는 인간 본성의 한 부분을 우리에게 상기시켜주는 역할을 한다.

이런 해석은 아담과 하와의 이야기가 각 문화권의 사람들이 자신을 이해하기 위해 사용하는 전통적인 이야기의 한 종류라고 말한다. 즉 인류의 공통적인 경험을 풀어놓는 하나의 이야기인 것이다. 그런 이야기들은 각 문화권의 제의, 신념, 세계관 등에 관한 설명을 제공한다. 타락 이야기는 왜 모든 사람에게 "어두운 면"이 있는지, 왜 사람은 친절하기보다 이기적이기가 훨씬 쉬운지를 설명해준다. 즉 그런 이야기들은 어머니들이 아이들에게 사람들이 왜 끔찍한 짓을 서로에게 저지르는지를 설명하기 위해 들려줄 만한 이야기들임이 분명하다.

물론 이 해석은 "타락" 사건이 실제의 역사 사건이라고 믿는 이들 사이에서는 인기가 없다. 예를 들어 사도 바울은 로마서에서 아담과 예수를 비교하면서 아담을 죄를 짓고 저주를 불러들인 일종의 인류의 대표자로 묘사한다. 이 점에서 아담은 생명을 가져오는 인류의 새로운 대표 예수와 대조된다. "그러나 이 은사는 그 범죄와 같지 아니하니 곧 한 사람의 범죄를 인해 많은 사람이 죽었은즉, 더욱 하나님의 은혜와 또한 한 사람 예수 그리스도의 은혜로 말미암은 선물은 많은 사람에게 넘쳤느니라"(롬 5:15). 예수는 분명히 역사적 인물인데 바울은 예수와 아담을 같은 맥락에서 언급한다. 즉 바울은 아담을 역사적 실존 인물로 생각하는 것이다.

다른 비문자주의적
해석도 있을까?

구약학자 피터 엔즈(Peter Enns)는 "아담은 이스라엘의 시조이지, 인류의 시조는 아니다"라는 도발적인 논지를 전개했다. 그는 아담 이야기와 초기 이스라엘의 역사 사이에는 비슷한 점이 많다고 지적한다. 에덴동산에서 벌어진 사건들과 명확하게 대응한다는 다음 사건들을 살펴보자.

① 이스라엘 백성에게는 젖과 꿀이 흐르는 가나안 땅이 그들의 거주지로 주어졌다.

② 모세에게 주어졌던 율법을 지키는 한, 그들은 그 땅에 언제까지라도 머물 수 있었다.

③ 그들은 불순종의 패턴을 끈질기게 고집했고, 결국 바벨론으로 추방당했다.

엔즈에 따르면 "이스라엘 역사가 먼저 있었고, 그 후에 아담의 이야기가 그 역사를 반영하기 위해 쓰였다. 달리 말해 아담의 이야기는 시대적 배경을 태고로 옮겨서 이스라엘의 이야기를 다시 쓴 것이다. 그러므로 그 이야기는 인간의 기원이 아니라 이스라엘의 기원에 관한 이야기다."

엔즈는 이 두 이야기에서 상응하는 일치점들이 단지 우연으로 볼 수 없을 만큼 너무 뚜렷하다고 말한다. 더 나아가 그는 **아담**이라는 단어의 뜻도 애매하다고 지적한다.

모든 주석가는 "아담"(adam)이 가끔 **인류**를 가리킨다는 사실을 언급한다[그래서 엔즈는 소문자로 adam이라고 쓴다]. 다른 경우에 아담은 특정한 **한 사**

람의 실제 인물로서 아담(Adam)이다. 이처럼 오락가락하는 표현이 의미하는 바는 특정한 아담(Adam)이 일반적 아담(adam, 인류)의 부분집합이라는 것이다.

특정한 아담(Adam)의 특성이 이 이야기의 초점인 이유는 그가 하나님이 정말로 관심을 보이신 전체 아담(adam)의 한 부분이기 때문이다. 에덴 바깥(놋 땅)에는 일반적인 아담(adam)들이 거주했지만, 하나님의 관심이 집중된 에덴 안에는 특정한 아담(Adam), 곧 하나님과 유일무이한 관계를 맺는 아담만 있었다.

창세기의 주제는 특정한 한 인물인 아담(Adam)이 하나님의 법에 순종하고 에덴에 머물면서 하나님과의 특별한 관계를 계속 유지할 것인가, 아니면 바깥의 유배지에 있는 다른 일반적인 아담(adam)들에게 가담할 것인가의 문제였다. 이는 이스라엘에게도 똑같이 던져진 질문이다. 하나님에 의해 "창조"된 다음 그들은 하나님의 명령에 순종하며 그 땅에 계속 머물 것인가, 아니면 불순종하여 추방당할 것인가?

엔즈의 결론은 다음과 같다. "아담이 이스라엘"이라는 해석이 "아담이 첫 사람이고 인류가 그로부터 유래했다고 보는 것보다 훨씬 나은 관점이다. 창세기는 전자의 해석을 지지하지 않는다."[13]

---

13   Peter Enns, "Adam Is Israel," The BioLogos Forum, March 2, 2010〈http:// biologos. org/blog/adam-is-israel〉.

과학적 증거를 토대로
작업할 수 있는
역사적 관점이 있을까?

성경적 설명과 과학적 설명을 아우르는 공통적·통합적 관점에 따르면 과학적 증거가 지시하는 것처럼 인간과 유사한 피조물이 진화해서 점점 더 하나님과 관계를 맺는 능력을 갖추게 되었다고 보아야 한다. 역사 속의 어느 시점에 하나님은 필요한 속성들을 계발하여 갖춘 사람들과 특별한 관계를 맺으시고 그들에게 하나님 자신의 형상이라는 선물을 주셨다고 보는 것이다. 바로 이 영적 선물이 주어졌을 때 악을 알고 경험할 수 있는 능력도 함께 왔다. 하지만 그 기회를 붙잡으면 비극적 결과가 수반되는데 그 결과는 역사를 통해 인간이라는 종 전체에 전달되었다.

물론 이런 시나리오는 추측에 불과하다. 하지만 이 관점은 문제가 되는 인간들이 한 그룹의 집단이든지, 아니면―아담과 하와로 상징되는― 특정한 한 쌍의 남녀이든지 상관없이 모두 수용할 수 있다. 집단인 경우에 우리는 하나님이 그 그룹의 모든 구성원과 상호작용하셔서 오늘날 존재하는 하나님 자신과의 관계를 그 당시에 시작하신 것이라고 상상할 수 있다. 만약 시초가 유일한 남녀 한 쌍이라면 그 관계는 그 남녀와 먼저 시작된 다음에 하위 그룹인 지금의 인류가 지배적으로 되어감에 따라 그들을 통해 후손들에게 퍼졌다고 상상하면 된다.[14]

어쨌든 인간들은 자유의지를 행사했고 타락을 초래했다. 타락과 선악을 알게 하는 나무 사이의 신비한 관계는 인간들이 하나님의 가르침을 따르기보다 독립적으로 살기를 선택함으로써 자신들의 도덕의식을 실행

---

14   Alexander, *Creation or Evolution*을 보라.

했음을 의미한다. 창세기 이야기는 그 사건의 결과로 그들이 하나님으로 부터 소외된 상황을 생생하게 묘사한다.

이런 설명은 모든 종의 상호관련성과 인류가 출현했던 초기에 인구가 많았다는 유전적 증거와 부합한다. 또한 이 설명은 아담—그가 개인이었든 어떤 집단의 상징이었든 관계없이—의 온 인류에 대한 대표자 자격을 그대로 보존한다.

이와 같은 견해를 기독교인이 받아들일 수 있을까? 긴 역사에 걸쳐 사려 깊고 신실한 기독교인들이 창세기의 창조 이야기에 관한 비문자주의적 관점에 동의했다. 예를 들어 C. S. 루이스가 그와 비슷한 관점을 보여주었다. 『고통의 문제』(*The Problem of Pain*)에서 루이스는 하나님의 형상의 출현을 다음과 같이 묘사한다.

> 때가 찼을 때 하나님은 이 생물체의 심리적 그리고 생리적 육체 위에 "나"(I) 그리고 "나를"(me)이라고 말할 수 있는 새로운 종류의 의식이 내려 임하도록 하셨다. 그것은 자신을 객체로 바라볼 수 있고, 하나님을 알며, 진선미에 대한 판정을 내릴 수 있고, 흐르는 과거의 시간적 흐름을 시간을 넘어선 곳으로부터 인지할 수 있는 의식이었다.[15]

결론

창세기의 창조 기사를 인류의 기원에 관한 과학적 설명과 조화시키려는 이런 시나리오들이 가진 설득력은 우리

---

15 C. S. Lewis, *The Problem of Pain*(San Francisco: HarperSanFrancisco, 1996), 72-76. 이 종태 옮김, 『고통의 문제』(홍성사, 2005).

의 과학적 혹은 성경적 관점보다 더 큰 요소들에 의존하게 될 것이다. 창세기의 이야기들은 해석학적으로 복잡한 데다가 자명하지 못하며 과학의 문제를 다룰 때 어떤 접근 방식이 가장 적합한지에 관한 힌트도 주지 않는다. 또한 우리는 기독교가 아담이 아니라 **그리스도**에 중심을 두고 있다는 사실, 그래서 어떤 특정한 과학 이론에 중심을 두고 있지도 않다는 사실을 강조해야 한다. 만약 그리스도를 통한 구원이 인간은 모두 죄가 있으며 구원을 필요로 한다는 사실에 대한 동의만을 요청한다면 지금까지 다루었던 시나리오 모두("만인 해석"을 포함해서)가 적절하다고 할 수 있다. 다른 한편으로 만약 우리의 신학이 죄가 없는 세상 안에서 어떻게 죄가 출현했는지에 관한 설명을 반드시 포함해야 한다고 주장한다면 무슨 일이 일어났는지를 역사적으로 설명해주는 연결점이 필요하게 될 것이다.

여기서 하나님의 형상은 복잡성을 가중하는 요소로 작용한다. 기독교 사상가들 사이에서 이 신비한 개념에 대해서 의견이 일치한 적은 한 번도 없다. 물론 형상이라는 말이 문자적 의미로 우리의 **육체적** 모습에 관한 것은 아니라는 사실에 대해서는 일반적인 동의가 있었다. 만약 하나님의 형상이 인간이란 종에게만 배타적으로 속한다면 인류가 그것을 획득한 사건이 특정한 시간에 있었어야 한다. 다른 한편으로 하나님의 형상은 단순히 인간이란 종보다 더 넓은 범주에 적용될지도 모른다. 이 책의 저자 한 사람이 그렇게 주장했다.[16]

이런 추측들이 이 모든 것을 적절하게 연결하는 하나의 단순한 역사적 모델로 수렴할 것 같지는 않다. 이 주제는 다른 주제들과 마찬가지로 언제나 불일치의 여지가 남아 있을 것이다. 기독교의 다양한 전통들은 하

---

16 Karl W. Giberson, *Saving Darwin: How to Be a Christian and Believe in Evolution* (New York: HarperCollins, 2008), 13-15.

나님의 주권성 문제부터 여성 목사나 여성 사제의 적법성 문제에 이르기까지 모든 문제에 관해 매우 다른 개념을 갖고 있다. 그렇다면 우리가 다루는 질문에 관해 다른 견해들이 있다고 해서 놀랄 필요는 없을 것이다.

오히려 과학적 증거들이 다양한 통합적 시나리오들과 양립할 수 있다는 것, 더 나아가 중요한 방식으로 그 시나리오들을 지원하기까지 한다는 것은 우리에게 용기를 준다.

9장

장엄한
창조의 이야기

하나님이 지으신 그 모든 것을 보시니,
보시기에 심히 좋았더라.
저녁이 되고 아침이 되니
이는 여섯째 날이니라(창 1:31).

우주의 창조 역사를 간략하게 요약하면서 이 책을 마치고자 한다. 그것은 누군가가 표현했듯이 "빅뱅으로부터 빅브레인까지"의 역사다. 이런 마무리는 그 이야기의 웅장하고 경외를 느끼게 하는 성격을 보여줌으로써 "하나님이 그런 식으로 창조하실 리가 없어!"라고 주장하는 다양한 유권자들의 주장들을 잠재우기 위한 것이다. 지나치게 자주 시비를 거는 논객들은 사물의 진정한 본질보다는 그것을 묘사하기 위한 수사법을 통해 그것을 매력적인 것 혹은 그렇지 않은 것으로 만들어버릴 수 있다. 정치가 그런 고전적인 예다. 우리는 공직을 놓고 경선하는 후보들이 모두 서로를 계속해서 비방한 끝에 투표할 만한 후보가 남지 않는 경우를 여러 차례 경험했다.

과학적인 창조 이야기는 매우 부정적으로 묘사되어왔다. 이는 젊은 지구창조론의 옹호자들과 무신론자들이 취하는 방식이다. 창조론 옹호자들은 과학적 창조론이 창세기의 창조 기사의 문자적 해석과 일치하지 않기 때문에 좋아하지 않는다. 그래서 그들은 과학적 창조론을 **믿을 수 없고** 비기독교적인 것으로 보이게 만들려고 계속해서 시도한다. 반면 무신론자들은 과학적 창조 이야기를 가지고 기독교를 후려칠 몽둥이로 둔갑시키면서 그것을 **믿을 만하고**(plausible) 비기독교적인 것으로 보이게 만든다. 이처럼 양측이 과학적 창조 이야기가 비기독교적이라고 주장하는 상황에서 종교적 신자들이 과학적 창조론에 매력을 못 느끼는 것은 당연하다고 할 수 있다.

우리는 과학적 창조 이야기를 우리가 관찰하는 사실대로 묘사하여 재구성함으로써 그 속에 숨겨진 웅장함을 보여주고 싶다. 우리에게 이것이 창조 이야기임을 재차 상기시키기 위해 이야기의 중간중간마다 창조에 관한 성경 말씀을 인용할 것이다. 성경 본문의 거룩함과 우리가 가진 이해의 깊은 한계성을 인식하면서 우리는 이 이야기를 겸손과 경외의 마음을 담아 제시한다. 그러나 우리는 이 이야기에 생명력을 부여하는 초월적 장엄함을 독자들이 조금이라도 알아챌 수 있기를 희망한다.

현대적 창조 이야기

태초에 하나님이 천지를 창조하시니라(창 1:1).

우주는 "빅뱅"에서 시작된다. 이 신비한 용어보다 더 좋은 표현은 아직 없다(한번은 더 좋은 표현을 찾는 행사도 열렸다). 빅뱅의 순간은 과학이 파악할 수 있는 영역 너머에 있다. 우리는 그것을 직접 관찰할 수 없다. 우리의 이론들은 우리를 그 순간에 가까이 데려가지만 바로 그 앞에서는 멈출 수밖에 없다. 실험실에서 만들어내는 초기 우주의 시뮬레이션도 그 지점에는 이르지 못한다. 그러나 우리는 그런 실험의 결과는 볼 수 있다. 우리의 시뮬레이션과 이론들은 창조의 그 순간 이후 몇 분의 1초부터 적용된다.

빅뱅의 순간에 나타난 것은 우리가 우주의―혹은 **로고스**의―이성적 토대라고 부를 만한 것이다. 물리학의 가장 깊고 근본적인 법칙들이 다양한 속성을 지닌 채 출현했기 때문이다. 이 법칙들은 발생 가능한 몇 가지 종류의 물리적 상호작용들을 구체적으로 명시한다. 놀랍게도―우리가 7장에서 살펴본 것과 같이―자연계에서 발생하는 상호작용은 오직 네 가지밖에 없다. 그것은 중력, 전자기력, 강력, 약력의 작용이다. 우리가 이 단어들을 읽을 때 머릿속에서 일어나는 생각부터 걸음마 하는 아이의 웃음, 그리고 태양이 발하는 빛에 이르기까지 모든 사건은 오직 이 네 가지의 상호작용에 기초하고 있다.

빅뱅으로부터 이 세상에는 오직 두 가지의 물리적 물체만이 존재할 것이라는 구체적 설명서가 나온다. 그것은 쿼크와 렙톤, 그리고 그것들의 거울 대칭(mirror-image)인 반물질들(antiparticles)이다. 양성자와 중성자는 쿼크로 구성되어 있고, 전자는 렙톤의 가장 잘 알려진 예다. 감자 칩에서부터 에펠탑, 그리고 약혼반지에 있는 다이아몬드에 이르는 모든 물리적 물체들은 쿼크와 렙톤으로 구성된다.

우주의 장엄한 이야기를 만들어내는 모든 자연현상은 그것들이 얼마나 풍요로운지 혹은 일상적인지를 떠나서 쿼크와 렙톤이 네 가지 힘을 통해 상호작용한 결과다. 이렇게 단순하게 정의된 세상이 이토록 흥미로워질 것이라고 그 누가 상상이라도 할 수 있었겠는가?

우주의 네 가지 힘과 두 개의 입자는 처음에는 도저히 파악될 수 없을 만큼 난장판인 소용돌이 혼돈의 한 부분에 지나지 않아 보인다. 그런데 그 직후에 사건이 벌어진다. 그것은 과학자들은 물론이고 공상과학 소설가들조차 상상할 수 없었던 일들이다. 혼돈처럼 보이는 곳에서 가장 놀랍고 초월적인 질서가 출현한 것이다.

태초에 말씀이 계시니라. 이 말씀이 하나님과 함께 계셨으니, 이 말씀은 곧 하나님이시니라(요 1:1).

쿼크는 +2/3 혹은 −1/3의 전하를 갖는다. 쿼크는 강력의 영향으로 3개씩 결합되어 모두 양성자와 중성자가 되는데, 이것들은 각각 +1 혹은 0의 전하를 갖는다.

양성자들, 중성자들, 그리고 전자들은 우주가 팽창해서 냉각됨에 따라 벌처럼 윙윙거리며 바쁘게 돌아다닌다. 온도가 내려감에 따라 전자들은 양성자에 가까운 공전 궤도로 떨어져 수소 원자들을 만들어내고, 그 결과 상상할 수 없을 만큼 많은 수소 원자들이 우주 전체에 퍼진다.

지금 우주의 모든 입자는 전기적으로 중성이다. 우주는 양전하와 음전하가 완벽한 균형을 이루고 있다. 우주의 입자들이 전하를 갖지 않은 원자가 되면 전기적인 힘은 거의 영향력을 행사하지 못하고, 상대적으로 약한 중력이 힘을 쓸 차례가 된다. 이제 수소 원자들은 중력에 의해 거대한 무리(clusters)로 뭉쳐지며, 우주 안에 존재하는 대부분의 수소 원자들이 거대한 구름을 형성하기까지 서서히 무리의 크기가 커진다. 수소 구름은 꾸준히 크기가 커져서 달이나 지구보다 커지며 목성과 같은 거대한 행성보다도 커진다.

[14]하나님이 이르시되 "하늘의 궁창에 광명체들이 있어 낮과 밤을 나뉘게 하고, 그것들로 징조와 계절과 날과 해를 이루게 하라. [15]또 광명체들이 하늘의 궁창에 있어 땅을 비추라" 하시니 그대로 되니라(창 1:14-15).

임계점에 이르러 그 거대한 수소 구름이 점화된다. 그 결과 전 우주에 걸쳐 거대한 수소 구름이 항성들로 변하기 시작한다. 중력으로 너무나 압착되었기에 이들을 구성하는 원자들은 엄청난 압력을 받아 융합하기 시작한다. 여기서 우리는 자연의 여러 가지 놀라운 균형점 가운데 하나를 발견한다. 강력이 중력으로 인한 압착-융합 과정에 친밀하게 협조하는 것이다. 그 결과 수소 원자들이 융합해서 헬륨 원자들이 된다. 항성의 별빛이 만들어질 때도 동시에 주기율표의 원소들이 만들어지게 되는데(예를 들어 가장 간단한 원자인 수소가 융합하여 헬륨이 된다), 이것은 우주적 규모의 멀티태스킹인 셈이다. 이 융합 과정을 통해 계속해서 점점 더 무거운 원소들이 만들어진다. 리튬, 베릴륨, 보론, 가장 중요한 탄소, 계속해서 질소, 산소, 네온, 나트륨이 생성된다.

일부 거성들은 자신의 중력을 감당하지 못해 거대한 내부 붕괴를 겪게 되는데, 그 붕괴는 너무 격렬해서 이 별들은 실제로는 반발하여 팽창하면서 약 10억 개의 핵폭탄만큼의 폭발력으로 터져버린다. 이 폭발은 그때까지 항성 내부에만 있었던 원소들을 주위의 엄청나게 넓은 우주 공간에 흩뿌린다. 이런 폭발들은 이상할 정도로 질서정연하고 으스스할 정도로 고요하다. 왜냐하면 우주에는 소리가 없기 때문이다. 이제 중력은 원래 그 별들을 구성했던 재료들을 다시 한번 큰 구름으로 결집시킨다. 그 폭발의 중심에 생성되는 커다란 구름은 다시 한번 제2세대 항성이 될 수도 있다.

> 땅이 혼돈하고 공허하며 흑암이 깊음 위에 있고 하나님의 영은 수면 위에 운행하시니라(창 1:2).

상대적으로 작은 구름은 수소 원자들의 융합으로 만들어진 풍부한 원소들을 포함하는데, 이 구름은 점차 제2세대 항성의 주위를 공전하는 구형 물체들로 압축된다. 이런 많은 작은 구형 물체들이 훗날 행성이 되는데, 이들은 원자들의 화학적 결합을 통해 만들어진 놀라운 새로운 구조를 가질 것이다. 한 가지 흥미로운 분자 결합은 수소와 산소로 이루어지며 H_2O로 알려져 있다. 대부분의 우주 공간에서 이 분자는 얼음이라는 고체 형태로서 존재한다. 또 다른 지역에서 H_2O는 기체 형태로서 존재한다. 그러나 항성으로부터 정확하게 알맞은 거리에 자리한 어떤 행성 위에서 H_2O는 물이라 불리는 독특한 액체로서 존재한다.

기계적 관점에서 볼 때 매우 복잡한 우주의 구조물은 매우 단순한 원재료들로 지어진다. 예를 들어 엄청난 양의 수소 가스만 가득 차 있던 우주에 이제는 다양한 원소들을 풍부하게 지닌 행성들이 놀라울 정도로 안정된 빛의 양을 방출하는 항성 주위를 공전하는 태양계들이 생겨나게 되었다. 자신의 "태양"으로부터 적당한 거리에 있는 행성들은 H_2O를 액체 상태로 유지할 수 있는 적합한 온도가 된다. 물은 아미노산, 탄수화물, 지방질과 같이 훨씬 더 복잡한 분자들이 형성되도록 돕는 놀라운 역할을 한다. 즉 원자들과 분자들이 서로를 부드럽게 밀치고 다닐 수 있는 매체를 제공함으로써 다양한 조합이 자연스럽게 형성되게 하는 것이다. 그 결과 점차 복잡해진 구조가 나타나기 시작한다.

> 하나님이 이르시되 "땅은 생물을 그 종류대로 내되 가축과 기는 것과 땅의 짐승을 종류대로 내라" 하시니 그대로 되니라(창 1:24).

복잡한 물질들은 점점 더 다양해진다. 그러다 어느 순간 특정한 배열의 구조가 자기 복제를 시작한다. 이런 구조를 가진 존재는 주위 물질들을 사용해서 자신을 복제할 수 있는 능력을 갖추는데, 이것이 그 존재로 하여금 그 지역을 지배할 수 있게 한다. 그 결과 그것들이 자리한 물은 이런 새로운 자기 복제 과정의 존재들로 가득 차게 된다. 마침내 우주가 생명을 갖게 된 것이다. 어떤 특별한 의미에서 이제야 우리는 우주가 **정보**를 가지게 되었다고 말할 수 있다. 정보에는 앞으로 더 흥미롭고 다양한 형태의 단순 생명체들이 형성되는 과정을 지시할 자그마한 청사진이 담겨 있다.

이런 원시 생명체들은 자원을 두고 서로 경쟁하는 과정에서 미묘한 상호작용을 통해 점점 더 튼튼해지며, 더 강한 것이 더 효과적인 자기 복제를 이루게 된다. 분자들 사이에서 놀랍도록 창의적으로 선택된 상호작용 세트를 통해 이뤄지는 복제 과정은 꾸준히, 그리고 신비하게 생명체들의 복잡성을 높여간다. 이 모든 과정을 추진해가는 정보를 담은 분자는 미래의 어느 날 DNA로 판명될 것인데, 그 분자들은 안정된 자기 복제와 소폭의 변이를 탐구할 수 있는 놀라운 능력이 있음이 드러난다. 이런 "탐구"는 그 분자들로 하여금 자신의 기본 구조를 소폭으로 개선하는 것을 허락할 것이고, 그런 새로운 변이를 적용한 버전을 더 효율적으로 복제함으로써 마침내는 새로운 버전이 지배하게 된다.

단세포 생명체들이 협력해서 다세포 생명체를 형성할 때 중요한 변화가 일어난다. 이런 협력은 전적으로 새로운 발전에 힘을 실어줌으로써 그 복잡성과 정교함을 놀랍게 향상된 수준으로 이끈다. 그리고 마침내 특수화된 기능들이 출현한다. 그런 생명체들은 시각 정보를 수집하고, 소리를 듣고, 일정하게 유지되는 체온을 갖는다. 또한 단단한 뼈대 구조를 갖게 되는데 이 구조는 체외에 붙어 있으면 거대한 보호막이 되고 체내에 있으면 훌륭한 기계적 몸놀림을 가능하게 한다.

> 하나님이 이르시되 "우리의 형상을 따라 우리의 모양대로 우리가 사람을 만들고, 그들로 바다의 물고기와 하늘의 새와 가축과 온 땅과 땅에 기는 모든 것을 다스리게 하자" 하시고…(창 1:26).

복잡성이 증가하자 외부로부터 오는 더 많은 정보를 처리해야 할 필요도 역시 증가하게 되었다. 그 결과 엄청난 능력과 정교함을 갖춘 놀라운 중앙처리장치(CPU)가 출현한다. 훗날 **두뇌**라고 불리게 될 이 장치들은 그것의 소유자들에게 세상 속에서 기능을 발휘할 능력을 증가시켜주고, 세상 자체를 이해하는 힘을 부여했다.

신비하게도 두뇌는 도전에 대한 응전을 통해 진화하며, 생존 및 생식과 연관되는 가운데 복잡한 주제들에 관해 사고할 수 있는 능력을 얻게 된다. 수학을 계산할 수 있는 능력이 생기고, 그와 더불어 패턴과 그 기저에 놓인 창조 질서를 점점 더 깊이 통찰하게 된다.

마지막으로 이 행성 위에서 가장 진보된 형태의 생명체인 인간은 깊은 종교심을 갖게 된다. 인류 역사 전체에 걸쳐서 하나님 혹은 신들에 대한 믿음은 거의 보편적으로 나타난다. 선과 악, 삶의 의미, 만물의 기원과 같은 추상적 개념들은 매우 중요한 질문이 되었다. 이런 종교적 충동은 우리 자신에 대한 복잡한 이해의 가장 심오한 측면으로 발전했다.

하나님이 지으신 그 모든 것을 보시니, 보시기에 심히 좋았더라(창 1:31).

참고 문헌 소개

이 책은 다양한 분야를 아우르는데 그 대부분은 이 책의 두 저자와 각 분야에서 일하는 학자들에 의해 각기 다른 방법으로 다루어진다. 더 나아가 각 장이 개관하는 주제들은 다른 학자들이 책 한 권의 분량으로 다룰 만큼 중요한 것들이다. 이에 우리는 참고 문헌을 소개하는 짧은 글을 통해 이 분야에 관해 더 깊이 연구하려는 사람들을 도우려고 한다.

출발의 장소는 당연히 이 프로젝트가 시작된 바이오로고스의 웹사이트다〈www.biologos.org〉. 이 사이트에는 "자주 묻는 질문들"에 관한 함축적 에세이, 관련 연구 논문들, 이 분야에서 활동하는 리더들의 개인 블로그에 이르기까지 다양한 자료들이 게시되어 있다.

이 책에서 다루는 주제들을 더 깊이 탐구하기 원하는 독자들을 위해 저자인 콜린스의 『신의 언어』(*The Language of God: A Scientist presents Evidence for Belief*, 김영사 역간), 가이버슨의 『다윈 구하기: 기독교인이면서 진화를 믿는 방법』(*Saving Darwin: How to be a Christian and Believe in Evolution*)을 소개한다. 두 책은 모두 비전문가들이 이해할 수 있는 수준에서 관련 주제의 개관을 제시하며 저자들이 주제에 관해 개인적으로 어떻게 생각하는지를 서술한다. 또한 바이오로고스 재단의 회장인 대럴 포크의 『과학과 평화롭게 지내기: 신앙과 생물학 사이에 다리 놓기』(*Coming to Peace with Science: Bridging the Worlds between Faith and Biology*)를 강력하게 추천한다. 영국의 가톨릭교인 생물학자 데니스 알렉산더의 『창조인가 진화인가: 우리는 선택해야만 하는가?』(*Creation or Evolution: Do we have to Choose?*)와 캐나다의 침례교
인 생물학자이자 성서학자인 데니스 라무르(Denis Lamoureux)의 『진화적
창조: 진화에 대한 기독교적 접근』(*Evolutionary Creation: A Christian Approach to
Evolution*)도 깊이 있는 개관을 제공한다. 사실 그들의 모든 통찰은 다양한
전통에 속한 기독교인들 모두에게 유익하다. 후자는 요약본도 있는데 제
목이 특이하다. 『나는 예수를 사랑하고, 또한 진화론을 받아들인다』(*I love
Jesus and I accept Evolution*). 다니엘 해럴의 『자연의 증인: 어떻게 진화가 믿음
에 대한 영감을 불어넣을 수 있는가?』(*Nature's Witness: How Evolution can Inspire
Faith*)는 보수적 복음주의의 관점에서 접근하기 쉬운 개요를 제공한다. 칼
뱅 대학교의 교수 부부인 데보라 하아스마(Deborah Haarsma)와 로렌 하아
스마(Loren Haarsma)의 공저 『기원들: 개혁적 관점에서 본 창조, 설계, 그리
고 진화』(*Origins: Christian Perspectives on Creation, Design and Evolution*)는 이 주
제에 대한 탁월한 입문서로서 기독교 고등학교에서 사용되었다.

　많은 저서를 낸 불가지론자 마이클 루스는 자신의 책 『다윈주의자가
기독교인이 될 수 있는가?』(*Can a Darwinian be a Christian?*, 청년정신 역간)에
서 관련 주제를 본격적으로 다루었다. 그는 공평하고 균형 잡힌 필치로 진
화론과 신앙이 양립할 수 있다고 주장했다. 비슷한 주제를 다룬 루스의 다
른 책들도 이 분야의 연구에 유용하다. 특히 그가 종교에 대한 적개심 없
이 글을 쓴다는 점에서 그렇다.

　현재 진행되는 논란의 다양한 관점들을 개관하기 위한 출발점으로서
는 가이버슨과 도널드 예르자(Donald Yerxa)가 쓴 『기원의 종들: 창조 이야
기에 대한 미국의 탐색』(*Species of Origins: America's Search for a Creation Story*)이
좋을 것이다. 이 책은 주요한 모든 관점을 검토하면서 어느 한쪽 편을 들
지 않는 유일한 책이다. 모어랜드(J. P. Moreland)와 존 레이놀즈(John Mark
Reynolds)가 펴낸 『창조와 진화에 대한 세 가지 견해』(*Three Views on Creation*

and Evolution, IVP 역간)은 젊은지구창조론과 오랜지구창조론 및 그 진영을 이끄는 지지자들의 유신론적 진화론(theistic evolution)을 설명한다. 궁금한 질문들에 대한 깊이 있는 답변들이 유익할 것이다.

젊은지구창조론에 관한 개요를 살피고 싶다면 헨리 모리스의『과학적 창조론』(*Scientific Creationism*)을 읽어야 할 것이다. 이 책은 비록 오래전에 쓰였지만 매우 큰 영향력을 끼쳤다. 켄 햄의『거짓말: 진화론』(*The Lie: Evolution*)은 미국의 가장 영향력 있는 젊은지구창조론 옹호자의 접근 방법을 스케치해준다. "창세기의 해답"이라는 단체의 웹사이트〈www.answersingenesis.org〉에 가면 이런 관점에서 켄 햄이 제시하는 풍부한 정보를 얻을 수 있다.

이 책에서 다룬 여러 가지 논점은 성경 해석과도 관련된다. 앞서 언급한 라무르와 알렉산더의 저서들이 그 논점들을 비교적 상세히 다룬다. 또한 구약성경의 고대적인 상황을 알려주고 그 상황들이 어떻게 우리의 성경 이해에 영향을 미치는지를 구체적으로 다루는 많은 자료가 있다. 위튼 대학교의 교수이며 보수적 복음주의 구약학자인 존 월튼의『창세기 1장의 잃어버린 세계』(*The Lost World of Genesis One*, 그리심 역간)는 탁월하면서도 읽기 어렵지 않은 책이다. 그보다는 더 집중해서 읽어야 하지만 성경적 영감의 본질에 대한 좋은 토론을 소개하는 책은 바이오로고스 그룹의 성서학 선임연구원인 피터 엔즈의『성육신의 관점에서 본 성경 영감설』(*Inspiration and Incarnation: Evangelicals and the Problem of the Old Testament*, 기독교문서선교회 역간)이다. 조금 더 읽기 힘든 또 하나의 책은 리처드 미들턴(Richard Middleton)이 쓴『해방의 형상』(*The Liberating Image*, SFC 역간)다. 이 책은 창세기 1장이 말하는 하나님의 형상과 이스라엘의 관점이 어떤 점에서 다른 고대 종교들과 매우 다른지를 집중해서 서술한다. 구약을 당시의 고대 상황 및 신학적 관점에서 어떻게 읽을 것인가를 다루는 탁월하면서도

도 상당히 잘 읽히는 책은 트렘퍼 롱맨 3세(Tremper Longman III)의 『어떻게 창세기를 읽을 것인가?』(*How to Read Genesis*, IVP 역간)이다.

지적 설계 운동을 이끄는 리더들의 주장과 관련해서는 다음의 책들을 권하고 싶다. 스티븐 마이어의 『세포 속의 시그니처: DNA와 지적설계의 증거』(*The Signature in the Cell: DNA and the Evidence for Intelligent Design*, 겨울나무 역간), 마이클 비히의 『다윈의 블랙박스: 생물학이 다윈에게 던지는 질문』(*Darwin's Black Box: The Biochemical Challenge to the Evolution*, 풀빛 역간), 『진화의 가장자리: 다윈주의의 한계를 찾다』(*The Edge of Evolution: The Search for the Limits of Darwinism*), 그리고 윌리엄 뎀스키의 『지적 설계: 과학과 신학 사이의 다리』(*Intelligent Design: The Bridge between Science and Theology*, IVP 역간). 필립 존슨(Phillip Johnson)의 『심판대의 다윈: 지적 설계 논쟁』(*Darwin on Trial*, 까치 역간)은 지적 설계 운동을 촉발한 책으로서 활기차고 설득력 있는 문체로 쓰였다. 뎀스키가 편집한 『순전한 창조』(*Mere Creation*)는 지적 설계의 이해에 도움이 되는 광범위한 논점을 다루는 논문들의 선집이다.

지적 설계라는 우산 아래서 제시된 다양한 가설들은 논란의 대상이 되면서 다양한 반응들을 불러일으켰다. 그중 최고는 브라운 대학교의 생물학자이자 활발한 가톨릭 신자인 켄 밀러(Ken Miller)의 『다윈의 하나님 찾기: 과학자의 하나님과 진화 사이의 공유점 찾기』(*Finding Darwin's God: A Scientist's Search for Common Ground between God and Evolution*), 그리고 『단 하나의 이론: 진화와 미국의 영혼을 위한 전투』(*Only a Theory: Evolution and the Battle for America's Soul*)다. 더욱 균형 있고 광범위한 비평은 철학자 로버트 페노크(Robert Pennock)의 『바벨탑: 신 창조론에 대한 반증』(*Tower of Babel: The Evidence against the New Creationism*)이다.

몰입감 넘치는 대화를 담은 로버트 스튜어트(Robert Stewart)의 『지적 설계: 윌리엄 뎀스키와 마이클 루스의 대화』(*Intelligent Design: William A.*

Dembski and Michael Ruse in Dialogue)도 추천한다. 이 문제에 관해 루스와 뎀 스키는 완전히 상반된 입장에 선다. 그들은 서로 친구이지만 대화는 사적 으로 진행되지 않는다.

이와 같은 논란의 매우 많은 부분은 역사를 형성하며 진행되어왔다. 이에 관해 흥미를 느끼는 독자들에게 다음 책들을 추천한다. 에드워드 라슨(Edward Larson)의『진화의 역사』(*Evolution: History of an Idea*, 을유문화사 역간)와『신들을 위한 여름』(*Summer for the Gods: The Scopes Trial and America's Continuing Debate over Science and Religion*, 글항아리 역간)이다. 이 중『신들을 위 한 여름』은 퓰리처상을 받았다. 창조론의 주요한 역사는 로널드 넘버스 의『창조론자들: 과학적 창조론에서 지적 설계론까지』(*The Creationists: From Scientific Creationism to Intelligent Design*, 새물결플러스 역간)에 모두 서술되어 있다.

다윈의 전기들도 역사적 가치가 높다. 탁월하고 읽기 편한 전기 중에 몇 가지를 선택하자면 다음과 같다. 에이드리언 데스먼드(Adrian Desmond) 와 제임스 무어(James Moore)의『다윈 평전: 고뇌하는 진화론자의 초상』 (*Darwin: The Life of a Tormented Evolutionist*, 뿌리와이파리 역간)이 최고의 작품 이다. 같은 저자들이 다윈의 열정적인 노예 폐지론에 초점을 맞춘 훌륭한 후속작도 펴냈다. 그 책은『다윈의 거룩한 명분: 어떻게 노예제도에 대한 증오가 다윈의 진화에 대한 관점을 형성했는가?』(*Darwin's Sacred Cause: How Hatred of Slavery shaped Darwin's Views on Evolution*)다. 그보다 짧은 다윈 전기에 관심이 있는 독자들에게는 랜덜 케인즈(Randall Keynes)의『다윈, 그의 딸 그리고 인간의 진화』(*Darwin, His Daughter, and Human Evolution*)를 추천한다. 매우 쉽게 읽히는 이 책을 영화화한 "크리에이션"(The Creation)에는 폴 베 타니(Paul Bettany)가 다윈으로, 제니퍼 코넬리(Jennifer Connelly)가 그의 개 성적인 아내 에마로 나온다.

흥미로운 지적 설계 논쟁을 포함해서 우주의 본성과 역사에 관심이 있는 독자들은 맥그라스의 『정교하게 조율된 우주: 과학과 신학의 하나님 탐구』(*A Fine-tuned Universe: The Quest for God in Science and Theology*, IVP 역간)를 읽어보기 바란다. 폴 데이비스(Paul Davies)의 『코스믹 잭팟: 폴 데이비스의 우주론 강의』(*Cosmic Jackpot: Why Our Universe is Just Right for Life*, 한승 역간)는 기독교인이 아니면서도 하나님을 진지하게 받아들이는 저자가 신이라는 주제를 다루는 훌륭한 책이다.

우리는 독자들과의 대화가 계속되기를 기대하며, 여러분을 우리 홈페이지〈www.biologos.org〉로 초청한다!

이 책의 독자들에게 보내는 초대장

바이오로고스 재단은 여러분이 이 책에서 서술된 주제들에 관한 대화에 참여해주길 바란다. 콜린스 박사가 2008년에 창립한 바이오로고스 재단은 과학과 신앙의 조화를 추구하는 복음주의자들을 위해 앞장서 목소리를 높여왔다. 이 재단은 과학적 연구 결과들과 기독교 신앙의 중심 사상들 사이의 오랜 갈등의 역사를 염려하는 기독교인들—전문 과학자들, 성서학자들, 철학자들, 신학자들, 목사들, 교육가들, 그리고 관심을 가진 일반 신자들—의 근거지가 되고 있으며 점점 더 성장하고 있다.

바이오로고스 재단은 성경이 영감을 받은 하나님의 말씀임을 확신한다. 또한 우리는 바르게 이해된 진화가 하나님의 창조 사역을 가장 잘 설명한다고 믿는다. 우리는 교회가, 특히 기독 학생들이 과학과 신앙을 모두 포함하는 믿음의 구조를 수용하고 양자의 평화로운 공존을 허락하는 세계관을 형성할 수 있도록 돕는 일에 매진하고 있다.

이 대화에 참여하고 싶거나 우리와 어떤 방식으로든 함께하기를 바라는 분들은 우리 홈페이지〈www.biologos.org〉를 방문하거나 이메일(info@BioLogos.org)로 연락해주기를 바란다.

과학과 하나님의 존재

난처한 질문과 진솔한 대답

Copyright ⓒ 새물결플러스 2019

1쇄 발행   2019년 2월 28일

지은이   칼 W. 가이버슨, 프랜시스 S. 콜린스
옮긴이   김정우
펴낸이   김요한
펴낸곳   새물결플러스

편 집   왕희광 정인철 박규준 노재현 한바울 정혜인
         이형일 서종원 나유영
디자인   이성아 이재희 박슬기 이새봄
마케팅   박성민 이윤범
총 무   김명화 이성순
영 상   최정호 조용석 곽상원
아카데미   차상희

홈페이지   www.holywaveplus.com
이메일   hwpbooks@hwpbooks.com
출판등록   2008년 8월 21일 제2008-24호
주 소   (우) 07214 서울특별시 영등포구 양평로 11, 4층(당산동5가)
전 화   02) 2652-3161
팩 스   02) 2652-3191

ISBN 979-11-6129-103-1 03230

책값은 뒤표지에 있습니다.

이 도서의 국립중앙도서관 출판예정도서목록(CIP)은 서지정보유통지원시스템 홈
페이지(seoji.nl.go.kr)와 국가자료공동목록시스템(nl.go.kr/kolisnet)에서 이용
하실 수 있습니다. CIP2019006673